L'EMPLOI DES SENIORS

5-7, rue de l'École-Polytechnique ; 75005 Paris

L'HARMATTAN, ITALIA s.r.l.
Via Degli Artisti 15 ; 10124 Torino
L'HARMATTAN HONGRIE
Könyvesbolt ; Kossuth L. u. 14-16 ; 1053 Budapest
L'HARMATTAN BURKINA FASO
1200 logements villa 96 ; 12B2260 ; Ouagadougou 12
ESPACE L'HARMATTAN KINSHASA
Faculté des Sciences Sociales, Politiques et Administratives
BP243, KIN XI ; Université de Kinshasa – RDC

http://www.librairieharmattan.com
harmattan1@wanadoo.fr

ISBN : 2-296-00958-1
EAN : 9782296009585

Sous la direction de
Brigitte Lestrade

L'EMPLOI DES SENIORS

Les sociétés européennes face au vieillissement de la population active

Colloque international et pluridisciplinaire
7 – 8 avril 2005

Centre de recherche
Civilisations et Identités Culturelles Comparées des sociétés européennes et occidentales (CICC)
Equipe d'accueil 2529

Questions Contemporaines

Collection dirigée par J.P. Chagnollaud,
B. Péquignot et D. Rolland

Chômage, exclusion, globalisation... Jamais les « questions contemporaines » n'ont été aussi nombreuses et aussi complexes à appréhender. Le pari de la collection « Questions contemporaines » est d'offrir un espace de réflexion et de débat à tous ceux, chercheurs, militants ou praticiens, qui osent penser autrement, exprimer des idées neuves et ouvrir de nouvelles pistes à la réflexion collective.

Dernières parutions

Yves-Marie LAULAN, *Peut-on se satisfaire de la natalité en France et en Europe ?*, 2006.
Alain GRIELEN, *Menace sur l'humanité,* 2006.
Christian BORROMÉE, *Souriez vous êtes en France. Les solutions*, 2006.
Cyril LE TALLEC, *Mouvements et sectes néo-druidiques en France, 1935-1970,* 2006.
Guy CARO, *De l'alcoolisme au savoir-boire*, 2006.
Adrien THOMAS, *Une privatisation négociée*, 2006.
Tidiane DIAKITÉ, *Mutations et crise de l'époque publique*, 2006.
Anaïs FAVRE, *Globalisation et métissage*, 2006.
Jean-Luc CHARLOT, *Le pari de la participation*, 2006.
Stéphane ENCEL, *Histoire et religions : l'impossible dialogue ?,* 2006.
Patrick GREPINET, *La crise du logement*, 2006.
Jacques RAYMOND, *Comprendre les crises alimentaires*, 2006.
Raymond MICOULAUT, *Tchernoby*l, 2006.
Daniel ARNAUD, *La Corse et l'idée républicaine*, 2006.
Jacques DUPÂQUIER, Yves-Marie LANLAU, *Immigration / Intégration. Un essai d'évaluation des coûts économiques et financiers*, 2006.
Olivier ESTEVES, *Une histoire populaire du boycott, tome 1 1880-1960 L'armée du nombre,* 2006.

PREFACE

Pierre VERMEULIN

L'emploi des seniors, programme d'un colloque international pluridisciplinaire, est-ce un objet d'étude comme tant d'autres ou un thème marqué par le pessimisme social ambiant ? Le sous-titre, « Les sociétés européennes face au vieillissement de la population active », lève toute ambiguïté, s'il y en avait.

La référence à une crise revient trop souvent dans les exposés du colloque pour que les participants n'aient eu le sentiment de l'urgence et de l'actualité de leur réflexion. La persistance d'un chômage de masse en Europe (malgré des situations contrastées), le débat non encore clos sur la réforme des retraites de 2003 en France, les craintes de nombreux salariés, jeunes ou vieux, pour leur avenir professionnel, sont des raisons suffisantes pour convoquer sociologues, économistes, juristes. Le colloque correspondait à un besoin d'échange et de confrontation pour les chercheurs, comme pour les acteurs sociaux, conviés à présenter leurs analyses sur l'état présent de l'emploi des seniors et son évolution prévisible dans le contexte politique et social actuel. Les actes seront certainement un outil de réflexion, voire d'action, pour des cercles bien plus larges que notre monde universitaire ; leur large diffusion sera la meilleure reconnaissance de la qualité des travaux présentés au cours de ces deux jours.

Les organisateurs du colloque ayant eu l'imprudence de demander ces quelques mots à un chimiste, président d'une association de scientifiques retraités, donc un peu marginal dans ce colloque, je voudrais saisir cette occasion pour livrer, très modestement, des remarques que m'ont inspirées les débats. Peut-être sont-elles partagées par quelques-uns ?

Le vieillissement de la population, active ou non, est-elle une chance ou un danger auquel il faut faire face ? Le statut de senior s'acquiert très tôt dans le monde économique, vers 50 ans environ, semble-t-il. Un salarié de cet âge, qu'il soit ouvrier, employé ou cadre, a accumulé une expérience professionnelle, une connaissance du monde de l'entreprise, des relations, des compétences pratiques, pas toujours quantifiables en termes de production, mais qui concourent au bon fonctionnement des équipes. Dans le monde de la recherche, être qualifié de chercheur senior est plutôt valorisant. L'organisation du travail dans les entreprises semble ne pas pouvoir utiliser cet enrichissement personnel des salariés qui pourrait être conforté par une formation continue. Un directeur des ressources humaines d'une industrie chimique m'expliquait naguère, croquis à l'appui, qu'il était indispensable d'interrompre l'emploi d'un cadre dans un poste au bout de trois ou quatre ans pour le replacer en position d'apprentissage. Pour éviter la routine, bien sûr. Certes l'innovation est une rupture (pour le moins un dépassement) avec un modèle, une pratique, mais elle ne vient pas en dehors d'un contexte social et technique, d'une histoire. Il faudrait réévaluer le rôle de l'expérience, au moins de celle des tâtonnements et des erreurs surmontées, dans la reconnaissance et la promotion de la nouveauté. L'emploi des seniors n'est pas qu'une affaire de statistiques démographiques. Ce thème nécessite d'approfondir encore l'analyse de la place des plus anciens dans les processus de production et d'innovation.

On n'a pas manqué, à juste titre, d'évaluer le coût social et surtout économique de la cessation d'activité, prématurée ou non. L'allongement de la durée de vie augmente, il est vrai, le poids des retraites dans les dépenses sociales (à ce titre remarquons qu'un ouvrier pèse beaucoup moins qu'un cadre). Peut-être faudrait-il, sur une période assez longue, évaluer plus finement la part des richesses produites consacrée à la cessation d'activité. La productivité du travail n'a cessé d'augmenter au cours des dernières décennies (le passage aux 35 heures n'a pas modifié la tendance). La croissance des dépenses de retraite, ou de maladie, ne doit-elle pas être comparée à celle du produit intérieur brut, sans se limiter à celle des salaires ? Autrement dit le coût social est-il égalitairement réparti ? Il y a là une piste de réflexion à prendre et à reprendre.

Une autre question ne me semble pas avoir été abordée au cours du colloque (mais peut-être n'était-elle pas au cœur du sujet) : les retraites ne sont-elles qu'un coût ? De nombreuses activités nonmarchandes sont actuellement tenues par des retraités. Le monde associatif, caritatif ou culturel, est largement soutenu par leur participation bénévole. Je ne connais guère de conseils communaux, surtout de petites communes, qui pourraient vivre sans eux. Si l'on veut promouvoir une vie après le travail, journalier ou de toute une carrière, développer des activités sociales, faire que le citoyen soit aussi important que le travailleur, peut-être devrait-on réévaluer la part actuelle prise par les retraités, et celle qu'ils pourraient prendre dans l'avenir. Loin de moi l'idée de faire de ce travail social un domaine réservé aux retraités, mais on ne prêche bien que pour sa paroisse.

Que de questions, parmi tant d'autres, sans réponses ! Du moins sans réponses que je puisse donner. Je fais confiance aux collègues des sciences humaines et sociales pour les reformuler scientifiquement et pour trouver les bons outils d'analyse. Mais c'est certainement la marque d'un bon colloque qu'on en ressorte avec moins de certitudes et plus de questions qu'à l'arrivée. Le chantier ouvert est loin d'être clos, je souhaiterais (je suis sûr de traduire le sentiment des participants au colloque) que l'Université de Cergy-Pontoise, ou toute autre, le continue.

Ayant redonné la main aux collègues des sciences humaines et sociales, je voudrais en conclusion donner, assez naïvement, mon impression sur leur travail. Chimiste, j'ai terminé ma carrière au CNRS dans l'équipe du programme interdisciplinaire « Environnement, Vie et Société ». J'ai travaillé avec des sociologues, des économistes, des géographes, des historiens, des médecins, sans lesquels il serait vain de traiter des problèmes d'environnement. Je me suis souvent demandé comment ces scientifiques pouvaient mener des études sur des sujets où ils étaient, intellectuellement, affectivement, voire politiquement, fortement impliqués. Je pense notamment aux sociologues étudiant les conditions de vie des travailleurs des fronts pionniers dans la forêt amazonienne. Mais les intervenants de notre colloque, peut-être moins intensément, n'échappaient pas à une semblable implication. Ils étaient, ou seront assurément, dans les situations étudiées. Je me suis donc demandé comment ils pouvaient atteindre la rigueur et l'objectivité, constatées une fois de plus, dans leurs analyses. Pour construire, comme tout scientifique, leurs hypothèses de travail, leur problématique, ils doivent bien tenir compte de leur expérience, de leurs savoirs et peut-être de leurs préjugés. Le premier biais à éviter pour rendre leur étude rigoureuse est certainement en eux-mêmes. Les difficultés à surmonter ne sont pas seulement dans la complexité du sujet, mais aussi dans la nécessité permanente de combattre les présupposés. La rigueur de nos collègues me semble encore plus exigeante que celle des pratiquants des sciences dites exactes. La bonne enquête, l'outil de travail de beaucoup d'entre eux, n'est-elle pas celle qui surprend ou prend à contre-pied son auteur, par les conclusions qu'elle propose ou impose. Je m'en serais voulu de ne pas signaler de nouveau la qualité et l'intérêt des analyses développées au cours de ces deux journées et par la même occasion, ma sincère admiration pour le travail de ceux qui les ont produites.

INTRODUCTION

Brigitte LESTRADE

Cet ouvrage est le fruit d'un colloque organisé au printemps 2005 à l'Université de Cergy-Pontoise portant sur l'emploi des seniors en Europe. Il a réuni des chercheurs de toutes les disciplines des sciences humaines – sociologues, historiens, juristes, économistes, civilisationnistes – pour débattre de la situation des seniors au travail. Il ne s'agissait pas seulement de pointer du doigt les absurdités de nos systèmes qui ont transformé les seniors en minorité discriminée au sein du salariat, mais aussi de faire connaître les amorces de solutions proposées ailleurs.

Si l'emploi des seniors retient l'attention du public depuis peu, c'est surtout dû à la situation des caisses de retraite dans la plupart des pays européens – l'Espagne exceptée, pour l'instant du moins –, qui ne savent plus comment financer les pensions d'une population de retraités en constante augmentation. La génération du baby-boom d'après-guerre partant massivement à la retraite à partir de 2005, l'équilibre des âges va s'inverser, notamment dans les pays à faible renouvellement démographique, de sorte que de moins en moins de jeunes salariés seront amenés à financer de plus en plus de retraités. Cette situation se trouve aggravée par le raccourcissement de la période d'activité des salariés comparée aux périodes d'inactivité : la formation dure de plus en plus longtemps et, à l'autre bout de la vie, la durée de la retraite s'allonge du fait de l'accroissement de l'espérance de vie. Lorsque Otto VON BISMARCK créa l'assurance retraite en 1889 – pour les salariés à partir de 70 ans –, peu nombreux étaient ceux qui pouvaient en bénéficier ; aujourd'hui, la durée moyenne de perception des retraites avoisine les vingt ans.

Les gouvernements européens, ayant enfin pris la mesure des problèmes qui se profilent à l'horizon, envisagent de réduire le déséquilibre activité – inactivité en accroissant l'âge légal de départ à la retraite. L'Allemagne, la Grande-Bretagne et l'Espagne vont porter l'âge d'accès à la retraite à 67 ans. La France, le seul pays européen où l'âge légal est de 60 ans, procède néanmoins à une réforme qui oblige les salariés, du secteur privé comme du secteur public, à travailler plus longtemps s'ils souhaitent bénéficier d'une retraite à taux plein, allant jusqu'à créer des bonifications pour ceux qui travaillent au-delà de l'âge légal du départ à la retraite. En même temps, les gouvernements restreignent les possibilités d'accès aux préretraites et facilitent la combinaison retraite et activité professionnelle.

S'il convient de saluer la prise de conscience tardive mais réelle des pouvoirs publics en Europe, il est évident que l'augmentation de l'âge de la retraite n'est qu'une partie de la solution. Elle pourrait même aggraver la situation des salariés âgés, car dans une société où les entreprises considèrent comme senior un salarié à partir de 45, voire 40 ans, comment seront considérés ceux qui auront dépassé la soixantaine ? Les mesures gouvernementales – remontée de l'âge de la retraite, réduction des possibilités de partir en préretraite, en retraite anticipée ou en retraite d'invalidité, une spécialité britannique, néerlandaise et finlandaise, CDD spécial seniors, introduction de fonds de pension privés, etc. – ne constituent qu'un cadre dont les employeurs et les salariés eux-mêmes doivent se saisir pour améliorer la situation de l'emploi des seniors.

Si l'âge légal de la retraite est de 65 ans dans la plupart des pays occidentaux, l'âge réel de départ est bien inférieur – sauf au Japon, seul pays avec la France à avoir fixé l'âge de la retraite à 60 ans, mais où les salariés partent en moyenne à 68 ans –, de 63 ans en Grande-Bretagne, 61 en Allemagne et 59 en France. Ce hiatus n'est pas dû au seul désir, bien réel, des salariés de partir à la retraite le plus vite possible. Les salariés seniors doivent faire face à de nombreux obstacles à la fin de leur carrière. La première est probablement l'image négative véhiculée par une société qui refuse l'idée de vieillir et n'admet pas de voir les personnes âgées comme représentation de ce qui attend tous les individus. La société, éprise de « jeunisme », a évacué l'âge moyen et divisé les gens en deux groupes : les jeunes, jusqu'à 35 ans aujourd'hui, et les vieux, à partir de 40 ans. Les entreprises ont largement repris ce schéma, jugeant les salariés plus par leur âge et leur coût que par leurs performances. Cette attitude transparaît non seulement lors des recrutements, mais aussi lors de la sélection de ceux qui peuvent bénéficier d'une formation au sein de l'entreprise. Pour les recrutements, c'est un fait connu : les CV des candidats de plus de 50 ans atterrissent la plupart du temps à la poubelle, sans avoir été lus. Si les seniors accusent un taux de chômage inférieur à celui des jeunes, leurs difficultés de retrouver un emploi s'ils sont au chômage sont réelles. Les entreprises ne souhaitent pas les engager, estimant qu'ils ne sont pas assez flexibles, pas assez performants et trop chers.

Il est vrai que les pouvoirs publics, voulant bien faire, accroissent parfois les difficultés d'insertion des seniors, comme en France avec la fameuse contribution Delalande qui instaure une pénalité financière pour les entreprises qui licencient leurs salariés de plus de 50 ans. Conséquence : les entreprises ne recrutent plus de salariés de cet âge, craignant de ne pas pouvoir s'en défaire, si nécessaire, ou, pire encore, licencient avant l'âge fatidique, ramenant du coup l'aspect « senior » vers des populations de salariés de plus en plus jeunes. Celles-ci seront également amenées à s'adapter à la nouvelle donne.

Dans les années à venir, il sera de plus en plus difficile de partir tôt à la retraite. Les jeunes et les moins jeunes devront vivre avec l'idée que le départ précoce à la retraite est un errement historique qu'on ne pourra pas maintenir dans un contexte d'allongement continu de l'espérance de vie et de natalité déclinante. Ils doivent s'attendre à travailler nettement plus longtemps qu'auparavant, et ce dans tous les pays d'Europe, notamment en France, pays qui fait encore figure d'exception. Cela signifie qu'ils doivent changer de priorités : il convient désormais de soigner leur « employabilité » ; il faut qu'ils veillent à se former pendant toute la durée de leur carrière, même au-delà de 50 ans, ce qui n'est guère le cas aujourd'hui, pour que leurs compétences s'adaptent en permanence aux changements de l'environnement professionnel. Dans nos sociétés européennes, en transition de la société industrielle vers la société de services, la diminution des forces physiques, qui accompagne l'avancement en âge des salariés, ne jouera qu'un rôle mineur. Il faudra toutefois savoir accepter un recul de la rémunération si elle est conditionnée par une diminution de l'employabilité, notion encore trop peu répandue.

Tous ces changements qui attendent nos sociétés européennes ne seront pas faciles à mener, ni par les gouvernements qui rechignent devant les exigences d'un électorat âgé de plus en plus nombreux, ni par les entreprises en quête de rentabilité permanente. Mais les jeunes générations de salariés seront de moins en moins nombreuses sur le marché de l'emploi, ce qui conduira fatalement à un accroissement des seniors dans les entreprises, mais de seniors de mieux en mieux formés et nullement désireux de se retirer de l'emploi avec une retraite incomplète. La situation actuelle exige des actions concrètes : décourager l'accès aux préretraites, repousser l'âge de la retraite, encourager la formation tout au long de la vie. Ce n'est qu'en agissant sur tous les fronts qu'on pourra améliorer l'emploi des seniors.

En guise d'introduction à la problématique de l'emploi des seniors en Europe, l'équipe d'économistes de l'université de Lille 1, constituée de Nicolas VANEECLOO, Virginie DELSART et Sébastien RICHARD, analyse l'évolution de la situation des seniors dans les pays de l'Union européenne, y compris les nouveaux entrants. Les auteurs notent un rapprochement de l'évolution du maintien en emploi dans des pays comme la Grande-Bretagne, la France et l'Allemagne, au départ très disparate, et ils s'interrogent sur la continuation du recul séculaire de la durée de vie active. Cette tendance leur semble difficile à enrayer, en dépit des difficultés croissantes auxquelles doivent faire face les régimes de retraite dans presque tous les pays européens.

Alban GOGUEL D'ALLONDANS évoque pour sa part la crise de l'Etat social et, en corollaire, les modifications de la protection vieillesse en France. Notant que l'Etat s'est progressivement substitué aux familles pour assurer la nécessaire solidarité entre les générations, il constate que son action est désormais insuffisante pour garantir un accès tant soit peu égalitaire de tous à une protection sociale adéquate. Se basant sur l'émergence du concept de « welfare-mix », il étudie l'impact des différents acteurs, le marché, la famille, l'entreprise et l'Etat, sur cette réalité mouvante qu'est la protection sociale des salariés âgés.

Alain COEURET note que la notion même de discrimination en raison de l'âge, notion relativement récente, a vu son champ d'application s'élargir sous l'effet de la lutte récente en faveur du maintien dans l'emploi des seniors âgés de 55 à 59 ans notamment ; il souligne la complexité juridique des situations susceptibles maintenant d'actions à la fois civiles et pénales, dans l'attente d'une jurisprudence encore à venir.

Devant le faible taux d'emploi des plus de cinquante ans, leur taux de chômage élevé, leurs difficultés d'insertion et leur moindre accès à la formation continue, Guy CAIRE entreprend l'analyse des facteurs qui ont conduit à cette discrimination des seniors. Il examine ensuite les arguments évoqués par le patronat pour justifier les modes de gestion du personnel qui en sont à l'origine, pour voir enfin quelles corrections seraient susceptibles d'intervenir et qui permettraient de sécuriser davantage les parcours professionnels des seniors.

Marc RICHEVAUX, Patrick MICHELETTI et Michel PHILIP se penchent sur la question de savoir si l'âgisme peut être considéré comme un concept mythique ou une réalité. Par ce questionnement, ils résument à la fois leur recherche et son développement en deux étapes. Dans la première, ils tentent de déterminer s'il y a présomption d'âgisme et de cerner les catégories de salariés touchées. Pour ce faire, ils dressent un état de la situation européenne et celui de quelques uns de nos principaux partenaires de l'OCDE. Ils se penchent alors de façon pluridisciplinaire sur les principaux mécanismes, raisonnements et croyances soutenant les différentes formes de discriminations relatives à l'âge.

Dans son étude de la gestion des fins de carrière, Georges UBBIALI fait état d'une recherche exploratoire conduite récemment dans une banque française en région. Cette enquête de terrain qui se base sur une série d'entretiens avec des salariés seniors, désireux ou non de se prévaloir de l'opportunité offerte de partir en préretraite, fait ressortir le peu de cas que certains établissements font de l'expérience et des capacités de leurs salariés âgés. D'où la conclusion que la place des anciens dans l'entreprise risque de se caractériser par des tentatives d'éviction plutôt que par un processus de maintien novateur tel que cherchent à le pratiquer les pays scandinaves.

Dans sa comparaison de l'emploi des seniors en France et en Allemagne, Anne SALLES soulève la question démographique, autre problème de fond pour comprendre la situation actuelle. Partant de l'évolution du taux de natalité, de mortalité et de l'immigration dans les deux pays depuis 50 ans, elle étudie le rapport de dépendance des moins de 20 ans et des plus de 60 ans comparé au groupe de personnes en âge de travailler. La dégradation inquiétante de ce rapport en dépit de différences notables – plus de naissances en France, plus d'immigration en Allemagne – l'amène à constater que l'allongement de la vie de travail constitue un enjeu vital pour nos sociétés.

Dans sa contribution sur le travail à temps partiel des seniors en Allemagne, Brigitte LESTRADE se penche sur les mesures gouvernementales de maintien dans l'emploi des seniors en fin de carrière. Destinées à l'origine à faciliter l'accès aux préretraites, elles poursuivaient le double objectif de combattre le chômage tout en maintenant vivante la mémoire des entreprises pour faciliter la transmission de l'expérience entre générations. Les aménagements ultérieurs introduits dans ce système à la demande des entreprises ont toutefois conduit à écarter les seniors de l'emploi, transformant le travail à temps partiel de fin de carrière en mesure de préretraite onéreuse, ce qui n'était pas le but visé.

Si la Grande-Bretagne doit faire face à un problème de retraites aujourd'hui en dépit d'une situation globalement moins préoccupante qu'ailleurs en Europe, c'est essentiellement dû à la remise en question des régimes de retraite privés. Dans son analyse des réformes introduites dans ce domaine par le gouvernement Blair, Carine BERBERI étudie la triple action gouvernementale visant à encourager le recours aux régimes de retraite privés, à augmenter la retraite publique de base pour combattre la pauvreté en augmentation constante parmi les retraités et à favoriser les plans de retraite professionnels liés à l'entreprise. Cette combinaison de différents régimes de retraite semble donner des résultats positifs.

En matière d'emploi, le Danemark est souvent cité en exemple. Qu'il s'agisse d'un taux de chômage très bas à l'aune de la moyenne européenne ou du taux d'emploi des seniors, comme le note Dominique REDOR. Or la situation des seniors sur le marché du travail n'a pas toujours été bonne. Elle s'est améliorée depuis une dizaine d'années suite à une recherche de consensus entre l'Etat et les partenaires sociaux. Le résultat de ces négociations, la fameuse « flexsécurité », qui conjugue une faible protection contre le licenciement et un niveau d'allocations chômage élevé, procède d'un mode de gestion des ressources humaines si fondamentalement différent de ce qui se pratique en France que l'auteur la considère comme non transposable dans la situation actuelle.

Après l'analyse de la structure démographique particulièrement préoccupante de l'Espagne d'aujourd'hui, avec un taux de naissances parmi les plus bas d'Europe, ce qui devrait favoriser l'emploi des seniors, Josette TISSEAU souligne l'importance des discriminations dont ils font l'objet en dépit des mesures gouvernementales introduites dès la fin du 20ème siècle. L'action du gouvernement va également dans le sens de retarder les départs à la retraite, même au-delà de 65 ans, et de décourager les retraites anticipées. Ces mesures conduisent à accroître la participation des seniors à la vie économique, une évolution en rapport avec l'accroissement de l'espérance de vie des Espagnols.

Si Josette TISSEAU étudie l'arrière-plan démographique de l'emploi des seniors en Espagne, Emmanuelle CAYADO s'attache à une comparaison France-Espagne pour analyser les politiques d'emploi des gouvernements français et espagnols successifs. Partant d'une analyse historique des mesures en faveur des seniors, elle montre que les deux pays ont progressivement abandonné les politiques d'incitation aux préretraites, pour favoriser davantage le maintien des salariés âgés dans l'emploi, essentiellement pour des raisons d'équilibre des régimes de retraite. Si l'Espagne a mis au point des mesures qui visent spécifiquement ce segment du marché de l'emploi, la France se borne pour l'instant à inclure les seniors dans des mesures globales visant tous les publics dont l'accès au marché du travail est problématique, favorisant un recours au saupoudrage dont l'efficacité n'est pas avérée.

Dans son analyse du cas finlandais, Marjaana MÄKELÄ commence par étudier la réforme des retraites entreprise en 2004 qui a été considérée comme une grande cause nationale par la plupart de ses concitoyens. Les faits marquants en sont l'abandon d'un âge de retraite fixe en faveur d'une plage souple et la prise en compte de périodes consacrées aux charges familiales ou aux études. Cette réforme, dont l'objectif avoué est d'augmenter l'âge d'accès à la retraite des Finlandais est perçue de façon mitigée par la population, ce que l'auteur étudie dans un deuxième temps. Il n'est en effet pas certain qu'un meilleur niveau de retraite suffise pour les convaincre de retarder leur départ en retraite.

Pour mieux expliquer les défaillances du système de retraites en Bulgarie, Evguénia DRAGANOVA-MADELAINE commence par dresser un bilan sans complaisance de la situation démographique en Bulgarie. L'indice de fécondité, qui a chuté dans tous les pays de l'ancien bloc soviétique après la chute du mur de Berlin, est actuellement un des plus bas des pays d'Europe de l'Est, ce qui conduit à un accroissement naturel négatif. Ceci n'est pas sans répercussions sur la situation économique en général et la protection sociale en particulier. Le passage d'un système communiste qui assurait le plein emploi à une société où l'Etat ne peut garantir du travail pour tout le monde met à mal le système de retraites bulgare. L'auteur analyse les récentes réformes des retraites en soulignant les spécificités qui les distinguent de celles menées dans les pays d'Europe de l'Ouest.

Marion SANCHEZ-MUNOZ s'intéresse à un segment spécifique du salariat senior, à savoir les cadres, dont elle analyse la situation en France et en Allemagne. Des données comparables n'étant disponibles que de façon partielle, elle apporte des éclairages notamment sur leur situation face au chômage, où elle souligne un risque bien moindre que celui d'autres groupes socio-professionnels, mais aussi une grande réactivité de leur part dans cette situation. Conscients des mutations accélérées du monde du travail, nombre de cadres français et allemands explorent déjà d'autres voies pour se lancer dans une carrière renouvelée.

PREMIERE PARTIE

ASPECTS ECONOMIQUES, SOCIAUX ET JURIDIQUES DE L'EMPLOI DES SENIORS

L'emploi des seniors en Europe Retour en arrière ou marche en avant ?

Nicolas VANEECLOO
Virginie DELSART
Sébastien RICHARD

Frappés par la nécessité de trouver une solution au double problème du financement de leurs régimes de retraite par répartition et de pénurie de main d'œuvre dans certains secteurs, les pays d'Europe occidentale s'interrogent sur les moyens dont ils disposent pour y répondre. Certains envisagent de s'engager dans la voie d'un renouvellement démographique de leur population, comptant parfois pour cela sur les apports de l'immigration. Mais une telle politique semble très incertaine : elle dispose d'une marge d'acceptation par les populations probablement faible et ne permet guère d'amélioration à court terme. La plupart s'interrogent donc plutôt sur l'opportunité d'impulser des politiques d'accroissement du taux d'emploi des seniors, qui sembleraient à même de résoudre au moins partiellement chacun de ces deux problèmes. Car cette fois, les marges de manœuvre semblent bien plus grandes, tant certains pays d'Europe occidentale accusent un « retard » important vis-à-vis, par exemple, des Etats-Unis : le taux d'emploi des seniors n'est en effet que de 50% pour les hommes (contre 66% aux Etats-Unis) et 30% pour les femmes (50%).

Toutefois cette perspective ne peut sérieusement être envisagée que dans les pays qui accusent effectivement un retard important. Car l'Europe, comme nous le montrerons dans une première partie, se caractérise par une grande diversité : certains pays affichent des taux d'emploi des seniors exceptionnellement bas, tandis que d'autres maintiennent leur population dans l'emploi jusqu'à un âge avancé[1].

---

[1] Les taux d'emploi utilisés sont ceux publiés sur le site Eurostat. Ils ne remontent qu'à 1983 pour la majeur partie des pays (et à 1986 pour les autres). Les séries ont

Ces différences rendent-elles inconcevables de tirer profit de l'expérience des uns pour modifier le comportement des autres ? Ou au contraire, peut-on espérer par une harmonisation des politiques un relèvement sensible des taux d'emploi ? Pour le dire autrement, existe-t-il un décalage irrémédiable entre les pays européens ou s'agit-il simplement d'une discordance des temps, les pays européens suivant un schéma unique d'évolution des taux d'emploi mais à des rythmes quelque peu différents ?

Nous montrerons dans la deuxième partie de cet article qu'il existe bien une histoire commune à l'ensemble des pays européens, et que les différences de comportement s'expliquent alors par une discordance des temps sur un modèle général de baisse massive des taux d'emploi jusqu'au années 90, marquée ensuite par une stabilisation et, surtout, par une très récente remontée des taux de maintien dans l'emploi.

Quelle sera l'ampleur de cette remontée ? Marque-t-elle un retour en arrière vers un ré-allongement de la durée de vie au travail ? Dans une troisième partie, nous nous livrons à un travail de prospective en simulant l'effet de différents scénarii quant à l'espérance de vie au travail sur le taux d'activité des futurs seniors.

L'EMPLOI DES SENIORS EN EUROPE : HETEROGENEITE ET SIMILITUDES

La problématique à laquelle sont confrontés de nombreux pays européens est celle du maintien dans l'emploi de sa population active la plus âgée (plus de 55 ans), dans la perspective d'une réduction simultanée du coût de financement des retraites et des pénuries de main d'œuvre dans certains secteurs.

Pour se saisir de cette problématique, mesurer le taux d'emploi dans les différents pays européens s'avère insatisfaisant : il n'illustre pas correctement la capacité d'un pays à maintenir en état d'activité sa main d'œuvre âgée. La faiblesse des taux d'emplois des plus de 55 ans

---

été complétées jusqu'en 1973 en les raccordant sur 4 ans aux données de l'OCDE (*Statistiques de la population active 1971-1991*, OCDE, Paris, 1993).

peut en effet s'expliquer par deux phénomènes différents qu'il est important de distinguer : d'une part, la propension d'une population donnée à sortir précocement du marché du travail au delà de 55 ans, d'autre part la faiblesse générale, toutes générations confondues, des taux d'emploi. Dans le premier cas, la faiblesse du taux d'emploi des seniors traduit des sorties fréquentes et rapides du marché du travail d'une main d'œuvre jusqu'alors active, et les politiques doivent alors être ciblées sur un maintien plus long en emploi. Dans le second cas, la faiblesse du taux d'emploi des seniors résulte de la faiblesse générale des entrées dans l'emploi sans nécessairement impliquer l'existence de sorties importantes après 55 ans, ce qui peut rendre inappropriées des politiques dédiées au seniors.

Traiter de la gestion des âges de la main d'œuvre dans des pays où les taux d'emploi toutes générations confondues diffèrent (ce qui est le cas en Europe pour la population masculine et plus encore pour les femmes) nécessite donc de disposer d'une mesure du taux de maintien dans l'emploi des tranches d'âges les plus élevées comparativement aux autres tranches d'âge. L'indicateur le plus simple est le taux relatif d'emploi des 55-64 ans, c'est-à-dire leur taux d'emploi par rapport à celui de la classe immédiatement précédente (les 50-54 ans). Un taux relatif de 100% signifie ainsi que tous ceux en situation d'emploi à 54 ans continent de l'être entre 55 et 64 ans. Un taux nul implique, lui, une sortie systématique du marché du travail entre 54 et 64 ans.

La situation actuelle de l'UE à 15 et des nouveaux entrants

Aux distinctions nationales quant à la gestion des âges peuvent venir s'ajouter des particularités quant à la gestion des sexes : hommes et femmes peuvent recevoir des traitements distincts à un âge donné, ce qu'il est là encore nécessaire d'identifier préalablement à la définition de toute politique. Des mesures très générales appliquées dans un pays peuvent en effet s'avérer inefficaces, trop coûteuses, ou non souhaitables dans d'autres où la gestion de l'âge est clairement différenciée selon le genre. Pour cela, chaque pays peut donc être représenté par un couple de valeurs de taux relatif d'emploi pour les hommes et les femmes de 55 à 64 ans, comme l'illustre le graphique suivant.

Graphique n°1 :
des politiques distinctes de gestion des âges

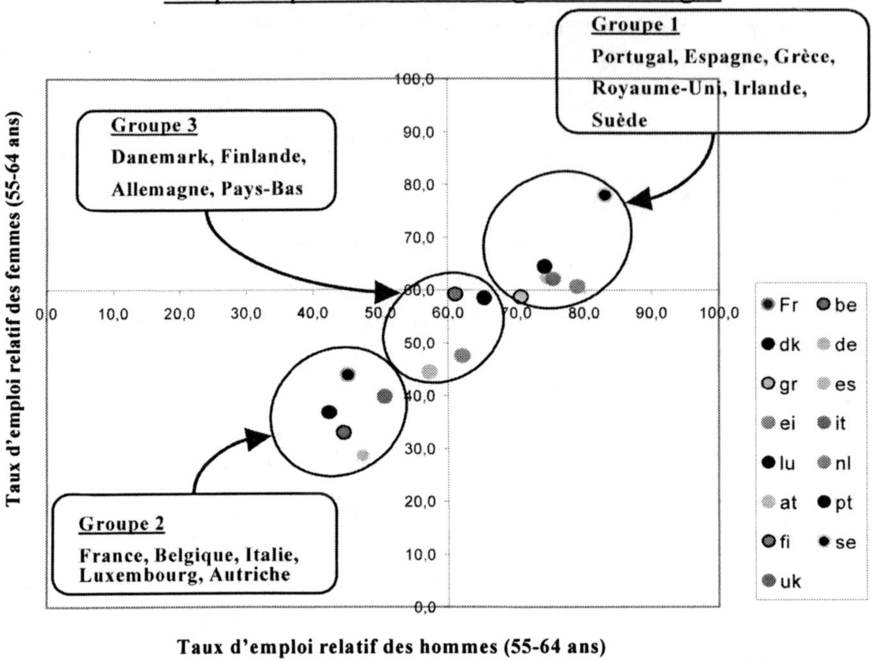

On y distingue très clairement trois groupes de pays :

Un groupe (n°1) caractérisé par des taux de maintien dans l'emploi très élevés chez les hommes (de l'ordre de 70 à 80%) comme chez les femmes (de 60 à 70%, voire 80% pour la Suède). Ce groupe est composé du Portugal, de l'Espagne, de la Grèce, du Royaume-Uni, de l'Irlande et de la Suède.

Un groupe (n°2) au contraire défini par la faiblesse de ses taux relatifs d'emploi chez les hommes (de 40 à 50%) et chez les femmes (de 30 à 40%). Il se compose de la France, de la Belgique, de l'Italie, du Luxembourg et de l'Autriche.

Enfin un groupe intermédiaire (n°3) composé du Danemark, de la Finlande, de l'Allemagne et des Pays-Bas, où le taux relatif d'emploi est moyen, là encore pour les hommes (de 55 à 65%) comme pour les femmes (de 45 à 60%).

On y note également très peu de différences selon le sexe. Dans la plupart des pays européens, les retraites précoces sont à peine plus fréquentes chez les femmes que chez les hommes (environ 10-15 points d'écart), voire de fréquence identique comme en France (45%) ou en Allemagne (60%). Seule l'Irlande se distingue quelque peu en pratiquant une gestion plus sexuée des âges : le taux de maintien dans l'emploi des femmes est de 20 points inférieur à celui des hommes (60% contre 80%). Au sein de l'Union Européenne, l'uniformisation des pratiques selon le genre semble donc bien avancée. Les nouveaux entrants, dont on distingue très clairement dans le graphique suivant qu'ils pratiquent, eux, une gestion bien plus sexuée des âges (l'écart sur le taux relatif d'emploi est de 30 points en moyenne et peut atteindre 45 points), devraient ainsi à terme, eux aussi, s'aligner sur les pratiques européennes, en particulier celles de leurs voisins géographiques dont ils semblent proches, pour ce qui concerne les hommes.

Graphique n°2 : la place des nouveaux entrants dans l'UE

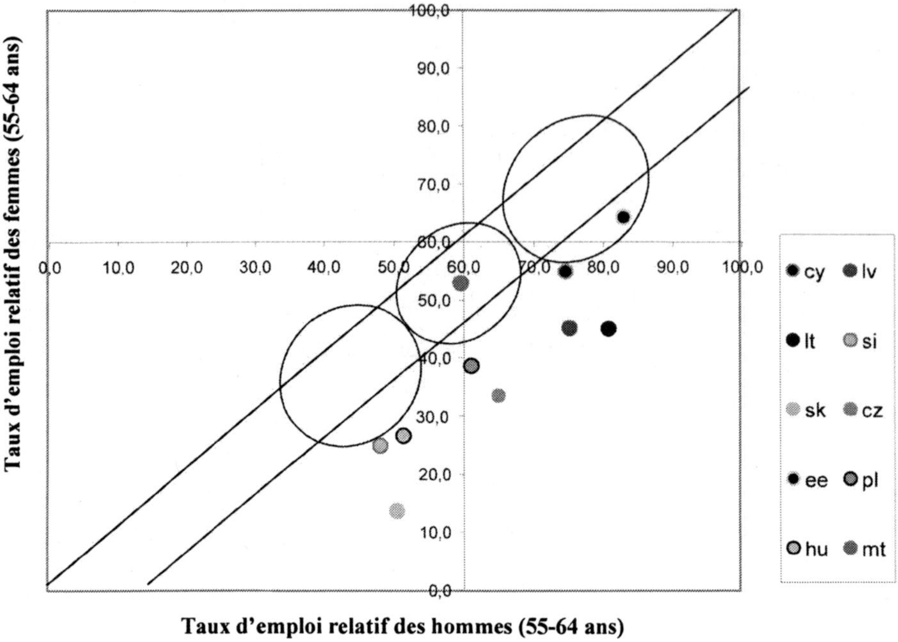

Si l'on veut à présent caractériser mieux les trois groupes parmi les pays de l'Europe des 15, il est utile de s'interroger sur le moment où s'opèrent ces retraits d'activité : les salariés les plus âgés quittent-ils le marché du travail peu après 55 ans ou, au contraire, poursuivent-ils leur activité après 60 ans ?

Le graphique suivant, représentant en abscisse le taux relatif d'emploi des 55-59 ans par rapport aux 50-54 ans, et en ordonnée le taux relatif d'emploi des 60-64 ans par rapport aux 55-59 ans, nous en dit plus sur la tranche d'âge où s'effectue la sortie du marché du travail dans les différents pays européens.

Graphique n°3 : des pratiques divergentes après 60 ans

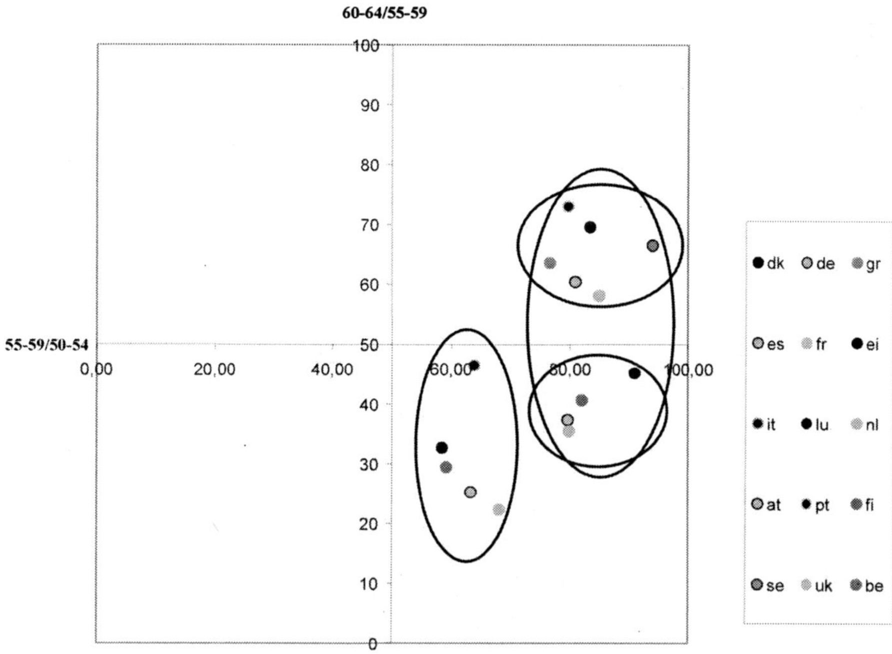

Il se caractérise par une faible dispersion des valeurs en abscisse (le taux relatif d'emploi est compris entre 60 et 95%) mais par une dispersion beaucoup plus forte des valeurs en ordonnée (comprises entre 20 et 70%). On en déduit alors que dans la plupart des pays de l'UE, la main d'œuvre reste en emploi entre 55 et 59 ans, même si les pays du groupe 2 (France, Belgique, Italie, Luxembourg et Autriche), où le taux relatif est plus faible, présentent fort logiquement des sorties précoces plus fréquentes que dans les autres groupes. Certains pays affichent même des taux de maintien en emploi proche de 100%, comme l'Irlande ou la Suède. Ce n'est donc qu'au delà de 59 ans, que les pratiques divergent, et que les écarts se creusent sensiblement entre les trois groupes. Le groupe 2 se caractérise par un effondrement des taux relatifs d'emploi (égaux en moyenne à 30%), tandis que le groupe 1 voit ses taux se maintenir au delà de 60%. Parmi les pays de l'UE, un clivage apparaît donc assez nettement dans les gestions des âges : d'un côté ceux où la question d'une sortie du marché du travail ne se pose véritablement qu'après 60 ans, et où la norme est un maintien en activité au moins jusque 65 ans, et d'un autre côté un ensemble de pays où plus d'un tiers des actifs quittent le marché du travail avant 60 ans et où le maintien dans l'emploi au delà revêt très clairement un caractère exceptionnel.

TRENTE ANS D'EVOLUTION : CONCORDANCE DES FAITS ET DISCORDANCE DES TEMPS

Que révèlent ces clivages profonds dans la gestion des âges les plus avancés ? Doit-on considérer que les pays européens suivent des modèles différents et divergents, et que l'expérience des uns est difficilement transposable aux autres ? Ou faut-il considérer un modèle unique de gestion des âges que les différents pays de l'UE suivent toutefois à un rythme différent ? Les trente ans d'évolution qui ont suivi la crise économique de 1973 se caractérisent-ils par un accroissement des divergences dans les pratiques de gestion des âges ou au contraire par une convergence, retardée toutefois par l'adoption de rythmes de progression quelque peu différents ?

Convergence ou divergence : analyse d'ensemble

L'analyse de la gestion des âges les plus élevés dans les pays européens a révélé des différences – semble-t-il importantes – selon la tranche d'âge considérée.

Pour l'ensemble de l'UE, le maintien dans l'emploi entre 55 et 59 ans semble une norme partagée par tous, asexuée et particulièrement stable. En effet, comme l'indique le graphique suivant, le taux d'emploi relatif dans la tranche est très élevé, pour les hommes (plus de 90%) comme pour les femmes (85%), de la crise de 1973 à nos jours.

Graphique n°4 :
évolution du taux d'emploi relatif des 55-59 ans

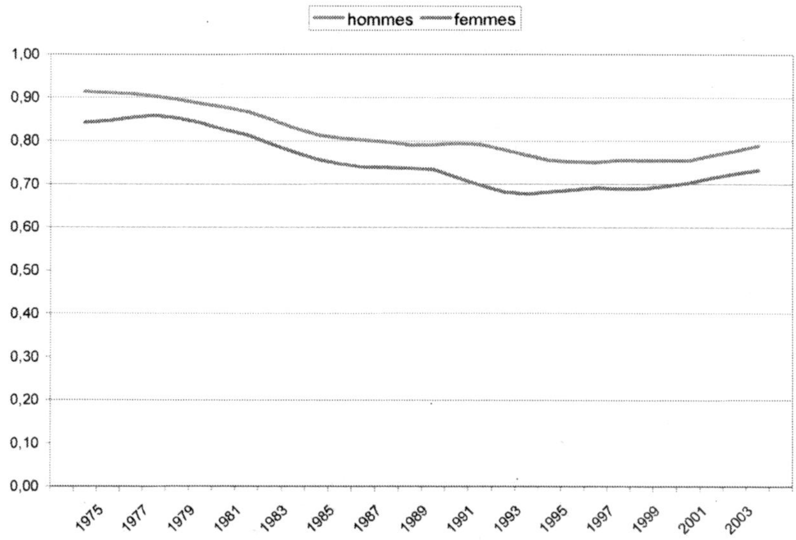

Si on s'intéresse plus précisément à son évolution, on constate toutefois qu'il a légèrement diminué entre 1973 et le début des années 90 : la perte est d'environ 10 points, quel que soit le sexe. Il semble que le chômage causé par la crise a fait l'objet d'un traitement commun à pratiquement l'ensemble des pays européens sous la forme de mise à la retraite anticipée des tranches les plus âgées de la population active. Les années 90 sont une période de stabilisation, et le taux relatif d'emploi entame depuis l'année 2000 une légère remontée, qui fait maintenant correspondre la situation à celle du milieu des années 80. Cette évolution est là aussi commune à de nombreux pays européens : le coefficient de variation, dont l'évolution est représentée sur le graphique suivant, et qui illustre les disparités de comportement, demeure extrêmement bas sur l'ensemble de la période (environ 10%). Il varie assez peu, et de manière opposée à la courbe du taux d'emploi relatif : une croissance faible jusqu'au début des années 90, une stabilisation durant la décennie 90, et une légère décroissance depuis.

Graphique n°5 : coefficient de variation du taux d'emploi relatif des 55-59 ans

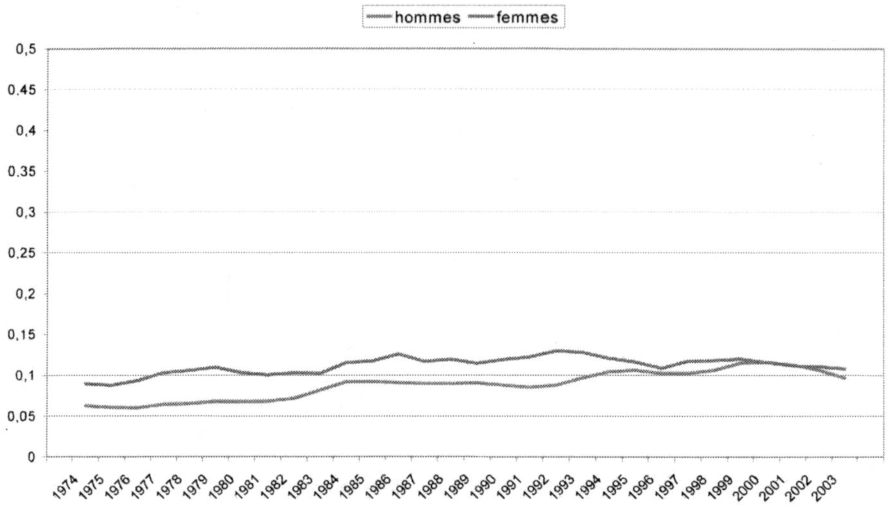

Les différences entre pays européens proviennent donc essentiellement de la gestion des âges les plus élevés (60-64 ans). Le taux d'emploi relatif est en moyenne plus faible, avec des différences sexuées plus marquées (écart de 15 points environ). Son évolution est toutefois identique à celle de la classe d'âge précédente. En effet, comme l'indique le graphique suivant, il a, lui aussi, diminué jusqu'au début des années 90, pour se stabiliser ensuite et croître enfin à partir de l'année 2000.

Graphique n°6 :
évolution du taux d'emploi relatif des 60-64 ans

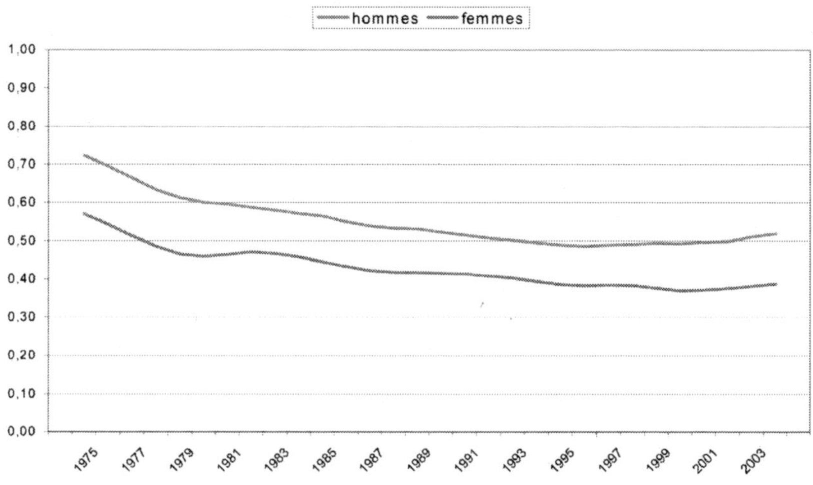

Mais cette évolution générale s'est cette fois assortie d'une différenciation beaucoup plus grande des comportements. Comme l'illustre le graphique d'évolution du coefficient de variation pour le taux d'emploi relatif de la tranche, par rapport à une situation initiale assez homogène (la dispersion est au plus de 20% chez les femmes), les comportements ont fortement divergé au cours du temps, ce qu'illustre bien l'augmentation importante du coefficient de variation.

Graphique n°7 : coefficient de variation du taux d'emploi relatif des 60-64 ans

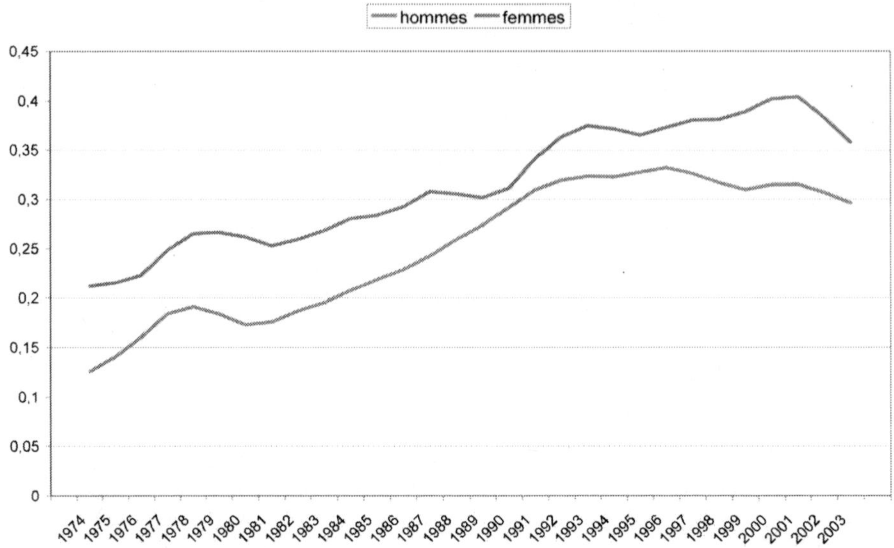

Une même histoire, mais des temporalités différentes

Certains pays ont donc maintenu en emploi les 60-64 ans, tandis que d'autres les ont massivement incité, au moins jusqu'au milieu des années 90 – parfois jusqu'en 2000 -, à se retirer du marché du travail. Mais depuis 2000, le scénario semble toutefois s'inverser : le coefficient de variation diminue, illustrant le rapprochement des pratiques de pays qui s'étaient jusqu'alors opposés.

Quels sont ces pays ? Quel scénario longtemps divergent et finalement convergent ont-ils suivi ?

Au lendemain de la crise de 1973, les pratiques de gestion des âges dans les différents pays européens semblent en effet relativement homogènes : un fort taux de maintien dans l'emploi jusque 60 ans, suivi d'une sortie progressive et assez lente du marché du travail qui conserve une part importante de la main d'œuvre en activité jusque 65 ans. On ne peut alors parler de différenciation dans le traitement accordé à la main d'œuvre la plus âgée, ce qu'illustre bien la proximité des différents pays sur le graphique suivant.

Graphique n°8 : la situation en 1973

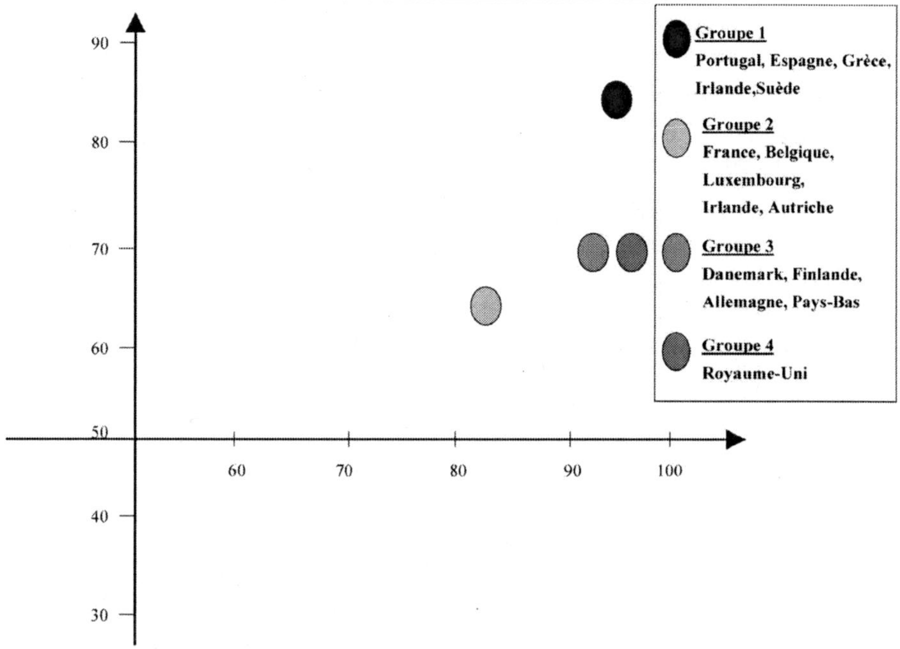

Certes on y distingue quatre groupes (les trois précédents et un groupe particulier exclusivement composé du Royaume-Uni dont on verra que l'évolution le rend différent de son groupe d'origine), mais les différences entre eux semblent assez limitées. C'est donc dans le traitement à apporter à la crise que les pays vont se mettre à diverger. Le choc pétrolier et la montée du chômage qui en résulte convainquent bon nombre de pays qu'il faut « laisser la place aux jeunes ». Ils mènent ainsi des politiques incitatives au retrait du marché du travail ce qui a pour effet, pendant les 10 années qui vont suivre la crise, de réduire considérablement les taux relatifs d'emploi, principalement chez les plus de 55 ans et dans les pays des groupes 2 et 3. On constate très clairement sur le graphique d'évolution (graphique n°9) la baisse significative des taux d'emplois dans chacun des groupes (1ère flèche).

Cette baisse se poursuit jusqu'au milieu des années 90 (2ème flèche), mais avec, cette fois, des différences très nettes dans le rythme, encore très soutenu dans le groupe 3 qui se rapproche ainsi du groupe 2, très faible dans le groupe 4. Les pays européens semblent alors suivre des voies divergentes, ce qui se concrétisera dans la deuxième moitié des années 90 par un retournement de situation : certains pays poursuivent la baisse du taux relatif d'emploi, même si l'évolution est alors très faible, tandis que d'autres, comme le groupe 3, cherchent déjà à allonger la durée du maintien dans l'emploi. A ce mouvement désordonné succède enfin le phénomène de convergence que l'on a déjà noté depuis 2000 : les groupes caractérisés par un faible taux relatif d'emploi (les groupes 2 et 3) font marche arrière et allongent la durée du maintien dans l'emploi. Les autres, dont le taux relatif d'emploi était resté fort, entrent dans une phase de stabilisation de celui-ci. Chacun finalement semble ainsi converger vers des pratiques identiques, même si les temporalités et les degrés d'implication semblent parfois quelque peu différer.

Graphique n°9 : la situation en 2003

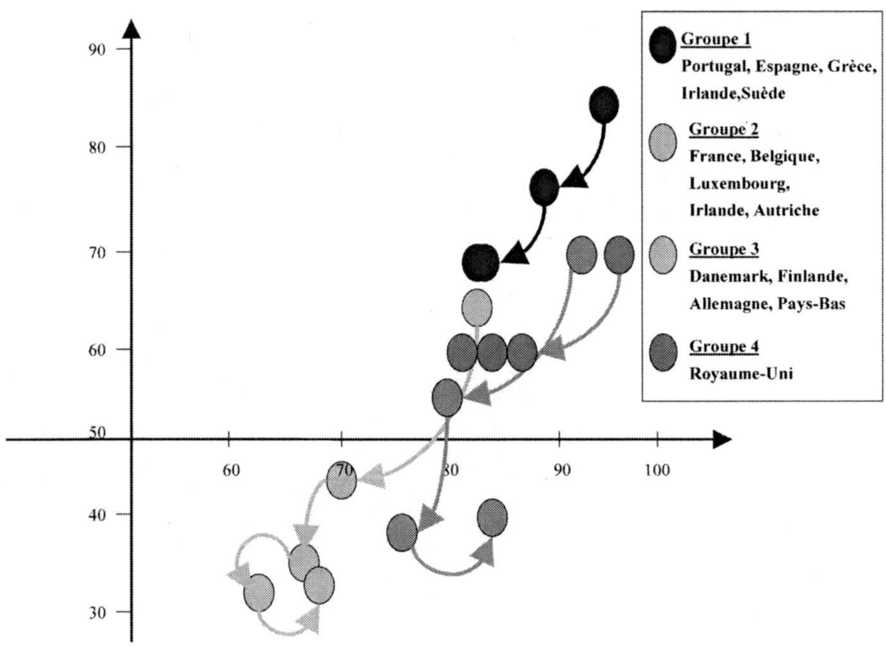

DES SCENARII POUR LE FUTUR

Un mouvement d'accroissement du taux d'emploi des seniors s'est donc produit dans l'ensemble des pays européens. Il est encore faible mais n'est pas contestable.
Peut-on toutefois espérer qu'il soit durable ?

Sans doute s'il est soutenu par les politiques économiques et sociales. De nombreux pays ont déjà mis fin ou programmé l'arrêt des dispositifs de préretraite, sources importantes de départs anticipés du marché du travail. Certains aussi ont plus ou moins explicitement repoussé l'âge légal du départ à la retraite.

Certainement aussi si les mentalités changent, du côté des salariés comme des entreprises. Sur ce qu'ils ont observé, beaucoup de salariés aspirent certainement à un retrait précoce de l'activité, et ne s'imaginent guère poursuivre leur vie active au delà de 60 ans. Mais ils reportent ainsi sur d'autres la lourde charge du financement de leur retraite. Et les entreprises ne les encouragent guère à supporter eux-mêmes une partie de cette charge : les perspectives de carrière s'effondrent avec l'âge du salarié, de même que les perspectives d'embauche ! Peu d'entreprises – il est vrai probablement rendues frileuses par les pénalités que leur fait encourir la loi Delalande si elles venaient à les licencier - prennent le risque humain et financier d'embaucher des salariés de plus de 50 ans. Peu d'entreprises aussi assurent la formation continue de leurs salariés au delà d'un certain âge, renforçant ainsi le sentiment en partie infondé de l'obsolescence des compétences de leurs aînés.

Les enjeux – résorber la pénurie de main d'œuvre dans certains secteurs mais surtout répartir la charge du financement des retraites – sont majeurs et condamnent ces politiques à réussir.

Si tel était le cas, qu'adviendrait-il alors de la durée de vie des salariés au travail ?

Nous ne pouvons ici – faute de données - nous intéresser à l'ensemble des pays européens. On se contentera d'étudier le cas de la

France[1] (qui correspond à un scénario pessimiste pour le restant de l'Europe) et de sa population masculine (en rappelant que ce qui vaut pour les hommes au travail vaut aussi pour les femmes puisque le processus de retrait de l'activité n'est pas sexué). Quelle sera donc notre durée de vie au travail ? Les générations les plus jeunes vont-elles suivre la tendance demi-séculaire de sa réduction ou vont-elles au contraire devoir supporter un temps passé au travail plus long que les générations qui les auront précédées ?

L'hypothèse d'un ré-allongement de la durée de vie au travail semble peu plausible. Les transformations de l'activité durant les 50 dernières années ont été tellement profondes qu'un véritable retour en arrière semble inenvisageable. Comme on le constate clairement sur le graphique suivant, le recul de l'âge d'entrée sur le marché du travail joint à l'avancé de l'âge de sortie rendent extrêmement peu probable un ré-allongement de la durée de vie au travail. Celle-ci a en effet diminué considérablement, et espérer retrouver pour les générations présentes une durée de vie au travail aussi longue que celle de leurs aînés semble extrêmement incertain.

Dans ces conditions, quelles conséquences doit-on envisager sur la durée de vie au travail ?

[1] Les séries françaises utilisées ont été ici complétées par les données de l'INSEE (*Population active, emploi et chômage depuis 30 ans*, Collections de l'INSEE, Série D, démographie et emploi n0 123, 1987).

Graphique n°10 :
le taux d'activité masculin selon l'âge en France
Une comparaison 1953-2003

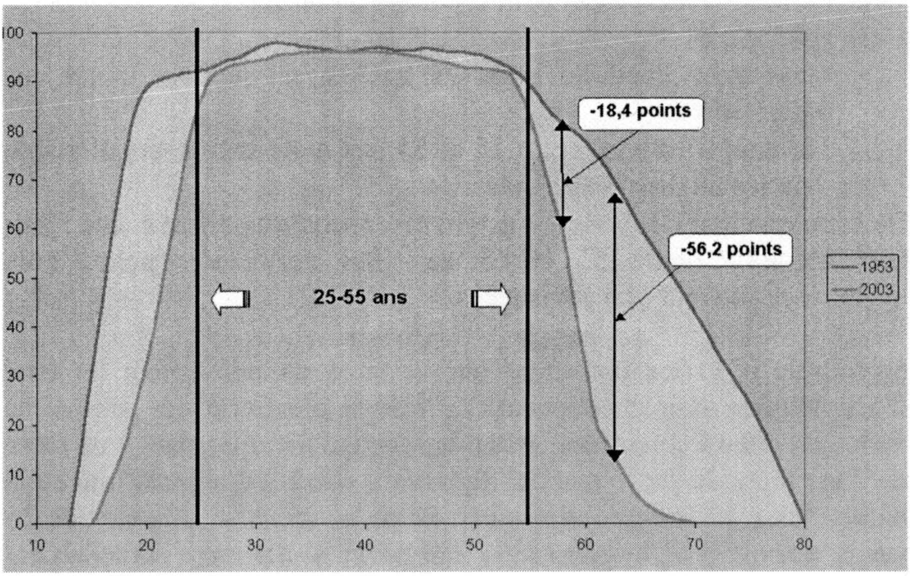

D'après l'étude de MARCHAND, MINNI et THELOT[1], la durée de vie active serait passée de 39,1 ans pour la génération née en 1910 à 37,5 pour celle née en 1930. Il y aurait donc poursuite de la réduction de la durée de vie au travail, mais à un rythme assez faible. Cette étude prend toutefois en compte la mortalité : certains individus ont une durée de vie écourtée, ce qui évidemment réduit d'autant leur durée de vie au travail ! Si ce facteur est éliminé, combien de temps, pour chaque génération, les individus atteignant effectivement l'âge de 65 ans, auront-ils passé sur le marché du travail ?

Sans doute les résultats de nos calculs donneront des chiffres supérieurs à ceux de cette étude. Notre référence sera la génération née en 1938 qui a donc atteint l'âge de 65 ans en 2003. Pour celle-ci il

[1] MARCHAND O., MINNI C., THELOT C. (1999): La durée de vie active : un siècle d'évolution 1896-1997, projection jusqu'en 2050, in : *Dossier de la DARES*, n° 6.

est facile de calculer la durée moyenne d'activité en utilisant les taux d'activité de 1953 (date de leurs 15 ans) à 2003 (date de leur 65ème année). Cette durée est de 40 ans et 3 mois. Que va-t-il en être pour les générations suivantes ? On peut répondre à cette question de manière assez précise car

- leur taux d'activité avant 25 ans est connu pour toutes ces générations
- le taux d'activité entre 25 et 55 ans a été extrêmement stable sur les 50 dernières années.

De sorte que leur durée de vie active ne dépend que d'une chose : leur taux d'activité entre 55 et 65 ans. Sur ce dernier point, trois hypothèses peuvent être envisagées.

Hypothèse n°1 : les politiques qui visent à un relèvement du taux d'activité des seniors échouent. Le niveau d'activité des seniors se maintient donc à son niveau actuel bas, ce qui parallèlement à un recul de l'âge d'entrée sur le marché du travail, conduit à la poursuite de la réduction de la durée de vie active. Selon ce scénario, elle sera de 35 ans et 6 mois pour la génération née en 1978 qui entre actuellement sur le marché du travail.

Hypothèse n°2 : les politiques de relèvement des taux d'activités des seniors réussissent à endiguer la baisse demi-séculaire de l'espérance de vie active. Celle-ci, sans s'allonger, se maintient à son niveau actuel de 40 ans et 3 mois.

Hypothèse n°3 : un scénario intermédiaire où la baisse de la durée de vie active se poursuit, mais à un rythme plus faible car freiné par la remontée des taux d'activité que l'on observe dès à présent.

<u>Graphique n°11 :</u>
<u>espérance de la durée de vie active par génération</u>

Hypothèse 1 : maintien du niveau d'activité des seniors
Hypothèse 2 : maintien de l'espérance de la durée de vie active
***Hypothèse 3** : baisse régulière de l'espérance de la durée de vie active*

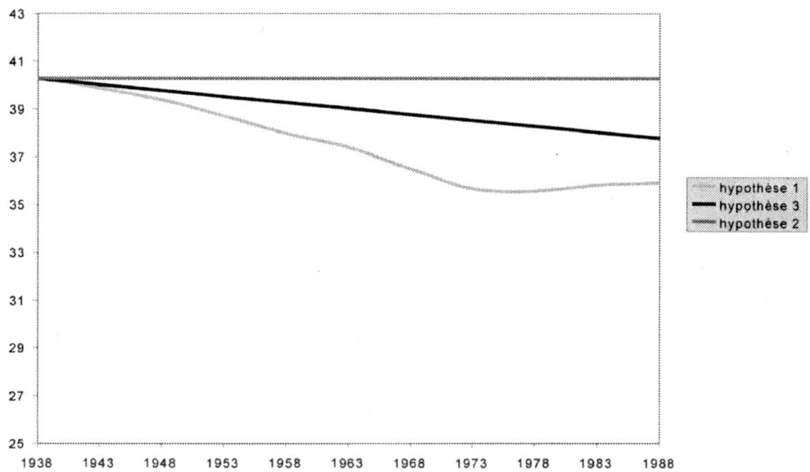

Ces trois hypothèses correspondent évidemment à des scénarii différents quant à l'évolution des taux d'activité des seniors. On peut alors se demander quelle serait l'ampleur de la remontée de ceux-ci pour atteindre chacune de ses trois hypothèses ?

Graphique n°12 : évolution du taux d'activité des seniors à envisager selon l'hypothèse retenue

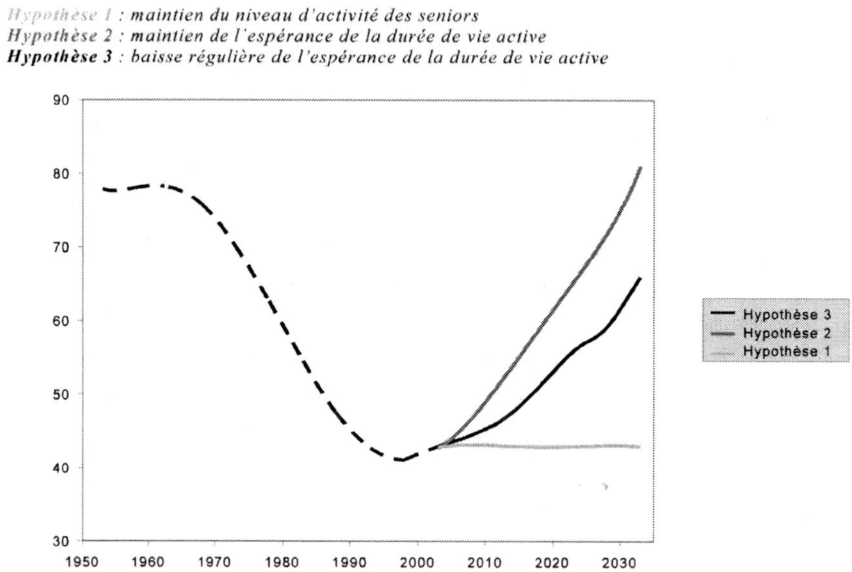

L'hypothèse n°1 (en gris clair sur le graphique n°12) correspond à un scénario très pessimiste : la remontée des taux d'activité des seniors constatée depuis 2000 ne se poursuit pas. Elle se traduit par une baisse assez prononcée de l'espérance de vie active jusqu'à une durée de 35,6 mois. A l'inverse, l'hypothèse n°2 (en gris foncé sur le graphique n°11) suppose une remontée drastique des taux d'activité qui devraient alors revenir à leur niveau d'après guerre. Il s'agit là certainement d'un scénario très optimiste qui nécessiterait un retournement complet de tendance, soutenu par des politiques très actives et un changement très profond des mentalités des salariés comme des entreprises. Il entraîne le maintien de l'espérance de la durée de vie active à 40,3 ans. Dans ces conditions, l'hypothèse intermédiaire n°3 (en noir sur le graphique n°11) semble plus acceptable : elle suppose un scénario plus réaliste de poursuite du mouvement imprimé ces dernières années. Le taux d'activité des seniors s'y relèverait progressivement et modérément. L'espérance de vie au travail continuerait ainsi à diminuer, mais de manière plus progressive.

CONCLUSION

La tendance demi-séculaire d'une baisse de la durée de vie active semble un mouvement difficile à enrayer : y parvenir supposerait un relèvement très important du taux d'activité des seniors. Celui-ci est impulsé mais ne devrait pas atteindre l'ampleur que supposerait le maintien de l'espérance de vie active. On ne peut donc guère escompter un retour en arrière, mais la poursuite de la marche en avant vers la réduction du temps passé au travail. Toutefois les enjeux majeurs que constituent la résorption des pénuries de main d'œuvre dans certains secteurs et surtout la répartition de la charge du financement des retraites, imposent malgré tout un relèvement important des taux d'activité des seniors. Le processus de réduction de l'espérance de vie active se fera ainsi à un rythme probablement beaucoup moins élevé que celui poursuivi depuis les années 50.

Crise de l'Etat social et modifications de la protection vieillesse

Alban GOGUEL D'ALLONDANS

''*Cette mutation de la société est d'autant plus difficile à analyser et à comprendre qu'il y a 'crise des représentations intellectuelles': tout se passe comme si les différentes disciplines reflétaient les découpages anciens de la société salariale et ne pouvaient saisir la nouveauté et encore moins la complexité et la globalité de la situation présente*''.

Xavier GAULLIER
''*Les temps de vie, emploi et retraite*'', 1999

POSITIONNEMENT DU PROBLEME

Les systèmes d'échange que sont le marché et le système planifié étatique ont libéré l'individu moderne de la plupart de ses obligations privées. La translation de l'économique hors de la famille, par l'instauration d'un marché privé et public a envahi le champ social. Au nom de la solidarité entre les membres de la société, l'Etat redistribue sous forme de transferts monétaires (les prestations individuelles) mis en œuvre par la protection sociale. Cette conception correspond à une logique de *dé*-marchandisation. L'assuré social conserve ses moyens d'existence sans dépendre du marché pour les obtenir. La protection sociale y pourvoit. Mais aujourd'hui son *universalisme uniformisant* est contesté. La *re*-marchandisation des prestations sociales en constitue le retour de balancier.

Selon la problématique développée par le sociologue Gosta ESPING-ANDERSEN (1999), la division de la protection sociale entre le *public* et le *privé* détermine le contexte structurel de la *dé*-marchandisation.

Le *ratio public/privé* dans la fourniture de prestations sociales évolue aujourd'hui en raison de la mutation radicale de l'environnement international et des structures sociales. L'argument décisif est de nature économique. Il est dicté par la nécessité de limiter les coûts sociaux et fiscaux afin de préserver la compétitivité des entreprises.

La problématique des retraites en est la parfaite illustration. Les pensions des régimes légaux obligatoires de retraite (premier et second pilier de cette architecture) se situent dans un cadre *dé*-marchandisé, c'est-à-dire socialisé, tandis que les contrats de pensions individuels (assurance-vie, fonds de pension, produits financiers diversifiés à finalité retraite) relèvent d'un individualisme strict du marché (troisième niveau dit *sur*-complémentaire). Cette fois, il s'agit d'une *re*-marchandisation partielle, et sous certaines conditions, de la protection vieillesse.

Actuellement, une stratégie de *re*-marchandisation est donc à l'œuvre sous l'impulsion du néolibéralisme. En pratique, la remise sur le marché de prestations sociales (*re*-marchandisation), permet de construire une offre différenciée de services et de prestations se situant à la marge des systèmes légaux de protection sociale, en complément périphérique. L'assuré social devient alors '*client*', et peut se constituer en toute liberté un ensemble individualisé et personnalisé de prestations, à condition d'en avoir les moyens financiers.

Cette évolution réactive le débat (toujours ouvert) sur la place de trois principes coexistants, bien qu'antinomiques, tant au niveau intra qu'inter générationnel, entre les différentes classes d'âges : Quelle *égalité*, quelle *équité*, pour quelle *solidarité* ?

Le recul du '*tout-Etat-protecteur*' garant de la justice sociale et de l'accès universel aux prestations ambitionnant la réduction des inégalités, cède la place à un '*Etat-gestionnaire*' autour des années 1980. Désormais, les politiques d'égalisation dans les politiques économiques et sociales ne sont plus estimées prioritaires. Les développements théoriques de cette période s'essaient à la redéfinition des relations conflictuelles et complexes entre *liberté*, *égalité* et *justice*, surtout sous l'impulsion des thèses anglo-saxonnes. La mutation des valeurs sociales induit un manque de lien social entre l'individu et l'Etat. Les '*solidarités administratives*' défendant des statuts trouvent-là leurs limites sociologiques.

Une privatisation partielle de la protection sociale vise à restreindre la charge financière pesant sur l'Etat qui, de ce fait, diminue le champ de ses responsabilités en limitant les garanties de certains risques sociaux, dont celui des retraites. Par extension, la *dés*-institutionnalisation partielle de la protection sociale est le signe révélateur d'un changement structurel à l'œuvre dans la société.

Néanmoins, le revers de la médaille est qu'une *offre sur mesure*, accentue les inégalités en raison des niveaux différenciés de solvabilité des souscripteurs, de leurs besoins réels, et de leur volonté de fixer l'étendue de leurs garanties offertes par le marché, ce qui est discriminant. En application de cette nouvelle orientation, la prise en charge privée de la retraite passe donc par l'épargne individuelle (troisième pilier *sur*-complémentaire).

Concomitamment à cette logique de déconstruction partielle des prestations sociales impersonnelles (puisque *dé*-marchandisées), et dans un contexte de transformation sociale des institutions, s'amplifient les pratiques intergénérationnelles du *don*. Ces évolutions interdépendantes, à l'œuvre dans le tissu social, ne sont ni incompatibles, ni paradoxales.

Ce sont là des signes révélateurs de la modification des régulations sociales et des changements dans la distribution des rôles des acteurs sociaux sur fond de globalisation des échanges économiques.

Pour résumer, en se plaçant dans une perspective macro-sociale, les initiatives en matière de protection sociale et plus particulièrement de retraites, s'inscrivent par gradation dans trois types de configurations théoriques (presque des *idéaux-types*). La situation française emprunte à chacune d'elles.

1) *Dans le cadre d'une économie où l'intervention étatique demeure encore relativement forte*, ces initiatives représentent un simple complément individualisé aux politiques sociales traditionnelles, sans transformations et remises en cause radicales.

2) *Dans le cadre d'une économie néo-libérale prépondérante*, ces initiatives s'analysent comme des palliatifs compensateurs et

indispensables du désengagement partiel de l'Etat-providence en matière de protection sociale.

3) *Enfin, sous l'impulsion d'une économie et d'une société redéfinissant en profondeur ses régulations*, les rapports entre l'économique et le social se renouvellent. C'est la problématique du '*Welfare mix*'. La crise des régulations libère un espace inédit pour le développement de l'innovation sociale dans la zone où le social et l'économique se superposent.

Les modifications structurelles économiques et politiques de la fin des années 1970, ont tout modifié. Mais ce n'est qu'à partir des années 1980 que débute réellement l'interrogation sur la dimension financière de la protection sociale (coïncidant avec le développement des marchés financiers), en termes de charges supportables par l'économie, et de capacité pour l'Etat d'assumer son rôle de '*providence*' en tenant ses engagements sociaux.

La réflexion actuelle tente de développer une '*culture de responsabilité*' susceptible de ne pas précipiter le système de protection sociale dans une spirale de '*développement indéfini*'. C'est la raison pour laquelle le renouvellement méthodologique avec l'affirmation du mode pluraliste de '*Welfare mix*', peut se concevoir comme une opportunité à saisir pour expérimenter ses possibilités. Mais il s'agit-là davantage d'une réforme incrémentale que d'une révolution institutionnelle.

L'EXPOSE REPOSE SUR LE DEVELOPPEMENT DE L'HYPOTHESE SUIVANTE :

Le financement des retraites ayant pour finalité de fournir une réponse à une réalité sociale par définition mouvante, ne peut faire l'objet que de solutions évolutives, sous peine de remise en cause de situations présentées comme faussement stables.

Avec l'hégémonie des régulations économiques, il n'y a plus convergence entre l'économique et le social dans un univers globalisé. D'où le questionnement : avec la déstabilisation de la société salariale et du *modèle de production fordiste*, de quelle façon l'Etat peut et doit agir pour donner à chacun une garantie maximale en matière de retraites ?

Et la problématique soutenue : Afin de remédier aux insuffisances des politiques sociales (les retraites n'échappant pas à cette logique), compléter et corriger leur action, et à côté de l'Etat au bénéfice de l'individu, trois instances sont alors sollicitées : le *marché*, l'*entreprise* et la *famille*. L'action sociale s'organise donc sur un mode pluraliste ('*Welfare mix*').

Avec la déstabilisation de la société salariale, le risque vieillesse se désagrège, il s'agit donc de comprendre le fonctionnement des mécanismes adaptatifs liés à la vieillesse, lesquels conditionnent l'organisation du système des retraites. Néanmoins le débat aujourd'hui se déroule encore dans le cadre fermé des anciennes références. C'est la raison pour laquelle le concept de retraite, dans son acception présente, correspond à un '*modèle épuisé*' face au nouvel ordre économique et social qui s'impose.

D'ailleurs, le débat est déjà tranché dans les faits par les acteurs eux-mêmes, au moyen de solutions alternatives éprouvées à vocation retraite (succès de l'assurance vie, des logiques patrimoniales, des transferts financiers intergénérationnels, et les diverses formes de donations). Par conséquent, une nouvelle stratégie s'esquisse à travers un nouveau partage du social entre le secteur public et le secteur privé dans le financement des retraites. En fonction de ces exigences nouvelles, la sphère du privé et du public voient leurs frontières traditionnelles remodelées.

Le nouveau partage des responsabilités entre les pouvoirs publics et les producteurs privés au niveau de l'organisation de la protection vieillesse est à l'origine de la définition du concept de '*welfare mix*', qui explicite les combinaisons des ressources formelles et informelles en matière de retraite, lesquelles sont par nature diversifiées. Même s'il ne s'agit pas d'une révolution institutionnelle, resurgit alors la question de l'articulation concrète entre les interventions publiques et les obligations privées.

L'évolution et l'avenir de la protection vieillesse ne doit pas être envisagé en termes définitifs de rupture, mais d'évolution sociale normale de ce risque, lequel n'est pas immuable en soi, et variable dans ses composantes en regard de la contingence économique et sociale. Face à un Etat qui n'arrive plus à assurer son '*rôle d'actionnaire public*,' il s'agit plutôt de modifier en l'élargissant la composition des acteurs intéressés tout en modifiant les garanties, la solution rédemptrice des retraites étant une illusion. La modification des relations sociales entre les individus et les groupes d'acteurs remodèlent donc le paysage institutionnel, et permet d'établir une grille de lecture ordonnée autour des '*quatre pôles de l'échange social*' en faisant intervenir quatre catégories d'acteurs que sont le *marché*, la *famille*, l'*entreprise* et l'*Etat*, lesquels s'intègrent dans la problématique du '*welfare mix*'. La régulation du système des retraites entre dans ce champ de réflexion.

LE MARCHE

Les fonctions du marché sont régulées par la valeur d'échange des biens et des services. Dans la structure de revenu des personnes âgées, il suffit de considérer la place privilégiée qu'occupe l'assurance vie, instrument efficace de gestion et de transmission du patrimoine familial. Mais ces dernières années, elle est devenue un instrument d'épargne et de capitalisation adapté à la fonction retraite.

Dans le contexte social actuel, les retraites accordées à une population dont l'espérance de vie croît d'un an tous les quatre ans, dynamisent le marché privé de l'épargne : assurance complémentaire de groupe et épargne-retraite individualisée (personnalisée en fonction de la situation de chacun, doit-on spécifier), constituent deux piliers privés et marchands à côté des retraites *amaigries* garanties par l'Etat. Ces divers dispositifs viennent en complément du *territoire redistributif* où les *solidarités héritées* s'effritent. C'est précisément la compréhension de ces mécanismes adaptatifs, liés à la vieillesse et dont les réponses conditionnent l'organisation du système des retraites dans sa spécificité, qu'il s'agit d'appréhender.

La solution réaliste qui prévaut, pragmatisme oblige, est donc d'adjoindre aux systèmes actuels de retraite un effort d'épargne plus individualisé qui passe par la souscription de produits faisant appel à la capitalisation, comme cela se pratique déjà avec succès, et à une grande échelle, avec l'assurance vie.

L'utilité de la capitalisation est donc légitimée par l'argument économique. Ainsi, le débat se transforme profondément avec la réintroduction de la logique de marché à l'intérieur même des mécanismes de protection associés au salaire, cela en faisant directement dépendre un élément du revenu du travail, et donc une fraction des retraites de la rentabilité des placements sur le marché des capitaux. De la sorte, le rapport salarial prend une dimension économique, ce qui signifie que pour rendre possible le maintien des taux futurs de retraite - ou de remplacement par rapport au dernier salaire - à un niveau acceptable, une fraction des retraites se doit d'obéir à un financement personnalisé adapté à des besoins individualisés.

En définitive, si l'interrogation essentielle est toujours de savoir de quelle façon l'Etat peut et doit agir pour donner à chacun une garantie maximale en matière de retraites, le pragmatisme aboutit à tenir compte de solutions qui existent aujourd'hui sur le marché, et qui sont le résultat de l'anticipation des acteurs qui ont déjà intégré dans leurs calculs les taux de remplacement de leurs revenus en optant pour une nécessaire diversification des réponses. S'il y a solution, la seule qui s'impose véritablement est de ne pas faire entrer ceux qui ont déjà développé des solutions individuelles dans un moule obligatoire imposé par une quelconque réforme des régimes de retraite. Il s'agit plutôt de diversifier les interlocuteurs et les garanties, la solution globale rédemptrice des retraites étant encore une fois une illusion.

L'Etat *social* fût-il *providence* ne peut prétendre apporter de solution globale en matière de retraites ; il ne s'agit pas là d'une perte de contrôle idéologique mais d'un problème de financement : l'Etat n'arrive plus à assurer son rôle d'actionnaire public, car il est dans l'obligation de proportionner ses ambitions à ses moyens toujours plus limités, d'où l'hypothèse selon laquelle les pays industrialisés traversent une phase de renégociation de la division du travail entre les institutions et les individus, signe annonciateur d'une redéfinition des rapports entre le marché et l'Etat.

Il s'ensuit que les rapports entre la sphère du privé et celle du public, voient leurs frontières remodelées en fonction d'exigences nouvelles. C'est ce qui modifie les termes de l'échange social, et introduit un certain brouillage institutionnel, témoignant ainsi des limites de la puissance régulatrice de l'Etat, *ce qui ne lui retire pas pour autant sa fonction régulatrice en sa qualité de garant d'une justice distributive et redistributive dans l'accès aux prestations de l'assurance vieillesse* (Dominique WYPYCHOWSKI, 2005).

LA FAMILLE

La construction du risque vieillesse s'est réalisée par le passage des solidarités intergénérationnelles et familiales à des solidarités socioprofessionnelles. Mais, avec la rupture des années 1980, cet équilibre est compromis, et les solidarités familiales jouent désormais un rôle de complémentarité. En effet, la famille est confrontée à une double demande de transferts familiaux :

En aval, des parents ou grands-parents aux enfants et petits-enfants sous forme de donations et aides diverses (matérielles et financières), pour jouer un rôle correctif en faveur des jeunes générations afin de compenser l'orientation des transferts sociaux en direction des personnes âgées, et apaiser de la sorte les tensions intergénérationnelles en réduisant les écarts de niveaux de vie entre les générations. Il est vrai que les transferts publics et sociaux ont tendance à remonter la chaîne des générations. C'est le cas évident des retraites par répartition qui transfèrent instantanément des ressources prélevées sur les actifs. D'où, par compensation, une forte augmentation des flux intergénérationnels, exprimés sous forme d'*héritage*, *donations*, *assurance vie* (avec encouragements fiscaux) et autres *aides diverses*, en nature ou en espèces.

De transferts sociaux vers l'amont – des enfants aux parents âgés, notamment dépendants. La solidarité familiale se substitue donc partiellement à une solidarité publique devenue financièrement trop lourde, le lien familial alimentant désormais le lien social.

Le contingentement et l'optimisation des ressources, par compensation, réinvestit donc la famille d'une obligation de protection. Par ce recentrage, la *solidarité familiale* devient le relais nécessaire de la *solidarité nationale*, et signifie le recul partiel d'une logique de protection égalitaire et standardisée.

Comment alors expliquer ces solidarités consolidées par le retour de la problématique du don ?

En partant d'une vision anthropologique du don, celui-ci apparaît comme quelque chose de plus que la chose donnée, il s'analyse comme un acte à partir duquel il est possible d'explorer son devenir autre, comme dans le cadre matériel et symbolique des transferts patrimoniaux intrafamiliaux.

La théorie du don - dans une vision d'anthropologue - est une réflexion sur la solidarité, d'où son implication dans le débat contemporain sur les prestations sociales. Pourquoi transposer cette problématique? En considérant les effets d'une marchandisation croissante des rapports sociaux (suite à l'intériorisation du modèle économique libéral dans les subjectivités) dans le développement de la société postindustrielle, il est banal de constater que le libéralisme est fondé sur un concept très appauvri de la personne en tant qu'individu théoriquement libre, et qu'il ignore la dimension de l'être en société. D'où son incompréhension manifeste de l'importance des normes collectives sur les conduites individuelles et les pratiques sociales. Un fait d'évidence.

C'est la raison pour laquelle le système du don est complémentaire à l'économie de marché puisqu'il existe partout où celle-ci est absente, ou presque. En rééquilibrage nécessaire le concept d'économie du don intervient (mais pas toujours de façon suffisante et généralisable, étant réservé à l'initiative des acteurs eux-mêmes), car il se réfère à des systèmes complexes de relations qui sont à la fois symboliques (transmission de valeurs éducatives), interpersonnelle (transferts familiaux intergénérationnels de services) et économiques (patrimoniales par les donations).

Ce faisant, le don compense précisément ce qui fait défaut au système de protection sociale, si élaboré soit-il, c'est-à-dire sa moindre capacité à impliquer les personnes (assurées sociales) dans des relations mutuelles.

L'ENTREPRISE

Ce qui vient d'être exposé peut être repris au niveau de l'argumentaire de l'entreprise. A l'origine, les institutions patronales de prévoyance stabilisaient la relation contractuelle en liant l'ouvrier à l'employeur. Toutefois, lorsque l'Etat a élargi son champ d'intervention, les entreprises, en sens inverse, ont restreint en proportion leur rôle en matière de protection sociale. Mais, dans une logique contemporaine de partage des risques, le débat sur les fonds de pension dits ''*à la française*'', ou de toute autre formule dérivée de la capitalisation, réinvestit l'acteur entreprise en faisant de ces produits une fonction de celle-ci, légitimée sur le plan économique et financier (à côté des régimes d'entreprises *sur*-complémentaires dits '*chapeau*' existants).

Véritable continuité structurelle dans le temps, par delà les métamorphoses, les événements, les circonstances et les intentions réformatrices. Il est vrai que les nouveaux dispositifs *pré*-financés manquent singulièrement d'ambition. Certes. La crise financière qui frappe les systèmes de retraite, oriente le débat vers le contingentement et l'optimisation des ressources, d'où le recentrage sur l'entreprise qui se voit investie d'une obligation de protection. Mais est-ce bien son rôle ?

L'organisation des droits (la solidarité nationale égalitaire) et des devoirs (la solidarité à l'intérieur de l'entreprise) s'articulent pour former une complémentarité. La position des acteurs s'en trouve modifiée, et provoque une reconfiguration de leurs rôles respectifs, notamment instituant des solidarités catégorielles qui sont une des composantes du débat sur l'avenir de la protection sociale et de l'Etat-providence. Son désengagement est alors compensé non pas seulement par une *solidarité nationale*, mais par des *solidarités diversifiées* complétant la première.

Ce qu'il importe de souligner, c'est toujours au nom de l'efficacité économique que se manifeste la volonté de réduire l'engagement de l'Etat dans le financement des retraites. Cette évolution exprime une demande d'allégement de protection sociale et traduit le découplage institutionnel, lent mais progressif, Sécurité sociale/activité professionnelle. Par conséquent, les nouvelles solidarités, dont celle instituée au sein de l'entreprise, deviennent le relais nécessaire de la solidarité nationale, et signifie le recul partiel d'une logique de protection égalitaire et standardisée.

L'ETAT

Le repositionnement de l'articulation entre les interventions publiques et les obligations privées face à l'émergence de nouvelles demandes relève d'une logique de '*Welfare Mix*.' Les acteurs sociaux s'emploient à y répondre (l'Etat lui-même au moyen des avantages fiscaux dont bénéficient l'assurance-vie et les donations), ce qui génère des modes d'organisation pluralistes et spécifiques, facteurs de transformations sociales. Ces initiatives deviennent un complément aux politiques sociales traditionnelles.

Par conséquent, chacun comprend intuitivement le sens d'une évolution progressive vers une solution où l'Etat garantira toujours une certaine intervention pour maintenir les mécanismes de solidarité, mais il y a et aura en concomitance, des solutions qu'il faudra encourager afin de permettre ce *complément individuel* que l'Etat ne pourra plus financièrement assurer. Ce dernier sera alors davantage perçu comme chef d'orchestre de solutions diversifiées, que comme pilote d'un système qu'il a créé. Et son nouveau rôle sera de coordonner ces solutions diversifiées. Néanmoins cette évolution n'est pas planifiée et ses effets économiques et sociaux en sont encore, à ce jour, totalement inconnus.

C'est pourquoi une fraction des retraites dépend des transferts privés qui ont pour finalité d'adoucir les arbitrages complexes d'un Etat qui doit enrayer l'envol des prélèvements sociaux sous la contrainte européenne, et les sujétions de la concurrence internationale. Et c'est la raison pour laquelle la réflexion actuelle tente de développer une culture dite de *responsabilité* susceptible de ne pas précipiter le système de protection sociale dans une spirale de développement incontrôlable.

Dans le même temps, l'Etat consolide les régimes légaux de retraite, face au développement des sorties précoces d'activité et des entrées tardives des jeunes générations sur le marché de l'emploi, qui menacent leur équilibre financier.

D'où le questionnement : la collectivité peut-elle supporter que les plus âgés bénéficient d'une liberté de temps, d'action et de *choix solvables*, alors que les jeunes actifs d'aujourd'hui n'en bénéficieront pas demain ? Répondre à cette question, c'est traiter tous les problèmes interdépendants liés au vieillissement dont l'un, non des moindres, est la recomposition du travail (Avec une *indemnisation sans travail* de salariés en fin de carrière, la protection sociale joue délibérément contre l'emploi, les transferts sociaux étant financés par une population active tendant à se restreindre).

Alors, vers un *vieillissement actif* comme cela se pratique dans certains pays (*Pays-Bas*, *Scandinavie*, par exemple), et sous l'impulsion européenne ?

Le *Rapport Camdessus* (*2004*) préconise de faire remonter le taux d'activité des seniors en autorisant le cumul d'un emploi rémunéré et de la retraite, tout en restreignant concomitamment des dispositifs de retraite anticipés, trop coûteux. Cette évolution présente l'avantage de limiter le déséquilibre de la pyramide des âges. Le cumul emploi/retraite impliquant une gestion *des âges* et non pas une gestion *par les âges*, stigmatisante comme aujourd'hui. C'est donc repenser au niveau institutionnel l'organisation de toute la vie professionnelle, le travail et la retraite.

La loi portant réforme des retraites du *24 juillet 2003*, dite *loi Fillon*, instaure le cumul possible d'un emploi et d'une retraite à partir du *1ER janvier 2004*. Cette disposition, bien que d'application prudente et sous certaines conditions restrictives, inaugure peut-être une évolution allant vers un plus grand assouplissement et une dilution progressive de la cassure brutale activité/retraite. C'est la première fois qu'un tel principe est consacré au niveau institutionnel. Ce moyen pour maintenir l'équilibre des revenus de remplacement (emploi à temps partiel et retraite incomplète sur plusieurs années, plus solutions patrimoniales, familiales et/ou individuelles) constitue un '*mix*' non seulement très envisageable mais déjà inscrit dans les faits.

Par cette modulation équilibrée, il est enfin possible de concilier relativement bien les intérêts des entreprises, sans méconnaître ceux des assurés sociaux, tout en laissant une liberté aux choix individuels des acteurs impliqués au processus, ce qui ne contrarie pas les régulations économiques et sociales. Cette solution évolutive et souple, est susceptible de désamorcer les effets mortifères de ce couple infernal *Papy-boom* et *Baby-krach*, tout en annonçant une reconfiguration des *temps sociaux*.

EN CONCLUSION, l'hypothèse retenue tend à souligner le fait que les pays industrialisés ayant atteint un certain stade de développement, traversent une phase de renégociation de la division du travail entre les institutions et les individus. En redéfinissant ainsi les rapports entre le marché et l'Etat, les modèles sociaux dans leur diversité (variables en raison de leurs spécificités historiques), s'orientent vers une redéfinition nécessaire des rapports entre l'*Etat*, le *marché*, l'*entreprise* et la *famille*, sorte de '*Welfare Mix*', conceptualisant de cette manière le nouveau partage des responsabilités entre les pouvoirs publics, les producteurs privés, et les systèmes légaux de la protection vieillesse.

Ce changement de régulation sociale se réalise au bénéfice de régulations intermédiaires qui permettent aux stratégies individuelles et collectives de se développer en concomitance, lesquelles manifestent une certaine *dés*-institutionnalisation de la société.

L'avantage de cette hypothèse est d'offrir une porte d'entrée théorique et politique à la compréhension des initiatives contemporaines en matière de protection vieillesse, laquelle est fortement impliquée par les transformations sociales en cours. En tout état de cause, il ne s'agit pas de *révolution institutionnelle*, mais d'une condition de nécessité qui prévaut, c'est-à-dire celle de prendre le relais sans excès d'imagination (le pragmatisme prévalent) dans une économie marchande, où des politiques sociales sont dans l'incapacité, ou l'impuissance, d'apporter une réponse satisfaisante aux défis qui se posent en des termes renouvelés dans une période de libéralisation qui s'unifie sous le signe du marché.

BIBLIOGRAPHIE SOMMAIRE

ANGOULVANT, Jean-Claude. 1997. « Modèle social européen, mondialisation et protection sociale, Un modèle européen ? ». *Cadres C.F.D.T.*, n° 377, Paris, (avril).

ARENDT, Hannah. 2000. *Le concept d'amour chez AUGUSTIN.* Paris : Rivages poche / Petite Bibliothèque.

ARLIAUD, Michel et Henri ECKERT, (coordonné par). 2002. *Quand les jeunes entrent dans l'emploi.* Paris : La Dispute.

AUGE, Marc. 2003. *Pour quoi vivons-nous ?* Paris : Fayard.

BABEAU, André. 1985. *La fin des retraites ?* Coll. « Pluriel ». Paris : Hachette.

BOURDELAIS, Patrice. 1993. *L'âge de la vieillesse, Histoire du vieillissement de la population.* Coll. « Histoire ». Paris : Odile Jacob.

BOURDELAIS, Patrice (dossier constitué par). 2000. *Les nouveaux retraités.* Paris : La Documentation Française. Coll. « Problèmes politiques et sociaux – dossiers d'actualité mondiale », n° 847, (10 novembre 2000).

CAMDESSUS, Michel (groupe de travail présidé par). 2004. *Le sursaut. Vers une nouvelle croissance pour la France.* Paris : Rapport officiel, La Documentation Française.

CASTEL, Robert. 1995. *Les métamorphoses de la question sociale, Une chronique du salariat.* Coll. « L'espace du politique ». Paris : Fayard.

DOUGLAS, Mary. 2004. *Comment pensent les institutions.* Coll. « Sciences humaines et sociales », n° 175. Paris : La Découverte/Poche.

ELIAS, Norbert. 1991.*La société des individus.* Paris : Fayard.

ELIAS, Norbert. 1999. *Du temps.* Coll. « AGORA », n° 191. Paris : Fayard/Pocket.

ENJOLRAS, Bernard. 1995. *Le marché providence, Aide à domicile, politique sociale et création d'emploi.* Coll. « Sociologie économique ». Paris : Desclée de Brower.

ESPING-ANDERSEN, Gosta. 1999. *Les trois mondes de l'Etat-providence, Essai sur le capitalisme moderne*. Coll. « Le Lien social ». Paris : Presses Universitaires de France.

FITOUSSI, Jean-Pierre et Pierre ROSANVALLON. 1996. *Le nouvel âge des inégalités*. Paris : Seuil, (*Essais*).

GALAMBAUD, Bernard. 1994. *Une nouvelle configuration humaine de l'entreprise, Le social désemparé*. Paris : E.S.F. éditeur.

GOGUEL d'ALLONDANS, Alban. 2000. *Les fonds de pension en France, Vers un nouveau mode de régulation des retraites*. Coll. « Economie et Innovation ». Paris : L'Harmattan.

GOGUEL d'ALLONDANS, Alban. 1998. « Les métamorphoses de l'assurance vie comme nécessité sociale ». *Bulletin d'Histoire de la Sécurité sociale. Comité d'Histoire de la Sécurité sociale*, n° 38 (Paris, juillet), p. 45-106.

GOGUEL d'ALLONDANS, Alban. 2001. « Assurance vieillesse : vers un nouveau mode de régulation économique. » *La Tribune de l'Assurance*, n° 44 (mars), pp. 44-45.

GOGUEL d'ALLONDANS, Alban. 2002. « La relation âge et créativité sociale : nouveaux enjeux, nouvelles réalités ». *Problèmes économiques, La Documentation Française*, n° 2.768 (3 juillet), p. 21-26.

GOGUEL d'ALLONDANS, Alban. 2003. « Vieillissement de la population et créativité sociale ». In *L'Economie du siècle, Points critiques de l'accumulation*. Cahiers d'économie de l'innovation, n° 17, (2003-1). Paris : L'Harmattan, p. 157-170.

GOGUEL d'ALLONDANS, Alban. 2004. « Les contrariétés de l'interaction vie professionnelle/Vie familiale dans un modèle à double carrière ». In *Le travail des femmes, Axes d'émancipation*. Coord. : BOUTILLIER, Sophie et Brigitte LESTRADE. Série Economie et innovation, Coll. « L'esprit économique ». Paris : L'Harmattan, p 41-78.

GOGUEL d'ALLONDANS, Alban. « La réduction du temps de travail et la réactualisation des temps sociaux ». (à paraître dans un ouvrage collectif en 2004). Paris : L'Harmattan.

GUILLEMARD, Anne-Marie. 1986. *Le déclin du social, Formation et crise de la vieillesse*. Coll. « Sociologies ». Paris : P.U.F.

GUILLEMARD, Anne-Marie. 2003. *L'âge de l'emploi, Les sociétés à l'épreuve du vieillissement.* Coll. U. Paris : Armand Colin.

GUILLEMARD, Anne-Marie. 2002. « L'Europe sociale en perspective ». *Revue Française de sociologie*, 43-2, (avril/juin), p. 205-209.

GUILLEMARD, Anne-Marie. 2002. « L'Europe continentale face à la retraite anticipée, Barrières institutionnelles et innovations en matière de réforme ». *Revue Française de sociologie*, 43-2, (avril/juin), p. 333-367.

GUILLEMARD, Anne-Marie. 2003. *Conférence sur La réforme des systèmes de retraite et comparaisons internationales (7/10/2003).* Paris : Observatoire des Retraites.

JOBERT, Bruno. 2002. « Une Troisième voie très britannique, GIDDENS et l'Etat-providence ». *Revue française de sociologie*, 43-2, (avril/juin), p. 407-422.

KESSLER, Denis. 1999. « L'avenir de la protection sociale ». Commentaire, n° 87, (automne), Paris, p. 3-16.

KUHN, Thomas S. 2003. *La structure des révolutions scientifiques.* Coll. « Champs ». Paris : Flammarion.

MAIER, Corinne. 2004. *Bonjour paresse, De l'art et de la nécessité d'en faire le moins possible en entreprise.* Paris : Editions MICHALON.

MERRIEN, François-Xavier. 2002. « Etats-providence en devenir, Une relecture critique des recherches récentes ». *Revue française de sociologie*. 43-2, (avril/juin), p. 211-242.

MINC, Alain. *La machine égalitaire*. 1987. Paris : Grasset.

PERRET, Bernard et Guy ROUSTANG. 1993. *L'économie contre la société. Affronter la crise de l'intégration sociale et culturelle.* Coll. « Esprit/Seuil ». Paris : Seuil.

RAWLS, John. 1997. *Théorie de la justice*. Coll. « Points-Essais », n° 354. Paris : Seuil.

SENNETT, Richard. 2000. *Le Travail sans qualités, Les conséquences humaines de la flexibilité*. Paris : Albin Michel.

SENNETT, Richard. 2003. *Respect de la dignité de l'homme dans un monde d'inégalité.* Coll. « Idées ». Paris : Albin Michel.

DE SINGLY, François. 2003. *Les uns avec les autres, Quand l'individualisme créé du lien.* Coll. « Individu et Société ». Armand Colin.

THERY, Irène. 1996. « Différence des sexes et différence des générations, L'institution familiale en déshérence ». *Esprit,* n° 227, (décembre), p. 89-90.

Lutte contre la discrimination en raison de l'âge et politique d'emploi adaptée aux seniors

Alain CŒURET

Pour le juriste, l'âge est un simple fait susceptible de recevoir des qualifications multiples et non un concept dont il pourrait fournir d'emblée une définition. Ainsi à partir d'un certain âge, qui a varié dans le temps, le droit organise la minorité et la majorité. La majorité civile permet à la personne physique de gérer elle-même son patrimoine, la majorité politique fait de l'homme un citoyen et un électeur. Tout ceci pour faire comprendre que la mesure juridique ne va pas au-delà d'une référence à l'âge, elle ne construit pas un statut autour de l'âge ou d'un âge particulier qui pourrait être celui à partir duquel on devient un « senior ».

La consultation des textes, en particulier ceux du Code du travail qui a vocation à régir la relation salariée, montre que la législation opte à cet égard pour le qualificatif « âgé ».

Mais la plupart du temps, c'est sans mention d'un nombre d'années précis, de sorte qu'on pourrait se poser la question de savoir à partir de quel âge, a priori respectable, on est en présence d'un travailleur professionnellement « âgé ». Ce flou terminologique se retrouve jusque dans les textes les plus récents tels que la loi dite de cohésion sociale du 18 janvier 2005 dont l'un des articles traite de la gestion prévisionnelle des emplois et des compétences. La négociation qui s'y rapporte peut porter notamment sur « les conditions d'accès et de maintien dans l'emploi des salariés âgés et leur accès à la formation professionnelle ».

Il faut donc renoncer à vouloir tracer la frontière de la catégorie des seniors avec des chiffres. Il n'y en a pas de pertinent pour dire à partir de quand on accède à la catégorie, et il n'y en a pas davantage pour dire quand on en sort en tant qu'actif occupant un emploi, puisque à l'exception de la fonction publique, aucun âge n'est fixé à partir duquel un salarié devrait impérativement cesser son activité professionnelle.

Sous le bénéfice de ces observations qui incitent à la prudence lorsqu'on tente une approche juridique de l'emploi des seniors, on peut, à l'intérieur du thème général auquel est dédié ce colloque, découper un ensemble normatif qui se rapporte au maintien dans l'emploi des personnes ayant accumulé un certain nombre d'années de travail et qui bénéficient pour cette raison de différents droits ou avantages orientés vers une plus grande protection face à la remise en cause de leur situation professionnelle.

Toutefois, si rupture du contrat de travail et mise à la retraite sont du point de vue de l'emploi des seniors des thèmes à privilégier, spécialement depuis la loi du 21 août 2003 dont l'un des objectifs est d'encourager le maintien en activité des travailleurs âgés, le juriste en charge d'une description de la situation française ne saurait faire silence sur un autre aspect du dispositif normatif destiné à réagir contre certains comportements qui utiliseraient l'âge comme facteur de traitement différentiel au sein de l'entreprise sans y avoir été autorisé par la loi.

Par conséquent la lutte contre la discrimination à raison de l'âge, qui n'est que l'un des aspects du combat pour un égal traitement au travail, repose sur des mécanismes juridiques de responsabilité civile et pénale dont il sera également question dans cet exposé.

LA PROTECTION DE L'EMPLOI DES SENIORS

Comment le droit social français encadre-t-il aujourd'hui le départ des seniors de l'entreprise à laquelle ils ont collaboré parfois de nombreuses années ? Pour répondre à cette question, on distinguera entre départ imposé et départ volontaire.

Le départ imposé

Ce qu'il faut déterminer c'est si, indépendamment de toute circonstance liée à une exécution défectueuse de la prestation de travail définie par son contrat, le salarié vieillissant peut voir ledit contrat rompu à l'initiative de l'employeur simplement parce qu'un certain âge vient d'être atteint par lui.

La réponse de principe est claire : en droit français du travail, l'âge ne peut plus être regardé comme une cause légitime de rupture que l'on pourrait en quelque sorte prévoir à l'avance, programmer à partir d'un acte juridique individuel ou collectif.

Depuis 1987, le Code du travail énonce cette interdiction par une formule forte qui est la suivante : « Sont nulles et de nul effet toutes dispositions d'une convention ou d'un accord collectif de travail, toute clause d'un contrat de travail prévoyant une rupture de plein droit du contrat de travail d'un salarié en raison de son âge ». Autrement dit, à partir de cette règle (article L. 122-14-12), on peut affirmer qu'il n'existe pas de limite d'âge juridique dans la vie de travail, et la négociation collective autant qu'individuelle ne peut valablement aboutir à créer une cause de rupture de la relation de travail directement liée à la survenance d'un certain âge qui aurait été visé par les négociateurs.

Si de façon unilatérale, l'employeur voulait passer outre en utilisant un tel critère pour mettre en œuvre une procédure de licenciement, il se heurterait d'ailleurs en même temps à une autre règle de droit non moins impérieuse en vertu de laquelle aucun salarié ne peut être sanctionné ou licencié en raison de son âge, la mesure prise étant alors réputée nulle et de nul effet.

On aura reconnu le fameux article L. 122-45 du Code du travail, texte souvent présenté, à juste titre comme l'une des armes principales permettant de lutter contre toutes les formes de discrimination liées à un emploi salarié, raison pour laquelle on reviendra à lui en 2ème partie, mais qui peut être compris également comme posant une contrainte objective en termes de gestion de la main d'œuvre : il n'est pas possible de motiver le licenciement par la seule référence à l'état civil du salarié, même si on prétendait vouloir le faire à l'égard de tous.

Mais si l'employeur ne peut plus aujourd'hui licencier ses salariés en considération de l'âge qu'ils ont atteint, il garde en revanche le droit de les mettre à la retraite dès lors que certaines conditions sont remplies par l'intéressé à savoir, bénéficier d'une pension de retraite à taux plein, c'est-à-dire selon le système en vigueur avant qu'il ne soit très récemment modifié, être âgé de 60 ans au moins et totaliser 160 trimestres de cotisations, à quoi s'ajoutait l'exigence que la convention collective applicable prévoie expressément cette condition d'âge.

L'affirmation de ce droit patronal de mise à la retraite peut surprendre. On aurait pu considérer qu'il appartient désormais au seul salarié de décider quand il veut cesser le travail et obtenir la liquidation de sa retraite. La mise à la retraite en tant qu'expression d'un droit conservé par l'employeur consacre la possibilité d'une privation de l'emploi qui va être imposée au salarié. En 1987, le législateur français a néanmoins tranché en ce sens. Il ne serait pas déplacé d'y réfléchir à nouveau dans un contexte fortement modifié.

Il est intéressant de relever au passage que le juge judiciaire saisi de litiges se rapportant à cette question de la mise à la retraite s'est constamment efforcé depuis 1988 d'atténuer les inconvénients pour les salariés de ce mode de rupture du contrat de travail. On citera, pour ne pas être trop long, seulement deux illustrations significatives d'une telle préoccupation.

La première correspond à une affaire jugée le 19 janvier 1999 par la Chambre sociale de la Cour de cassation. Le salarié fût embauché alors qu'il avait déjà droit à une pension de retraite à taux plein en raison de ses précédentes activités, mais il n'avait pas atteint l'âge de

65 ans. Il fût ensuite mis à la retraite par son nouvel employeur, solution condamnée par les juges dès lors qu'aucun reproche ne pouvait lui être adressé dans l'exécution de son travail. L'inverse aurait abouti à consacrer une faculté patronale de rupture à tout moment sans obligation de motivation.

La seconde illustration s'inscrit dans le contexte des licenciements collectifs pour motif économique. Le plan social mis au point par l'employeur prévoyait au titre des mesures alternatives aux licenciements, la mise à la retraite des salariés ayant atteint l'âge de 60 ans, comme la loi à l'époque le permettait. Le 18 avril 2000, la Cour de cassation saisie de cette affaire décide qu'une telle mise à la retraite devait être assimilée à un licenciement économique pour suppression d'emploi, ce qui eût pour conséquence de permettre aux salariés concernés de bénéficier d'indemnités conventionnelles de rupture plus avantageuses que celles qui accompagnent la mise à la retraite.

Aujourd'hui, cette volonté de limiter le jeu ou les conséquences d'une telle faculté laissée à l'employeur n'est plus l'apanage du seul juge puisque la loi Fillon du 21 août 2003 a remis partiellement en cause ce mode de rupture unilatéral en posant comme règle que l'employeur ne peut plus mettre d'autorité à la retraite les salariés âgés de 60 à 65 ans ce, bien qu'ils puissent prétendre par ailleurs à une pension de retraite à taux plein. Ne peuvent désormais être mis à la retraite que les salariés ayant déjà atteint l'âge de 65 ans.

Cela signifie que, même si un salarié a plus de 60 ans et qu'il totalise le nombre de trimestres lui donnant droit au taux plein, l'employeur ne peut pas désormais prendre l'initiative de le mettre à la retraite, il doit attendre 65 ans.

Ce dispositif est en cohérence avec la réforme des retraites qui tend par ailleurs à prolonger la durée de cotisation, prévoyant que le salarié qui continue à travailler après 60 ans tout en ayant déjà cotisé 160 trimestres a droit à une sur-côte de 0,75% par trimestre travaillé.

Là où le dispositif légal est plus surprenant, c'est dans la conséquence juridique qu'il attache à la décision de l'employeur mettant à la retraite un salarié de moins de 65 ans de la règle précédente.

L'article 16 de la loi énonce à cet égard que : « si les conditions de mise à la retraite ne sont pas réunies, la rupture du contrat de travail par l'employeur constitue un licenciement ». Cette formule peut se comprendre de deux façons. Mais une seule nous paraît en harmonie avec l'esprit général de la réforme ainsi qu'avec les principes préexistants.

Dans une première lecture, la mise à la retraite non conforme aux nouvelles conditions légales dégénère en un licenciement, mais ce licenciement est lui-même irrégulier non seulement quant à la forme (pas de procédure adéquate), mais surtout quant au fond car le seul motif qui le soutient est illicite, c'est l'âge, dont on a dit qu'il était interdit ! Dans une seconde lecture, l'irrégularité du fond ne serait pas aussi grave. Du moins s'agirait-il seulement d'un défaut de cause réelle et sérieuse pour motivation non pertinente de la lettre de licenciement, mais la décision de l'employeur échapperait à la nullité, le salarié mis irrégulièrement à la retraite ne pouvant alors exiger sa réintégration.

Seule la première lecture nous paraît juridiquement exacte et socialement acceptable et sans doute est-ce son résultat que le législateur a eu en vue, mais en l'exprimant par une rédaction maladroite et imprécise quant à la sanction civile applicable.

Sous réserve d'un aplanissement de ces difficultés, il se produit par conséquent un verrouillage du contrat de travail du senior, lequel dans la dernière période d'exécution contractuelle se trouve relativement protégé contre une mesure d'exclusion de l'entreprise fondée sur l'état de sa personne.

Cependant, il convient d'observer que ce verrouillage n'est pas total, il tolère diverses atténuations et ce, sur un double plan. D'abord sur celui du dispositif légal lui-même, puisque la loi Fillon préserve la possibilité de mise à la retraite des salariés âgés d'au moins soixante ans et pouvant bénéficier d'une pension à taux plein dès lors qu'une convention ou un accord collectif étendu le prévoient et comportent en contrepartie des mesures relatives à l'emploi ou à la formation professionnelle. La réelle portée de l'exception sera fonction des orientations prises par la négociation collective de branche, d'examen des accords déjà conclus montrant qu'une grande variété de mesures en faveur de l'emploi fonctionnent comme contrepartie d'une mise à la retraite au sein de la même entreprise : conclusion d'un contrat jeune, contrat d'apprentissage, contrat de formation en alternance, contrat initiative-emploi ou encore contrat de professionnalisation.

La proportion est généralement d'une embauche pour un départ à la retraite et cette embauche doit être réalisée dans un certain délai, moins d'un an avant la notification de la mise à la retraite ou la fin de préavis.

Plusieurs branches se sont singularisées en prévoyant d'autres formes de contrepartie au départ d'un senior telles que l'augmentation des horaires de travail du personnel à temps partiel ou encore l'évitement d'un licenciement économique individuel.

Le second type d'atténuation au verrouillage de la rupture du contrat de travail en raison de l'âge est extérieure au dispositif de la loi Fillon. On pourrait même aller jusqu'à dire qu'elle lui échappe par principe car il s'agit du jeu d'un autre bloc de règles de droit, celles qui régissent les licenciements collectifs pour motif économique.

Au stade final de l'individualisation de la mesure collective, lorsqu'il s'agit de donner la liste nominative des salariés licenciés, interviennent des critères d'ordre des licenciements qui à défaut d'accord sont fixés par la loi, laquelle s'attache notamment au degré de gravité qu'emporte la rupture du contrat compte tenu des charges familiales et des handicaps du salarié concerné.

L'article L. 321-1-1 du Code du travail dans sa dernière version, formule de la façon suivante ce critère social : « les salariés qui présentent des caractéristiques sociales rendant leur réinsertion professionnelle particulièrement difficile, notamment les personnes handicapées et les salariés âgés ».

Ainsi donc l'âge doit être pris en compte par l'employeur lorsqu'il opère son classement. Mais ce critère social n'est que l'une des composantes du choix. Le critère des qualités professionnelles aujourd'hui réintroduit dans la liste par la loi de cohésion sociale du 17 janvier 2005 (dans la liste précitée) peut également être utilisé et risque de jouer en sens inverse de l'âge.

Ne pas priver l'entreprise des éléments considérés comme les plus performants dont le départ risque d'hypothéquer le reclassement attendu, c'est sans doute, la pratique l'illustre, désigner assez souvent des salariés âgés parce que précisément jugés moins performants que d'autres.

Bien qu'il n'évacue pas a priori l'âge comme raison de faire régresser le salarié dans la liste des licenciés, ce système aboutit donc à exposer les salariés âgés à une rupture de contrat qui n'est pas, en cohérence totale avec la volonté exprimée par la loi Fillon de 2003.

Il ne s'agit plus, bien sûr de mise à la retraite, mais le résultat est socialement le même et il présente une grande portée puisqu'on raisonne sur des décisions d'ampleur collective.

Si l'on voulait colmater cette brèche dans la stabilité de l'emploi des seniors, il conviendrait, de lege feranda de faire de l'âge le critère premier de l'ordre des licenciements économiques, entendu comme critère négatif (plus l'âge est élevé, moins vite le salarié doit être retenu).

On pourrait aussi dans un ordre d'idées voisin poser le principe « dernier entré, premier sorti » qui, au travers du critère d'ancienneté, permettrait de protéger nombre de seniors par rapport à des salariés plus jeunes et donc souvent moins anciens dans l'entreprise lesquels seraient placés avant sur la liste des licenciables.

Le départ volontaire du senior

Puisque le but poursuivi par le législateur de 2003 a été d'allonger la période d'activité professionnelle, il lui a paru logique de limiter ou de supprimer les mesures incitant jusqu'à présent les salariés âgés à quitter volontairement leur emploi.

Ici les pouvoirs publics français ont effectué des choix à l'intention même de la catégorie des seniors. Ils n'ont pas modifié les règles de départ volontaire à la retraite au profit des salariés âgés d'au moins 60 ans. En revanche ils ont transformé les systèmes de préretraite au profit des salariés âgés de 56 à 60 ans.

L'ancien dispositif sur les départs à la retraite à 60 ans n'est pas modifié car, en raison du faible intérêt financier que présente l'indemnité de départ, et de ce qu'elle est soumise à cotisation sociale et à imposition, l'incitation ne présente pas un grand risque pour l'équilibre des régimes de retraite.

En revanche, dans le domaine des préretraites, les modifications s'imposaient puisque les mécanismes juridiques préexistants s'étaient révélés en contradiction avec la nouvelle ligne politique selon laquelle la vie au travail doit être prolongée.

En conséquence, à compter du 1er janvier 2005, la préretraite progressive du Fonds National de l'Emploi a été supprimée. On rappellera au passage que la formule de la préretraite progressive, contrairement à la formule de la préretraite totale FNE, avait connu un vif succès ces dernières années.

En ce qui concerne les préretraites d'entreprises, l'intervention de l'Etat a été logiquement plus limitée. Dans la mesure où elles financent elles-mêmes les préretraites qu'elles organisent, les entreprises sont en effet libres de mettre en place le système qui leur convient, dès lors que le volontariat des salariés est respecté.

Mais la dissuasion est forte, car en y recourant les employeurs doivent désormais verser à l'URSSAF une contribution financière correspondant au total des cotisations patronales et salariales d'assurance vieillesse et de retraite complémentaire tranche A.

Ainsi, pour conclure ces premiers développements sur la protection de l'emploi des seniors, nous pouvons constater que le législateur français, animé par un réel souci d'améliorer cette protection, a modifié notablement les liens juridiques entre la rupture du contrat de travail et l'âge du salarié. Cette évolution est perfectible notamment quant au niveau des exigences autorisant la mise en place de dérogations conventionnelles.

Une autre loi, celle du 4 mai 2004, a profondément réformé le droit de la négociation collective. Elle a fait émerger un principe majoritaire qui a pour but de renforcer la légitimité des accords conclus entre patronat et syndicats.

Les différents aspects de l'emploi des seniors constituent un objet privilégié pour cette nouvelle ère de la négociation collective en France. Déjà une négociation interprofessionnelle s'est engagée sur la pénibilité du travail due à l'âge et l'emploi des seniors, qui devrait être ensuite relayée au niveau des branches professionnelles.

Eclairé par les analyses d'experts internationaux, tels que ceux de l'O.C.D.E. qui soulignent dans un rapport de mars 2005 que le taux d'emploi des seniors en France reste l'un des plus bas d'Europe et que les entreprises françaises se distinguent en se séparant avant les autres de leurs salariés âgés, un consensus des partenaires sociaux existe sur le constat du trop faible taux d'emploi des plus de 55 ans et la nécessité d'y remédier. Néanmoins les risques de contradictions sont importants entre l'évolution de mesures allant en ce sens et celles qui favorisent l'emploi des jeunes en période de chômage. L'idée d'un temps partiel en fin de carrière a été évoquée de même que celle plus ambitieuse d'un contrat de travail propre aux seniors, à quoi il est répondu qu'il faut éviter la mise en place de « contrats-vieux » et ne pas abandonner l'idée d'une vraie retraite progressive.

LUTTE CONTRE LES DISCRIMINATIONS LIEES A L'AGE

Au risque de surprendre, nous dirons que jusqu'à une date récente la question de savoir si l'âge constituait en droit français une cause de discrimination prohibée recevait, pour l'essentiel, une réponse négative. Il existait certes dans le Code du travail un article interdisant depuis quelques dizaines d'années, la mention dans les offres d'emploi d'une limite d'âge supérieure (art. L. 311-4 C. trav.), mais l'âge ne faisait pas partie de l'énumération des motifs illicites figurant dans les différents textes, tant du Code pénal que du Code du travail réagissant contre la discrimination. Cette lacune était d'autant plus préoccupante que, contrairement à d'autres législations et surtout contrairement à la méthode adoptée par la Convention Européenne des droits de l'Homme qui formule le principe de non discrimination à l'échelle du Conseil de l'Europe, le droit français a toujours procédé ici par énumération limitative, interdisant au juge de pouvoir caractériser un droit à réparation au profit de la victime ou une infraction pénale, en ajoutant à la liste un motif non expressément visé par la loi mais, dont il peut établir le caractère causal par rapport à des comportements ou décisions consacrant un traitement moins favorable.

Il convient donc de souligner l'importance pour notre sujet des directives communautaires adoptées au cours de l'année 2000, et qui ont eu pour but de renforcer la lutte contre les discriminations dans le cadre de l'Union Européenne. Plus particulièrement, c'est à partir de la transposition de la directive dite « transversale» du 27 novembre 2000 que l'âge a pris place dans les énumérations légales préexistantes, la loi de transposition du 16 novembre 2001 ayant même été au-delà de son rôle strict en retouchant l'énumération figurant dans l'incrimination de la discrimination, puisque la matière pénale ne fait pas partie des compétences communautaires telles qu'elles s'expriment par les directives du Conseil.

Du même coup, par l'effet de cette réforme unifiante, se sont appliquées à l'âge l'ensemble des règles tant civiles que pénales préexistantes, mises au point puis interprétées par les tribunaux à l'occasion de motifs discriminatoires plus anciennement reconnus comme tels : activité syndicale, sexe, situation de famille, race ...

Dans l'application à l'âge de cet ensemble de solutions préexistantes, un minimum d'honnêteté intellectuelle oblige à dire que l'expérience du juriste français est encore limitée car la jurisprudence concernant ce motif vient à peine de voir le jour.

En outre, plus encore que d'autres motifs discriminatoires, l'âge appelle les précisions et mises au point en tant que motif illicite. Il doit être distingué de notions voisines dont est imprégnée la pratique quotidienne des entreprises et qui ne peuvent pas conduire à une condamnation identique sauf si elles sont utilisées pour masquer l'âge comme motif déterminant de la différence de traitement, ce qui devra être prouvé.

Ainsi en est-il de la notion d'expérience professionnelle, tant utilisée au stade de l'embauche, notion d'usage licite dans les offres d'emploi et qui doit continuer à jouer son rôle de facteur de sélection entre candidats à un même poste. Ainsi en est-il également des notions d'ancienneté, si importantes dans les déroulements de carrière, et de capacité professionnelle que l'employeur est amené à apprécier en cours d'emploi pour constater une éventuelle insuffisance et initier une mutation voire un licenciement dont le motif est a priori licite, même s'il s'agit d'un salarié « âgé ».

L'âge au sens strict étant isolé, on peut également faire l'observation qu'il ne sera pas toujours aisé de dégager le « différentiel » à partir duquel dans telle ou telle situation d'emploi ou de pré-emploi on pourra dire que telle personne a été discriminée à raison de son âge.

Combien d'années faudra-t-il retenir entre par exemple le salarié embauché, par hypothèse le plus jeune, et le salarié évincé du poste qui se plaint de l'avoir été pour aucune autre raison ? La mesure de ce différentiel ne sera-t-elle jamais influencée par le type d'emploi, le métier ou la branche d'activité concernés par la situation prétendument illicite ?

Ces difficultés et d'autres encore sans doute étant supposées surmontées, il se présente à l'égard de l'âge la même option que pour les autres motifs entre discrimination directe (celle à laquelle on songe spontanément) et discrimination indirecte, d'appréhension plus abstraite et plus technique.

A cet égard, pas d'originalité nationale possible, droit communautaire oblige, ce sera l'une et l'autre sans que l'âge ait vocation à être cantonné a priori dans l'une ou l'autre catégorie.

Discrimination directe : le juge la tiendra lorsqu'il pourra ramener la décision de l'employeur ou de son représentant à une motivation de type : « trop vieux – trop jeune » sans autre explication de sa part alors qu'il en découle un traitement moins favorable.

Discrimination indirecte : elle sera avérée lorsque, conformément à l'article 2b de la directive précitée, une disposition ou une pratique apparemment neutre est susceptible d'entraîner un désavantage particulier pour des personnes d'un âge donné par rapport à d'autres personnes d'un âge différent. Pour parfaire le raisonnement, il n'est que de se référer à l'importante jurisprudence de la Cour de justice de l'Union Européenne relative à la discrimination fondée sur le sexe en matière professionnelle et de protection sociale.

Enfin, s'agissant de la notion de discrimination lorsqu'elle est fondée sur l'âge, quels peuvent être ses liens avec la notion de harcèlement ?

Le droit français apporte, une réponse claire à cette question : la discrimination est distincte du harcèlement aussi bien moral que sexuel. Par conséquent si le harceleur s'acharne sur une victime à raison de son âge, petit ou grand, on reste dans le harcèlement qui implique des conditions spécifiques comme la répétition des actes et notamment, la recherche de faveurs de nature sexuelle. Dans le cas contraire, le harceleur n'a pour le droit français, que le visage d'un « discriminateur ». Cependant la directive 78/2000 est sur ce point beaucoup moins tranchée, ce qui ne s'explique pas seulement par le louable souci du législateur Communautaire d'appliquer au harcèlement le même régime probatoire qu'à la discrimination. Il n'est que de lire le §3 de l'article 2 relatif au concept de discrimination lorsqu'à partir d'un motif comme la religion, les convictions, le handicap ou l'âge, l'auteur de la discrimination adopte un comportement portant atteinte à la dignité d'une personne, visant à l'intimider, à l'humilier, à le menacer.

Dans cette hypothèse assez complexe, il n'y aura donc pas, à proprement parler, de décision discriminatoire, mais une attitude relevant à la fois de la discrimination et du harcèlement. Cependant alors, quelle est la conséquence de cette attitude sur la responsabilité de l'employeur qu'on ne peut pas ramener à la conception « décisionnelle » de la discrimination privilégiée par le droit du travail français ainsi qu'on va le constater plus loin.

Si l'on passe maintenant au traitement contentieux de la discrimination à raison de l'âge en ce qu'elle est liée à l'emploi, on constate que ce nouveau cas intéresse à la fois le contentieux pénal et le contentieux civil, plus exactement celui du contrat de travail. Les actions en justice sont celles de la victime directe, mais aussi des syndicats professionnels. Au civil, l'action, bien que concernant les droits fondamentaux et les libertés, reste de la compétence de la juridiction prud'homale en ce qu'elle s'inscrit dans le cadre d'une relation contractuelle employeur-salarié. Il n'a peut-être pas été suffisamment souligné que le juge du contrat de travail – qui est un non-professionnel de la justice – devenait ainsi juge des libertés appelé à apprécier les atteintes à celles-ci, notamment mais pas exclusivement, à partir de l'invocation d'une discrimination, ce qui modifie son rôle traditionnel et ne manquera pas à terme d'influer sur sa pratique et ses méthodes de travail, l'accent pouvant être mis sur les formations pré-contentieuses : bureau de conciliation ou d'urgence, référé prud'homal destinés à faire cesser un trouble manifestement illicite.

Au pénal, la victime directe, après dépôt d'une plainte jugée sérieuse par le ministère public, pourra exercer une action civile en réparation du dommage subi, et ce, en parallèle de l'action dite publique exercée par le procureur, et qui tend à faire constater l'infraction et à faire condamner son auteur.

Ce contentieux pénal peut aussi résulter d'un constat d'infraction par l'inspection du travail, comme l'illustre le jugement rendu le 22 novembre 2002 par le Tribunal Correctionnel de Paris dans une affaire « Moulin Rouge » exemplaire à bien des égards, y compris pour opérer une projection du traitement pénal d'une discrimination relative à l'âge, tout en ayant présent à l'esprit que l'espèce jugée concerne une discrimination fondée sur la race, motif illicite ayant peu de rapport avec celui dont nous traitons.

Mais, au niveau du constat d'infraction opéré par l'inspecteur ou le contrôleur du travail, nulle différence entre les motifs ne doit être retenue. En particulier le procès-verbal revêt la même force probante, il fait foi jusqu'à preuve contraire devant le Tribunal ce qui en fait un instrument juridique redoutable, le juge ne pouvant l'écarter sans l'avoir soumis au débat contradictoire. Les pouvoirs d'investigation des inspecteurs ont d'ailleurs été accrus en 2001 par le droit d'accès à tout document dans l'entreprise pour les besoins d'une enquête portant sur une discrimination, solution qui réagit contre une jurisprudence restrictive de la chambre criminelle de la Cour de cassation refusant aux inspecteurs l'accès aux fichiers individuels.

Ensuite, aussi bien dans le contentieux civil que dans le contentieux pénal de la discrimination, le syndicat professionnel voit son rôle renforcé et ce doublement :

d'une part, il peut s'il est représentatif se substituer à la victime directe sans avoir à justifier d'un mandat de l'intéressé pourvu que celui-ci ait été averti et ne s'y soit pas opposé, solution dérogatoire, il faut le noter, à la procédure de droit commun où nul ne plaide par procureur ;

d'autre part, il peut plus classiquement exercer une action distincte fondée sur la défense de l'intérêt collectif de la profession auquel l'acte discriminatoire a porté atteinte. On voit cette action plutôt au pénal, l'action de substitution privilégiant au contraire la voie prud'homale sans qu'il y ait ici à proprement parler de cloisonnement total.

On peut envisager aussi d'autres initiatives procédurales du syndicat comme la demande adressée au président du tribunal de grande instance, juge de droit commun, afin de mettre au jour l'existence d'une discrimination, spécialement d'une discrimination indirecte, sur le fondement de l'article 145 du NCPC, ce qu'on appelle le référé in futurum ou référé préventif. Et cette expertise pourra alimenter à son tour l'administration de la preuve pour le ou les salariés concernés devant le Conseil de prud'hommes.

Dans la dimension processuelle du régime des discriminations en général (et donc de celles fondées sur l'âge), on peut encore citer des garanties comme l'immunité disciplinaire du salarié témoin d'agissements discriminatoires et surtout la protection de l'action en justice elle-même par la loi de novembre 2001 : « est nul et de nul effet le licenciement d'un salarié faisant suite à une action en justice engagée par ce salarié ou en sa faveur », ainsi s'exprime l'article L. 122-45-2 C.trav. C'est ce que la directive 78/2000 appelle « la protection contre les rétorsions », la nullité résultant automatiquement du défaut de cause réelle et sérieuse.

S'agissant des règles de preuve, il serait évidemment trop long dans le cadre de cette étude de revenir sur la genèse et le contenu d'un dispositif issu de la jurisprudence communautaire relayé par la Cour de cassation française, avant même que le législateur n'intervienne, dispositif qui consiste à partager la charge de la preuve de façon adaptée à la difficulté face à laquelle se trouvent la plupart des victimes : « paria est non esse et non probari ». Sur ce point fondamental on ne relève en droit français aucune particularité lorsqu'il s'agit de l'âge.

En revanche, la limitation de ce partage probatoire au seul procès civil en vertu de la directive 78/2000 aboutit à opposer le civil au pénal pour lequel les règles de preuve restent celles de droit commun :

présomption d'innocence de la personne prévenue de discrimination et intime conviction du juge devant lequel toutes les preuves peuvent être produites, même celles entachées de déloyauté par leur origine à tout le moins tant qu'elles ne reposent pas sur une provocation à l'infraction, ce que la Chambre criminelle de la Cour de cassation a eu récemment l'occasion de dire à propos du « testing ». Dans le débat contradictoire devant la juridiction de jugement, le ministère public, partie poursuivante, prend largement le relais de la victime elle-même, généralement assez passive.

Prouver au pénal, c'est du reste faire plus que prouver au civil, car c'est caractériser une infraction (le délit de discrimination de l'article 225-2 du Code pénal) par son élément matériel : un acte, une décision préjudiciable, mais également son élément moral : l'intention de discriminer, ce qui suppose une mise en relation causale claire et univoque entre la décision attaquée et le mobile discriminatoire, en l'occurrence l'âge trop élevé ou trop faible du salarié.

Raison pour laquelle on a du mal à envisager la répression d'une discrimination indirecte par le juge pénal, précisément parce que cette discrimination - là existe indépendamment de toute intention de son auteur (ne confondons pas caché et dissimulé).

Mais les ressources du juge pénal français sont surprenantes, citons une nouvelle fois l'affaire « Moulin Rouge » où la discrimination raciale sanctionnée n'était pas dirigée directement contre un individu mais avait bien une dimension collective et structurelle liée au type de fonctionnement de l'entreprise, aux rapports avec sa clientèle, ce qui est finalement très proche de la discrimination indirecte.

Enfin, il reste à parler des sanctions applicables à la discrimination à raison de l'âge, sanctions récemment aggravées par la loi Perben II du 8 mars 2004.

Sanctions doubles puisque aussi bien pénales que civiles, appliquées soit de façon cumulative pour une même affaire, soit de façon distributive selon le juge saisi.

Les sanctions pénales sont de nature correctionnelle (entre les contraventions et les crimes), elles consistent en un emprisonnement (3 ans maxi) (le sursis est possible) et en une amende (4500 € maxi) si l'auteur est une personne physique. Mais il est très important de constater que l'infraction peut également être imputée à la personne morale employeur de la victime ce qui conduit à une multiplication de l'amende par 5 et au prononcé d'autres peines adaptées à la réalité des groupements. Là encore l'affaire « Moulin Rouge » est intéressante car l'association employeur est condamnée pénalement en tant que personne morale à raison d'une politique de recrutement réalisée pour son propre compte par ses organes.

La lecture du Code pénal (article 225-2) révèle cependant une limite importante de la répression que le juge ne peut repousser à cause du principe de légalité : seuls trois types de décisions donnent lieu à répression : le refus d'embauche, le licenciement et la sanction disciplinaire, à quoi il faut ajouter l'offre discriminatoire d'emploi, de stage ou de formation.

Ceci laisse de côté nombre de décisions ou refus éventuellement fondés sur un motif illicite tel que l'âge, à commencer par le refus de promotion et d'augmentation de salaires avec dans ce dernier cas, la possible intervention d'une règle d'égalité de rémunération dégagée par la jurisprudence sociale et connue sous le nom de jurisprudence « Ponsolle ».

Ultime retour à l'affaire « Moulin Rouge » dans laquelle, très audacieusement, le juge parvient, aidé en cela par l'observation assidue de l'inspecteur du travail, à rattacher l'affectation discriminatoire (non réprimée en tant que telle) à la décision préalable d'embauche, l'une et l'autre fonctionnant en couple.

Coté sanctions civiles au contraire, la liste des actes susceptibles d'être qualifiés de discriminatoires est beaucoup plus complète, il n'est que de lire l'alinéa 1er de l'article L . 122-45 C. trav : « aucune personne ne peut être écartée d'une procédure de recrutement ou de l'accès à un stage ou à une période de formation en entreprise, aucun salarié ne peut être sanctionné ou licencié ou faire l'objet d'une mesure discriminatoire directe ou indirecte notamment en matière de rémunération, de formation, de reclassement, d'affectation, de qualification, de classification, de promotion professionnelle, de mutation, de renouvellement de contrat, à raison … notamment de son âge ».

Rien dans la pratique quotidienne de la gestion des ressources humaines ne semble donc avoir échappé au législateur français encore que ... C'est ce même article L. 122-45 qui, in fine, prévoit la nature et la sanction applicable la plus énergique qui soit en droit civil : « Toute disposition ou tout acte contraire à cette interdiction s'il ou elle est prise à l'encontre d'un ou de plusieurs salariés est nul de plein droit ».

En matière de licenciement, décision la plus grave par ses conséquences, il convient de bien situer cette sanction civile par rapport aux autres mesures que le juge du contrat peut prendre.

D'abord, la nullité se distingue du défaut de cause réelle et sérieuse, qui ne détruit pas l'acte juridique de rupture et le rend seulement illégitime, ce qui ouvre droit à indemnisation mais maintient en vie la décision de l'employeur. A cet égard, si l'âge comme motif a déjà été sanctionné par la jurisprudence française, c'était jusqu'à présent en tant que cause non pertinente, non sérieuse du licenciement.

La perspective est maintenant très différente, la sanction est beaucoup plus forte, elle détruit l'acte de rupture et elle donne naissance à une remise en l'état, c'est-à-dire au droit de la victime d'être réintégrée dans son poste de travail. Un récent arrêt de la Cour d'appel de Paris du 27/01/04 statuant à propos d'une mise à la retraite ayant dégénéré en un licenciement illicite à raison de l'âge, en offre une première illustration.

La nullité se distingue aussi des dommages-intérêts qui n'effacent nullement la situation créée par l'acte illicite mais en compensent les inconvénients pour la victime. Cependant nullité et réparation peuvent parfaitement se combiner, spécialement dans l'hypothèse où le salarié licencié, au lieu de demander sa réintégration, opte pour une indemnisation.

Cette indemnisation du licenciement nul est, au terme d'une évolution jurisprudentielle, devenue très complète puisque, outre le paiement des salaires, qui auraient dû être versés depuis la décision d'éviction, elle cumule toutes les indemnités légales ou conventionnelles de rupture et des dommages-intérêts au moins égaux à l'indemnité légale pour défaut de cause réelle et sérieuse, ce qui limite le pouvoir d'appréciation du juge, l'obligeant à accorder au moins 6 mois de salaire à la victime de la discrimination.

En conclusion de cet examen des règles du droit français du travail sanctionnant l'âge comme facteur de discrimination lié à l'emploi, il est loisible de souligner deux points. Le premier a trait à la méthode employée par le législateur qui consiste à poser des définitions générales dans des textes transversaux dont l'article L. 122-45 du Code du travail constitue l'exemple le plus achevé. Le sentiment premier qui résulte de leur lecture est celui de disposer d'un outil d'analyse simple à manier et à forte charge symbolique. Mais l'examen de l'âge montre qu'au-delà de cette apparence unifiante et rassurante, les discriminations obligent à tenir des raisonnements séparés et qu'en particulier, le juge ne pourra aisément transposer sa pratique sur le motif tiré du sexe ou de la race à la recherche de discriminations fondées sur l'âge. Le second point correspond à la très forte présence du droit pénal et à l'éclatement des compétences juridictionnelles ainsi que des règles de preuve qui en découlent forcément, ce qui nuance par la complexité créée, l'avantage tiré de la mobilisation des sanctions les plus hautes que la loi nationale puisse prévoir.

Sécuriser les parcours professionnels des seniors

Guy CAIRE

Peut-on parler de discrimination à l'égard des seniors comme on évoque une discrimination à l'égard des jeunes des quartiers défavorisés ou l'existence de cloisons et de plafond de verre concernant les femmes ? Plusieurs indices concordants peuvent le laisser supposer. D'une part, le taux d'emploi des plus de cinquante ans est particulièrement faible en France par rapport à d'autres pays et, parallèlement, leur taux de chômage, souvent de longue durée, est plus élevé. D'autre part, les statistiques montrent un moindre accès à la formation continue pour les plus de 45 ans et une véritable chute après 55 ans. Enfin les pratiques de recrutement laissent supposer des tris défavorisant les plus de quarante ans. Ces brèves observations préliminaires nous conduisent en conséquence à analyser les facteurs qui ont conduit à de telles situations, à examiner, ensuite, les arguments évoqués par le patronat pour justifier les modes de gestion du personnel qui en sont à l'origine, à voir enfin quelles corrections seraient susceptibles d'intervenir et qui permettraient de sécuriser davantage les parcours professionnels des seniors.

GENESE D'UN PROCESSUS

« Un nouveau processus d'exclusion du marché du travail, pesant de plus en plus tôt sur les salariés vieillissants s'est mis en place dans les quinze dernières années. Il aboutit à faire des salariés âgés un nouveau groupe à risque de relégation et de perte d'insertion, non seulement professionnelles mais également sociales »[1] : sévère, ce jugement semble toutefois bien fondé. Certes, il n'est pas toujours très facile, dans le cas des travailleurs en fin de vie active, de délimiter de façon très précise les situations de chômage de celles d'inactivité,

---

[1] A. M. GUILLEMARD, Vieillissement et exclusion in S. PAUGAM *L'exclusion, l'état des savoirs*, La Découverte 1996 p. 204-205.

voire de celles d'emploi. On peut cependant faire état de quelques données permettant de caractériser actuellement la situation des travailleurs âgés.

Les taux d'emploi des seniors, au sein de l'Union européenne, s'étageaient, en 2001, entre 20 et 70% permettant de classer les différents pays au sein de cet éventail selon l'ordre croissant suivant : Belgique, Luxembourg, Italie, Pays-Bas, France, Autriche, Espagne, Finlande, Allemagne, Irlande, Grèce, Portugal, Royaume-Uni, Danemark, Suède. En décembre 2004, parmi les quinze anciens membres de l'Union européenne, cet ordre ne s'est guère modifié si ce n'est que la France a vu sa position encore dégradée tandis que s'améliorait la position relative des Pays-Bas, de l'Espagne et de la Finlande. Pour un taux moyen d'emploi dans l'Union européenne des 55-64 ans de 41,8%, chaque pays se positionnait comme suit : Suède 68,6%, Danemark 60,2%, Royaume-Uni 55,5%, Portugal 51,6%, Finlande 49,6%, Irlande 49%, Pays-Bas 44,8%, Grèce 42,1%, Espagne 40,8%, Allemagne 39,5%, France 36,8%, Italie 30,3%, Belgique 28,1%.[1]. L'âge moyen de sortie du marché du travail (total pondéré par la probabilité de sortie du marché du travail) s'étalait, quant à lui, comme suit en 2003 : 56,8 ans (Luxembourg), 57,0 (Belgique), 58,2 (France), 59,4 (Italie), 59,6 (Grèce), 60,6 (Espagne), 60,7 (Allemagne), 60,9 (Pays-Bas), 61,6 (Finlande), 61,9 (Danemark), 62,0 (Portugal), 62,0 (Suède), 62,3 (Royaume-Uni), 63,2 (Irlande), pour une moyenne de 58,8 pour l'Europe des quinze[2]. Les seniors restent au chômage plus longtemps : si, pour l'ensemble des chômeurs, la proportion de ceux étant au chômage de longue ou de très longue durée était en mars 2001 de 35,3%, celle des hommes de plus de 50 ans était de 62,5% et des femmes du même âge de 58,3% ; la probabilité de retrouver un emploi n'était pour eux que de 15%, alors qu'elle s'élevait à 40% pour les travailleurs plus jeunes ; lors des retournements de conjoncture, les travailleurs âgés sont moins sensibles aux embellies du marché du travail car, si le taux de chômage des jeunes et des adultes baisse respectivement de 9 et de

---

[1] *Le Monde* 8 mars2005.

[2] *Le Monde* 8 juillet 2003.

plus de 3 points, celui des plus de 50 ans ne baisse que de 1,7 point[1]. Cette baisse des taux d'activité s'inscrit dans une perspective longue car remontant à plus de trente ans, donc bien avant le recours massif aux préretraites. Le poids des seniors dans les entreprises demeure cependant très variable, plus fort dans la sphère publique que dans le secteur privé, variant dans un rapport de un à cinq entre la restauration rapide (6%) et les services domestiques (32%) ; les quinquagénaires sont sur-représentés dans l'industrie, la finance et l'immobilier et plutôt sous-représentés dans les services aux particuliers et aux entreprises. Les évolutions de la structure par âge des actifs occupés dépendent des variations relatives selon l'âge de la population totale (ce qui explique l'augmentation de la part des travailleurs âgés depuis 1996, augmentation appelée à se poursuivre plusieurs années, avec l'arrivée dans les tranches d'âge concernées des premiers *baby-boomers*), des comportements d'activité et du niveau de chômage[2]. Toutes choses égales par ailleurs, la part des quinquagénaires est d'autant plus importante que l'établissement est ancien et de grande taille. On peut en déduire qu'« une forte proportion de salariés quinquagénaires dans une catégorie d'établissements ne peut pas s'interpréter comme une résultante d'une plus forte demande de salariés âgés… C'est surtout l'historique des flux d'emploi qui explique le poids des quinquagénaires, bien avant les choix instantanés de substitution entre classes d'âge. La part des quinquagénaires dans un secteur traduit avant tout l'histoire de ce secteur »[3]. L'analyse des stocks doit donc être complétée par l'analyse des flux. En définitive, « ces constats confirment les modes d'ajustement des marchés internes des grands établissements : face à des problèmes de surcapacité, ces derniers réagissent par un gel (et une précarisation) des embauches et une concentration relative des

---

[1] S. ADJERAD, Politique publique de l'emploi : le défi des seniors, DARES *Premières synthèses et premières informations* n°40-2 octobre 2003 reproduit in *Problèmes économiques* n° 2840 du 21 janvier 2004.

[2] C. MINI et A. TOPIOL, Les entreprises face au vieillissement de leurs effectifs, *Economie et statistique* n° 368, 2003.

[3] P. AUBERT, Les quinquagénaires dans l'emploi salarié privé, *Economie et statistique* n°368, 2003 p.72.

sorties sur les plus de 55 ans, protégeant en quelque sorte les autres salariés qui constituent les « insiders »[1] ».

Face à ces évolutions, quel est le comportement des entreprises ? Les décideurs se sentant encore peu concernés par le problème du vieillissement, ils manifestent un certain désintérêt pour la question de l'âge dans l'établissement ; ce n'est que dans un établissement sur cinq qu'il existe une gestion anticipée de la pyramide des âges, c'est-à-dire une étude de la structure par âge de l'effectif donnant lieu ensuite à des recommandations. Lorsqu'il existe une gestion de la pyramide des âges, la préoccupation première des entreprises consiste à la rajeunir, notamment en donnant la possibilité aux seniors de cesser leur activité plus tôt. Les mesures destinées à maintenir les seniors plus longtemps en activité (développement de missions de tutorat, mise en place de bilans de compétences, recours à la formation professionnelle, aménagements spécifiques du poste ou du temps de travail) restent pour le moment le fait d'une minorité d'établissements. « Même si l'on ne détecte aucune pratique discriminatoire flagrante à l'encontre des salariés les plus âgés dans l'entreprise, les stratégies concernant leurs compétences, leur attitude ou leurs aptitudes sont tenaces. Ces représentations négatives à l'encontre des salariés les plus âgés de l'entreprise sont d'autant plus marquées que les responsables des ressources humaines sont jeunes »[2]. Par ailleurs, ainsi que le souligne le récent rapport de l'inspection des affaires sociales, la prise de conscience de la nécessité d'une gestion des âges est rendue difficile par la diversité des approches des acteurs sociaux : « les uns vont être sensibilisés par les difficultés de recrutement alors que d'autres, dans le champ des PME, seront attentifs à la problématique de la transmission de l'entreprise et des changements qui s'opéreront à cette occasion. Certains aborderont la question par la pénibilité ou l'usure professionnelle (par exemple dans le secteur sanitaire et social), d'autres rentreront dans le dossier autour des questions d'insertion professionnelle et de maintien dans l'emploi des travailleurs handicapés. Plus classiquement, les restructurations, la

---

[1] J. GAUTIE, Présentation générale, *Economie et statistique* n° 368, 2003.
[2] C. MINI et A. TOPIOL, article cité, p.60.

transmission des compétences individuelles et collectives, la question du maintien de la capacité productive de l'entreprise (gestion prévisionnelle des emplois et des compétences) seront autant d'entrées utilisées par les acteurs »[1]. Si l'éviction des travailleurs âgés du marché du travail se présente bien comme une tendance de fond, l'activité se concentrant de plus en plus sur la tranche d'âge des 25-50 ans, les entreprises n'adoptent pas cependant un comportement homogène à l'égard de leurs travailleurs vieillissants. Les facteurs les moins favorables aux seniors sont l'adaptation aux nouvelles technologies, les aptitudes physiques, l'adaptation au changement. Inversement, plus un établissement est grand plus il offre des perspectives d'évolution favorables à ses salariés âgés ; connaissant les qualités des travailleurs vieillissants, ces établissements privilégient leurs compétences spécifiques, leur meilleure connaissance du monde du travail et leur plus grande capacité professionnelle ; ils sont moins réticents que les autres à recruter ; le facteur important favorisant l'embauche des seniors est en effet la taille de l'établissement. Mais il est vrai aussi que les grands établissements ont une main d'œuvre très mobile, ils recourent davantage à l'intérim[2] et aux CDD que les autres ainsi qu'aux mesures d'aide à l'embauche (contrats initiative emploi, emploi-solidarité, emploi consolidé)[3].

Evincés du marché du travail, les seniors ont par ailleurs du mal à retrouver un emploi. L'analyse d'un corpus de 1200 annonces, composé à parts égales d'offres d'emploi françaises, espagnoles et

---

[1] F. BRUN, M. DUPONT et M. THIERRY, Gestion des âges et emploi, *Droit social* n° 3, mars 2005, p.265.

[2] La part des plus de 50 ans dans l'intérim est passée de 4,4% en moyenne en 1998 à 6,5% au cours des trois premiers trimestres 2004, ce qui représente 36700 équivalents – emplois temps plein, soit une hausse de 80% par rapport à 1998, *Le Monde* 8 mars 2005.

[3] L. RICHET-MASTAIN, F. BRUNET, L'âge des salariés joue surtout à l'embauche, DARES *Premières informations, premières synthèses* N° 15,3 avril 2002, reproduit in *Problèmes économiques* n°2768 du 3 juillet 2002.

britanniques, a permis au Centre d'études de l'emploi de mettre en lumière à cet égard les spécificités françaises[1].

	France	Espagne	Grande Bretagne
Critère d'âge	20%	19%	1%
Critère de formation	73	63	27
Critère d'expérience	81	77	75
Demande de photo	9	3	0

Si l'exigence d'une formation et d'une expérience préalable semble commune aux trois pays – encore que cette exigence soit plus particulièrement marquée en France – la norme des 25-40 ans constitue une cible pour plus de 90% des annonces concernées dans notre pays. Cette pratique discriminatoire, alors même qu'elle est illégale, au même titre que la mention du genre, est renforcée par la demande d'envoi d'une photographie. On voit ainsi l'importance de cette pré-sélection défavorable aux travailleurs âgés intervenant « en aveugle » alors qu'en Grande Bretagne la plupart des annonces mentionnent des numéros de téléphone et le nom d'un interlocuteur à contacter.

Comment en est-on arrivé là ? La conjoncture économique, mais aussi les politiques économiques qui l'ont accompagnée ont joué leur rôle. Voici plusieurs années déjà qu'à partir des observations qu'elle avait pu faire, Anne-Marie GUILLEMARD pouvait noter qu'« avec l'extension de la politique de « désemploi » des travailleurs vieillissants, la politique française de la vieillesse fonctionne selon deux axes contradictoires. Dans le cadre de la politique du mode de vie de la vieillesse, elle vise une meilleure insertion sociale de la population âgée et un prolongement de la vie normale. Dans le cadre de la politique d'emploi, elle produit une marginalisation et une relégation des salariés vieillissants qui, devenus travailleurs illégitimes, se voient dévalorisés et condamnés aux loisirs forcés.

[1] E. MARCHAL et G. RIEUCAU, Candidat de plus de 40 ans non diplômé ou débutant s'abstenir, *Connaissance de l'emploi*, les 4 pages du CEE n° 11 janvier 2005.

L'antagonisme de ces deux dimensions au sein de la politique de la vieillesse ouvre une crise de cette politique »[1]. Les difficultés qui sont apparues sur le marché du travail après 1973 ont entraîné la généralisation des préretraites, financées par le FNE créé en 1967, lesquelles ont bénéficié d'un très large accord de l'ensemble des partenaires sociaux. Ce mode de gestion du personnel, qui contrastait avec les pratiques antérieures où les conventions collectives organisait généralement les procédures de licenciement selon le modèle LIFO *(last in first out)* alors que prévalait désormais le mode (FIFO *(first in first out)*, avait tout en effet pour séduire les employeurs qui y voyait un moyen de réduire leurs charges salariales et de réaménager leur pyramide des âges, et les travailleurs qui se battaient pour un abaissement de l'âge de la retraite. Mais ce système est pourtant potentiellement traumatisant pour les individus brutalement relégués dans l'inactivité, déstabilisant pour les entreprises privées de compétences et excessivement coûteux pour la société. Par la suite, les préretraites progressives ont été imaginées par les pouvoirs publics, à la fin des années quatre-vingt, pour tenter de contrer la tendance à la cessation anticipée d'activité qui avait été fortement encouragée dans les années soixante-dix. Cette mesure avait pu apparaître comme un compromis entre l'Etat qui tentait d'inciter les entreprises à conserver leur main-d'œuvre vieillissante et les entreprises peu disposées à garder et requalifier leurs travailleurs âgés et, a fortiori, à en recruter. La PRP apparaissait ainsi comme un outil d'ajustement quantitatif et qualitatif de la main-d'œuvre permettant de rééquilibrer la pyramide des âges. On peut ainsi distinguer deux phases dans la politique de l'emploi vis-à-vis des seniors. On a eu d'abord une politique « passive » de retrait d'activité recourant aux cessations totales d'activité et à la dispense de recherche d'emploi dont les objectifs étaient d'accompagner les restructurations, d'éviter les licenciements des plus âgés, de renouveler les générations, de compenser les travaux pénibles. Lui a succédé une politique « active » de retour à l'emploi recourant aux emplois aidés des secteurs

[1] A.M. GUILLEMARD, La dynamique sociale des cessations anticipées d'activité, *Travail et emploi* n° 15, janvier –mars 1983, p.29.

marchand et non marchand et, plus minoritaires, aux stages d'insertion et de formation dont l'objectif était d'augmenter le taux d'activité des seniors par maintien sur le marché de l'emploi[1]. Par ailleurs, concernant toutes les catégories de personnel, les restructurations industrielles, la multiplicité des statuts d'emploi, la recherche de la flexibilité entraînent une moindre stabilité des emplois et des itinéraires professionnels ainsi qu'une progression des exigences de changement de poste au sein des entreprises. La résistance des personnes âgées au changement, lorsqu'on l'observe, repose souvent sur la crainte de ne pas maîtriser la nouvelle situation de travail et de ne pas pouvoir réaliser la production attendue sans mettre en danger leur santé[2]

Les politiques d'emploi mises en œuvre pour faire face à la montée du chômage et qui ont comme conséquence une éviction prématurée des travailleurs âgés ne sont pas les seules à devoir être invoquées pour rendre compte des pertes d'emploi concernant les seniors. Les transformations du système économique contribuent, elles aussi, à ce processus. Trois d'entre elles peuvent être évoquées, concernant respectivement les objectifs poursuivis par l'entreprise, les nouveaux modes d'évaluation des aptitudes et les formes de rémunération en résultant, les types d'organisation des activités productives qui ont vu le jour dans la période récente[3], toutes évolutions qui ont déstabilisé la firme fordiste, modèle dominant pendant la période des « trente glorieuses » et généré des comportements spécifiques aux « trente piteuses » ;

La première transformation concerne la *corporate governance* [4] qui renvoie à la structure et à l'exercice du pouvoir dans la firme. La séparation actionnaires -managers, mise en lumière pour la première fois par A. BERLE et G. GARDINER[5], entraîne des coûts d'agence (coûts de surveillance supportés par les actionnaires et coûts résiduels

---

[1] S. ADJERAD, art. cité

[2] A.F. MOLINIE, Parcours de travail et fins de vie active dans différentes générations, *Les 4 pages du CEE* n° 45, mai 2000.

[3] B. BAUDRY, *Economie de la firme*, La Découverte 2003.

[4] R. PEREZ, *La gouvernance de l'entreprise*, La Découverte, 2003.

[5] *The modern corporation and private property*, Harcourt, Brace and World 1932.

ou d'opportunité), particulièrement importants dans les grandes firmes cotées dont aucun actionnaire ne détient une part importante du capital et où chacun adopte, en conséquence, un comportement de passager clandestin. Or le conflit d'intérêt entre les actionnaires et les managers s'est transformé dans la période récente. Le « capitalisme français d'Etat » qui a prédominé jusqu'aux années quatre-vingt était caractérisé par un système de participations croisées favorisant la multiplication des mandats réciproques et par une présence massive de l'Etat. Ce système favorisait les managers, dans leur confrontation avec les actionnaires. Privatisations et déréglementation financière ont fait émerger depuis un modèle plus proche de l'économie de marché anglo-saxonne : la part des investisseurs institutionnels[1], principalement anglo-saxons, dans le capital des grandes sociétés est maintenant considérable. Leur influence se traduit par des exigences fortes en matière de rendement des placements, reposant le concept de *shareholder value* et le critère de gestion EVA qui aboutissent à mettre l'accent sur la performance financière de la firme. Dans les entreprises concernées par ces transformations, les dirigeants sont rémunérés par des bonus lorsqu'ils ont réussi à atteindre un certain objectif de court terme et par des versements de stock options qui les incitent à développer la firme dans une optique de moyen terme afin d'accroître sa valeur sur le marché boursier. Deux conséquences, toutes deux défavorables à l'emploi, principalement des travailleurs âgés, en résultent. On assiste tout d'abord à des « licenciements boursiers » dans des entreprises par ailleurs prospères, mais qui n'atteignent pas les normes intangibles de rentabilité fixées par les investisseurs institutionnels (15% sur les capitaux investis, 20% de retour sur les nouveaux investissements, 50% des profits distribués)[2].

---

[1] A. BOUBEL et F. PANSARD, *Les investisseurs institutionnels,* La Découverte 2004.

[2] « Aujourd'hui la réalité marchande de l'entreprise semble se réduire à une seule réalité financière, l'échange au niveau mondial, en se globalisant, a pour priorité celle des flux de capitaux… La dynamique de fond est que les entreprises cherchent à se séparer, dans des conditions acceptables, des travailleurs âgés au moyen des sorties précoces d'activité, accompagnées de plans sociaux…Parce qu'elle privilégie le court terme, la logique financière dominante implique des exigences de gestion

L'indicateur d'efficience du management qu'est l'EVA, calculée comme différence entre le résultat opérationnel après impôt et le coût estimé du capital pour son activité, fait que les licenciements concernent en priorité les travailleurs les plus âgés dont les rémunérations sont a priori plus élevées que celles des travailleurs plus jeunes. Par ailleurs, au fil des mois, de moins en moins de projets réussissent à satisfaire des règles supérieures au potentiel de l'économie réelle. Les entreprises n'investissent plus guère, ni dans la recherche, ni dans l'innovation, ni dans la mondialisation de leurs réseaux. Tout ceci n'est guère favorable à de nouveaux recrutements ni à la ré-embauche des travailleurs âgés qui ont perdu leur emploi. En même temps on constate au plan macroéconomique que, tandis que la dominance patrimoniale devient plus marquée, la part des salaires et des revenus du travail ne cesse de diminuer dans le partage de la valeur ajoutée des entreprises, passant de 70% à 60% tandis que celle des profits grimpait de 30% à 40%. Les dangers d'un capitalisme de rentiers sont donc bien réels, y compris pour ce qui concerne l'emploi[1].

Une seconde transformation concerne la relation d'emploi qui, elle aussi, entraîne la déstabilisation progressive de la norme d'emploi fordiste caractérisée par la logique de poste et les marchés internes. La notion de poste, qui suppose la stabilité des processus de production, impliquait la prescription des tâches, sous-tendue par le « *one best way* » taylorien ainsi que l'énumération d'un certain nombre d'opérations à effectuer dans un ordre donné. Les postes hiérarchisés fondaient les systèmes de classification des emplois ; l'évaluation des postes déterminait, de son côté, la hiérarchie des rémunérations ; les règles d'allocation et de rémunération étaient impersonnelles, collectives, objectives et institutionnalisées. Le marché interne,

élevées au rang de finalité, parfois même d'idéologie. Cette évolution détermine la recherche de la productivité organisationnelle par la flexibilité du volume des emplois et la précarisation du lien social » A. GOGUEL D'ALLONDANS, Vieillissement de la population et créativité sociale, LRII *Documents de travail* n° 52 mars 2002 reproduit in *Problèmes économiques* n°2768 du 3 juillet 2002.

[1] *Le Monde* 2 février 2005.

caractérisé par P. DOERINGER et M. PIORE[1] comme « une unité administrative, un établissement industriel, à l'intérieur de laquelle la rémunération et l'affectation du travail sont gouvernées par un ensemble de règles et de procédures administratives », comportait deux types de règles résultant de la négociation collective ; règles salariales définies, on l'a vu, par les procédures d'évaluation des postes de travail ; règles d'allocation de la main-d'œuvre concernant embauche, mobilité, promotion, licenciement avec des clauses de « séniorité » favorables aux travailleurs âgés. Cet ensemble de règles favorisait une relation de long terme garantissant aux salariés une certaine stabilité de l'emploi et leur offrant des perspectives de carrière ; il était en même temps porteur d'équité, et ouvrant, pour cela, la voie à la coopération des salariés. A partir des années quatre-vingt sont apparues de nouvelles formes et règles d'emploi ayant comme finalité l'accroissement de la flexibilité caractérisé, d'une part, par une extériorisation organisationnelle (sous-traitance, travail indépendant dans l'orbite d'une grande entreprise) sensée réduire les coûts salariaux et rendre le travailleur plus productif car son revenu est directement corrélé à son niveau d'effort et, d'autre part, par la multiplication des contrats atypiques (CDD, intérim, temps partiel). On passe en même temps d'une logique de poste à une logique de compétences et de performances, lesquelles deviennent de nouveaux étalons pour la détermination des rémunérations. Cette logique nouvelle n'est pas sans implications sur le sort des travailleurs âgés. D'une part, en matière de recrutement, les employeurs cherchent à détecter et embaucher des « potentiels », ce qui justifie sans doute les spécificités des offres d'emploi, avec l'importance attribuée au critère âge, dont nous avons plus haut fait état et qui jouent au détriment des travailleurs âgés. D'autre part, l'entretien annuel d'évaluation et le contrat d'objectif passé par le travailleur avec son supérieur direct fixant sous forme d'objectifs quantifiables les performances à atteindre et les compétences à développer, substitue à l'objectivité et à l'équité, norme collective, de l'ancien système la subjectivité et l'individualisation constitutives du nouveau système. Les impératifs

[1] *Internal labor markets and manpower analysis*, Lexington Mass 1971.

liés à la flexibilité et la volonté des employeurs d'impliquer plus fortement les salariés dans leur travail entraînent ainsi une modification des formes de contrôle qui se déplacent en amont, via la fixation d'objectifs, et en aval par l'intermédiaire du contrôle des résultats. Au total, la nature des règles profondément altérée dans le nouveau modèle permet toutes les manipulations de la part de la hiérarchie et déstabilise profondément la situation et la carrière du travailleur âgé qui, considéré comme « inemployable », pourra aisément être licencié.

Une troisième transformation concerne les structures de l'entreprise. La firme fordiste était caractérisée par un degré d'intégration et de diversification relativement élevé. A partir des années quatre-vingt les grandes firmes ont opté pour des stratégies d'externalisation et un recentrage sur leur métier défini par les compétences distinctives que possède la firme[1]. C'est ainsi que dans l'automobile, l'électronique, les sièges, les équipements de bord, les pare-chocs, les blocs optiques ont été confiés à des sous-traitants, le constructeur se consacrant à la conception de nouveaux véhicules, à leur assemblage, au marketing et au financement des ventes. Un processus analogue s'observe dans l'aéronautique. Ailleurs on peut relever l'externalisation déjà ancienne des services de nettoyage ou d'entretien et celle, plus récente, de gestion de l'informatique, voire de gestion du personnel. Le modèle dominant d'organisation industrielle est dorénavant celui de la flexibilité généralisée avec passage d'une gestion de l'organisation physique de la production par les stocks à une gestion à flux tendus avec livraisons en flux synchrones. L'externalisation permet tout à la fois de réaliser des progrès en matière de performances et de qualité et d'obtenir des baisses de coûts, le fournisseur réalisant des économies d'échelle en œuvrant pour différents commanditaires et en offrant le plus souvent des conditions salariales moins intéressantes que la firme qui externalise et des conventions collectives moins favorables pour ce qui concerne les avantages annexes. Avec l'apparition de la firme réseau, qui substitue à la quasi-intégration verticale la quasi-intégration oblique,

---

[1] R. BOYER et J. P. DURAND, *L'après fordisme*, Syros 1993.

les travailleurs sont soumis à des mobilités forcées accompagnées souvent de compressions d'effectifs et de recrutements sélectifs chez les sous-traitants ou les équipementiers. Là où, auparavant, le travailleur vieillissant pouvait conserver son emploi en passant par exemple de la production soumise à de fortes contraintes physiques et temporelles à un service d'entretien lui permettant de ménager ses forces, une telle opération n'est désormais plus possible et l'externalisation de nombre de fonctions, gérées antérieurement par la firme fordiste, entraîne souvent pour lui perte d'emploi.

REPERAGE DES APORIES

L'âge est une notion relative ; il en va de même des aptitudes et capacités qui sont sensées lui être liées : « on est « retraité » de Roland Garos à 20 ans, du laboratoire de recherche à 30 ans, de la gendarmerie à 50, de la bureaucratie à 60 ans, du conseil d'administration de la banque à 70, de l'association d'aide à l'enfance à 80… Ainsi la définition de la vieillesse est-elle beaucoup plus le produit d'un code – économique, social, politique – qu'une réalité biologique ou même sociologique »[1]. Acceptons provisoirement, toutefois, d'identifier âge psycho-physiologique et âge chronologique, ainsi que le fait communément le patronat, pour examiner la pertinence des liens entre l'âge et les performances productives que les employeurs postulent.

Ainsi que s'est efforcé de le montrer le Centre d'études de l'emploi, certaines des attitudes et pratiques relatives aux salariés reposent sur le postulat d'une relation négative entre l'âge et l'efficacité au travail, postulat alimenté par des stéréotypes[2]. Ainsi le travailleur âgé serait plus rigide dans son attitude au travail, plus résistant au changement, acceptant difficilement les nouvelles technologies. Ces représentations des employeurs demandent à être examinées avec prudence ; elles sont loin d'être validées par

---

[1] M. CIRCUREL, *La génération inoxydable,* Grasset 1989, Pluriel, p.100.

[2] S. VOLKOFF, A.F. MOLINIE et A. JOLIVET, *Efficaces à tout âge ? Vieillissement démographique et activités de travail*, Dossier CEE n° 16, 2000.

l'observation objective[1]. En effet, les travaux de physiologie et psychologie disponibles montrent que les évolutions de l'efficacité productive en fonction de l'âge sont le plus souvent modérées, variables selon les individus et selon les fonctions. Ce sont surtout les performances maximales qui manifestent un déclin, mais le travail ne nécessite pas toujours ces niveaux de performance extrêmes. Enfin, « quelle que soit leur richesse, les modèles et les théories auxquels se réfèrent ces analyses de la baisse de performance avec l'âge présentent deux limites essentielles. D'une part, ils sont fondés le plus souvent sur des expériences en laboratoire avec des tâches construites a priori par des chercheurs et bien souvent considérées comme artificielles par les sujets retenus : leur transfert pour expliquer l'activité des salariés en situation de travail est un déplacement dont la validité scientifique reste à démontrer. D'autre part, les sujets retenus sont souvent considérés comme dépourvus d'histoire professionnelle : leur expérience et leurs compétences sont rarement prises en compte, sauf parfois à travers le résultat à des tests dont la validité en situation professionnelle est discutable et qui masquent les effets de génération et les effets d'époque »[2]. En définitive le vieillissement est un ensemble de processus de changements pouvant se traduire effectivement par une baisse de certaines capacités fonctionnelles (souplesse articulaire, mémoire immédiate, capacité d'adaptabilité à de nouvelles tâches...). Mais les évolutions sont variables selon les individus. La vie de travail contribue à révéler, accélérer ou retarder ces déclins éventuels. En même temps elle offre des possibilités

---

[1] « L'inquiétude et la défiance à l'égard des salariés âgés sont véhiculées à travers les stéréotypes sociaux. Pour renverser cette tendance de fond, il faudrait reconsidérer les indicateurs utilisés pour mesurer les performances au travail, lesquels négligent la relativité du déclin de capacité d'adaptation et occultent l'accroissement de l'expérience professionnelle. Et aller dans ce sens, c'est infirmer la corrélation supposée entre vieillissement démographique et baisse de productivité, thèse soutenue par les entreprises et le modèle économique » A. GOGUEL D'ALLLONDANS, art. cité.

[2] S. VOLKOFF, A.F. MOLINIE et A. JOLIVET, article cité.

d'élaborer une expérience utilisable pour compenser d'éventuelles déficiences survenues avec l'âge[1].

Avec l'entrée dans la « société de l'information », un aspect particulier de l'influence de l'âge mérite de retenir l'attention : l'aptitude à maîtriser les techniques de l'information : écrit, téléphone et, plus spécialement, informatique[2]. Les enquêtes sur « les techniques et l'organisation du travail » organisées par la DARES et réalisées par l'INSEE, en complément des enquêtes emploi, permettent d'analyser les usages de l'information au travail selon l'âge et l'ancienneté des salariés. L'usage des nouvelles technologies comme l'informatique se diffuse certes plus vite parmi les nouvelles générations[3], mais, contrairement à certaines croyances, ces usages ne séparent pas simplement les jeunes générations des autres ; en effet plus les salariés sont anciens plus ils utilisent l'informatique, mais plus ils sont âgés et moins ils s'en servent. De même, donner des consignes ou des ordres diminue avec l'âge mais augmente avec l'ancienneté, celle-ci compensant et même dépassant la baisse liée à l'âge ; en recevoir est plus fréquent chez les salariés jeunes, en demander se réduit avec l'âge mais s'accroît avec l'ancienneté. Mais l'ancienneté peut elle-même revêtir des significations fort différentes selon l'âge, une faible ancienneté traduisant une phase d'acquisition d'une première expérience pour un jeune salarié et étant l'indice d'une forme de précarité pour un salarié plus âgé[4].

La théorie économique apporte de son côté des résultats contradictoires. Dans le cadre de la théorie du capital humain de G. BECKER, l'accumulation des formations à mesure que l'âge avance serait facteur d'accroissement du capital humain et, par conséquent, de la productivité marginale du travail ; mais inversement, le principe

---

[1] A. LAVILLE, Vieillissement et travail, *Le travail humain* n°1 1981.

[2] J.C. MARQUIE, B. BACARAT, B. THON, *Evaluation des difficultés rencontrées par les opérateurs âgés dans l'accès aux nouveaux outils informatiques et dans la situation de réapprentissage*, Toulouse 1992.

[3] M. CEZARD et L. VINK, En 1998 plus d'un salarié sur deux utilise l'informatique dans son travail, DARES *Premières synthèses* n°53, décembre 1998.

[4] F. MOATTY, Société de l'information, renouvellement des générations et précarité, CEE, *Quatre pages* n°32 mars 1999.

général des rendements décroissants fait que le retour sur investissement diminue pour les formations spécifiques financées par l'entreprise avec le peu d'années au travail restantes. Cet argument demande toutefois à être nuancé car, ainsi que le note l'OCDE[1], « les plus faibles taux de départ volontaire chez les travailleurs âgés augmenteraient la rentabilité attendue de la formation qui leur est dispensée par rapport à celle que reçoivent les jeunes. De même, l'évolution rapide des qualifications requises ferait perdre de son importance à une longue période d'amortissement pour le choix des travailleurs à former, mais en donnerait une plus grande à toute diminution avec l'âge de la capacité d'acquérir de nouvelles compétences ». La théorie des contrats à paiement différé, élaborée par E. LAZEAR, tente, quant à elle, d'expliquer la déconnexion entre salaire et productivité marginale avec un schéma dans lequel l'écart négatif au départ, s'atténue ensuite pour s'inverser enfin. Dès lors les jeunes sont incités à se comporter au mieux afin de pouvoir espérer rester dans l'entreprise et bénéficier ensuite d'une rémunération plus favorable et les travailleurs âgés sont de leur côté incités à se mobiliser car ils ont davantage à perdre. Mais ce différentiel de salaire par rapport à la productivité dont bénéficieraient les travailleurs âgés est peut-être moins important qu'on ne le croit car, ainsi que le note l'OCDE, « les employeurs ne jugeront rentable de pratiquer un barème de salaire récompensant l'ancienneté que si un âge maximal est fixé pour le départ à la retraite, ce qui limite la période de temps pendant laquelle le salaire sera supérieur à la productivité »[2]. Le profil des salaires en fonction de l'âge que la théorie économique présente généralement comme un U inversé n'est donc pas aussi rigoureux qu'on le postule : « le rapport entre les salaires moyens correspondant aux années qui sont souvent celles où le salarié gagne le plus (entre 45 et 54 ans) et les salaires des nouveaux venus dans la vie active (entre 25 et 29 ans) est en moyenne de 1,4. Le rapport entre les salaires des personnes âgées de 55 à 64 ans et ceux des personnes âgées de 45 à 54

---

[1] *Perspectives de l'emploi de l'OCDE,* juin 1998, reproduit in *Problèmes économiques* n°2656-2657 des15-22 mars 2000.

[2] Idem.

ans témoigne d'une baisse de rémunération moyenne de 9% chez les travailleurs plus âgés »[1] . Avec les modèles de tournois qui peuvent comporter différentes variantes (tournois avec biais, tournois successifs éliminatoires), la rémunération n'est plus liée à la productivité absolue, mais dépend du rang de cette productivité dans le classement d'un ensemble de salariés au sein de l'entreprise, l'incitation à l'effort augmentant avec l'écart associé à chaque niveau de rémunération, l'incitation à l'effort serait plus forte pour un travailleur ayant un horizon d'activité assez long, ce qui n'est pas le cas pour le travailleur âgé. Les contrats à paiement différé réduisent quant à eux la propension des employeurs à embaucher des salariés âgés parce qu'ils induisent des coûts fixes. Les firmes qui recourent à ce type de contrat vont chercher à minimiser ces coûts fixes. Deux procédures s'offrent à elles pour cela : soit rompre précocement la relation d'emploi par le licenciement, soit la maintenir mais en réduisant la durée du temps de travail et on retrouve alors la cessation progressive d'activité[2].

Il est difficile de formuler des conclusions générales sur l'évolution de la productivité avec l'âge. A partir d'une synthèse des travaux consacrés à cette question par les études gérontologiques ou psychologiques, l'OCDE avance l'idée qu'il n'y a aucune différence sensible entre la performance des travailleurs âgés et celle des jeunes[3] ; les variations des performances dans une même tranche d'âge sont bien plus marquées que les différences moyennes d'une tranche d'âge à l'autre. Toutefois l'un des facteurs qui expliquent les écarts de productivité importants dans une même tranche d'âge, à savoir un mauvais état de santé, a un rapport significatif avec l'âge.

---

[1] Idem.

[2] A. JOLIVET, Age et relation d'emploi : les mécanismes d'une sélection défavorable aux travailleurs âgés, *Revue d'économie politique* janvier- février 2003, extraits in *Problèmes économiques* n°2804 du 23 avril 2003.

[3] De même le rapport canadien *Les programmes d'adaptation pour les travailleurs âgés*, 2000, basé sur des évaluations concernant le Canada, les Etats-Unis et certains pays de l'OCDE (Australie, France, Allemagne, Japon, Pays-Bas, Suède et Royaume uni) observe qu'il n'y a pas beaucoup de différence entre le rendement au travail des travailleurs âgés et des travailleurs plus jeunes.

Les raisons n'en sont pas seulement biologiques mais aussi sociales : les horaires des personnes âgées ont été plus longs, les postures pénibles plus fréquentes, le port des charges lourdes plus souvent rencontré. L'analyse statistique montre ainsi que les salariés vieillissants sont bien plus susceptibles de ressentir les conséquences d'une exposition, actuelle ou passée, à diverses formes de pénibilité physique[1]. Le débat s'est récemment déplacé, avec l'essor des nouvelles technologies, vers un aspect plus particulier, celui de la capacité d'adaptation aux nouvelles compétences requises. L'évolution récente de l'organisation du travail et des technologies accroît, en effet, l'importance pour les performances des capacités cognitives comme la capacité de comprendre, exploiter et communiquer des informations symboliques, la maîtrise de la lecture et de l'écriture étant ainsi un important déterminant de la productivité des travailleurs. Pour distinguer les véritables effets dus à l'âge et d'autres déterminants, notamment le plus faible niveau de formation (les scolarités ayant été plus courtes pour les générations anciennes), une analyse à plusieurs variables a été effectuée pour 10 pays à l'aide des données sur l'enquête internationale sur l'alphabétisation des adultes (EIAA) ; on a ainsi pu montrer que les capacités de lecture et d'écriture ne s'altèrent que légèrement entre 40 et 65 ans, ne se perdant que faute de pratique. Il y aurait donc là un capital à entretenir, la formation, un milieu de travail favorisant l'apprentissage pouvant grandement atténuer l'incidence de la détérioration éventuelle de la santé. Au total, ainsi que le note l'OCDE, « le potentiel de production des travailleurs âgés ne semble guère affecté par l'âge proprement dit ».

Après avoir examiné les liens de la productivité et de l'âge, imaginés tant par les praticiens que par les théoriciens, reste à s'interroger sur les mesures de la productivité puisqu'en effet la théorie économique postule la règle salaire = productivité marginale du travail[2]. En moyenne les salaires augmentent avec l'âge, mais des

---

[1] A.F. MOLINIE, article cité.

[2] On n'entrera pas ici sur la discussion du caractère flou et imprécis de cette notion, nous contentant de renvoyer à la critique qu'en fait F. STANKIEWICZ et à sa

salaires plus élevés correspondent-ils à une productivité plus élevée ? La mesure de la productivité en fonction de l'âge pose de redoutables problèmes. Les différences dans les pyramides des âges des entreprises découlent de nombreux facteurs : durée de vie et politique d'emploi des entreprises, variations conjoncturelles distinctes auxquelles elles sont et ont été confrontées selon leur activité et leur localisation, etc. « Les corrélations entre la productivité apparente d'une entreprise et la structure de sa main-d'œuvre résultent de l'accumulation de ces facteurs « historiques » autant que de l'agrégation, au niveau de l'ensemble de l'entreprise, des productivités individuelles de chacune des composantes de la main-d'œuvre », or, « ces déterminants historiques de la productivité ne sont généralement pas observables par l'économètre ». Les entreprises les plus anciennes ont en moyenne la main-d'œuvre la plus âgée ; de plus, elles sont généralement plus grandes et plus capitalistiques, d'où un risque de biais positif sur la productivité estimée des salariés âgés ; en revanche, les entreprises en expansion ont une main d'œuvre plus jeune en moyenne que les autres avec souvent des contrats de court terme tels que les CDD. Pour corriger ces biais de simultanéité, on estime une fonction de production par la méthode des moments généralisés dans laquelle les niveaux passés des facteurs de production sont pris comme variables instrumentales, ce qui revient à ne garder dans les variations de l'emploi, du capital et des parts des âges, que ce qui est dû au vieillissement des salariés ou à la structure passée de l'entreprise, mais pas ce qui est dû à des ajustements face à des chocs externes présents. On peut alors observer que la productivité des salariés croît avec l'âge jusqu'à 40 ans avant de se stabiliser, un décrochage entre productivité et coût salarial apparaissant après 55

---

proposition de la remplacer par le critère alternatif de valorité différentielle, « indicateur synthétique, cohérent avec une conception néo-schumpétérienne du travail (qui) mesure l'impact sur la valeur créée des actions et des comportements multiformes des salariés, liés à l'exécution des activités routinières ainsi qu'à l'utilisation de leur potentiel productif et de leur capacité d'adaptation », « Productivité » ou « valorité » du salarié ? Contributions au débat sur le travail, *Travail et emploi* n° 91 juillet 2OO2, extraits in *Problèmes économiques* n° 2787 du 4 décembre 2002.

ans, notamment dans l'industrie et les services. Ces résultats restent néanmoins assez peu précis étant donné l'écart type élevé dans les estimations de la productivité relative[1].

CORRECTION DES PRATIQUES

Différentes initiatives privées visant à promouvoir l'emploi des travailleurs âgés ont vu le jour. On pouvait ainsi, il y a près d'une vingtaine d'années, recenser et analyser une série de mesures prises à cet effet par certaines entreprises[2]. Parmi les travaux les plus récents on peut évoquer, financée par l'Union Européenne, la recherche action suisse RESPECT[3]. L'objectif de ce projet est de promouvoir la santé, l'aptitude au travail et le bien-être des travailleurs âgés. Alors que le taux d'activité des travailleurs âgés a diminué dans presque tous les pays de l'UE au cours des dernières décennies, RESPECT veut donc mener une large campagne pan-européenne pour lutter contre les préjugés liés à la vieillesse, et ce grâce au développement et à une large diffusion de connaissances scientifiques sur les aptitudes physiques, sociales et intellectuelles des travailleurs âgés. Pour atteindre cet objectif, le consortium propose un certain nombre de mesures de promotion : 1) élaborer des critères d'évaluation de stratégies et d'instruments pour évaluer l'impact des méthodes de travail traditionnelles et nouvelles sur la vie professionnelle, la santé et la performance des travailleurs âgés ; 2) élaborer de nouveaux modèles de travail pour améliorer la productivité, la sécurité et la satisfaction au travail des travailleurs âgés et pour promouvoir leur insertion sur le marché du travail ; 3) proposer des concepts visant à améliorer les chances des travailleurs âgés sur le marché du travail à

---

[1] P. AUBERT et B. CREPON, La productivité des salariés âgés : une tentative d'estimation, *Economie et statistique* n° 368, avril 2003, extraits in *Problèmes économiques* n°2855 du 7 juillet 2004.

[2] J.P. DUMONT et N. KERSCHEN, *Entreprises et travailleurs en fin de carrière : aménagements du temps de travail et stages de préparation à la cessation de l'activité professionnelle*, Nanterre 1987.

[3] *Research action for improving elderly workers safety, productivity, efficiency and competence towards the new working environment (Respect)*, 2001.

partir d'interventions validées et efficaces du point de vue des coûts, sur le lieu de travail ou par des lois adéquates. Si ces travaux sont utiles pour éclairer l'action, c'est toutefois aux politiques publiques qu'il faut prioritairement s'intéresser en ce domaine.

L'OIT avait adopté en 1958 une convention et une recommandation concernant la discrimination. Ces documents n'incluaient pas l'âge dans les motifs de discrimination énumérés, aussi, le 23 juin 1980, la conférence de l'OIT a-t-elle jugé utile d'adopter une nouvelle recommandation sur les travailleurs âgés visant à empêcher toute discrimination en matière d'emploi et de profession à l'égard de cette catégorie de main-d'œuvre. L'égalité de chances et de traitement devrait concerner notamment l'accès aux services d'orientation professionnelle et de placement, à l'emploi, aux facilités de formation professionnelle, au congé-éducation, à la promotion, à la sécurité de l'emploi, à la rémunération, aux mesures de sécurité sociale et de prestations sociales, aux conditions de travail, au logement (art.5). Des études devraient être entreprises afin d'identifier les types d'activités susceptibles de hâter le processus de vieillissement ou dans lesquelles les travailleurs âgés rencontrent des difficultés d'adaptation aux exigences au travail afin d'en déterminer les raisons et d'y apporter les solutions appropriées (art.12). Sur un plan plus opérationnel, il conviendrait de remédier aux conditions de travail et du milieu de travail risquant d'accélérer le processus de vieillissement, de modifier les formes d'organisation et du temps de travail impliquant des contraintes et rythmes excessifs, d'adapter les postes de travail, de prévoir une surveillance de l'état de santé, de l'hygiène et de la sécurité des travailleurs (art. 13). Ceci impliquerait entre autres une réduction de la durée du travail, un allongement des congés annuels liés à l'ancienneté ou à l'âge, une facilitation du travail à temps partiel et des horaires variables, l'affectation à des emplois en horaire normal de jour pour les travailleurs ayant connu un certain nombre d'années d'affectation en équipes en continu ou semi-continu (art. 14), des facilités de recyclage pour d'autres industries en cas de réduction d'effectifs (art. 18), des programmes de préparation à la retraite (art. 30).

De son côté, l'union Européenne n'est pas restée inactive. En novembre 1997 le sommet de Luxembourg avait opté pour une stratégie européenne pour l'emploi dont le conseil de Lisbonne, en mars 2000, a défini l'objectif : faire que l'Union européenne devienne « l'économie de la connaissance la plus compétitive et la plus dynamique au monde ». Pour cela le taux d'emploi devait être porté à 70% et celui des femmes à 60% d'ici 2010, ce à quoi le conseil de Stockholm en mars 2001 a ajouté un taux d'emploi de 50% pour les travailleurs âgés de 55 à 64 ans. Ces engagements, on l'a vu, sont pour l'instant loin d'être tenus, à tel point que, face à ce constat d'échec, Etats membres et Commission veulent définir une nouvelle approche au printemps 2005, ce qui pourrait déboucher sur la mise en œuvre, dans chacun des vingt-cinq pays entre lesquels existent des disparités énormes, d'un plan national d'action. Les résistances à l'emploi des seniors dans les entreprises demeurent fortes. La principale association américaine représentative des seniors, l'AARP (American Association of Retired Persons) a interrogé à cet égard les décideurs des pays du G 7, confiant au cabinet Wirthlin Group le soin de réaliser une enquête poussée auprès de 158 « leaders d'opinion », allemands, canadiens, américains, français, italiens, japonais et britanniques, répartis en quatre catégories : responsables d'entreprise, politiques, medias, dirigeants de la société civile (universitaires, responsables d'ONG ou syndicalistes). Concernant l'acceptation des salariés âgés dans l'entreprise, 46% des leaders mondiaux considèrent que leur pays n'est pas prêt à ce changement attendu, les français se montrant à cet égard parmi les plus pessimistes tandis que les Anglo-saxons sont, eux, un peu plus optimistes[1].

Un bref examen des politiques suivies par certains pays permet de montrer comment ils ont pu progresser sur le dossier de l'activité des seniors[2]. En Grande Bretagne, le « new deal50+ », composé de plusieurs phases d'appui et de conseil individualisé et d'une forte

---

[1] *Le Monde,* 12 février 2005. La même enquête montre en même temps que c'est l'avenir des systèmes de retraite publics et privés et le poids des dépenses de santé sur les budgets publics qui se trouvent en cause.

[2] DARES, *L'emploi des seniors en Europe du nord,* mars 2003.

incitation financière représentée par la prime à l'emploi spécifique, vise à la construction d'un plan de retour à l'emploi personnalisé pour les chômeurs âgés de plus de 50 ans. Le Royaume-Uni a opté pour une flexibilité accrue de son marché du travail. Pour favoriser l'intégration des plus âgés dans l'emploi, il a donné la priorité par le biais d'incitations financières au retour à l'emploi et à la formation professionnelle. La retraite flexible se développe, se conjuguant avec des dispositifs qui permettent de réduire le temps de travail et de modifier les horaires. L'inconvénient de cette stratégie est que la flexibilité accrue des fins de carrière est synonyme de précarité et de pauvreté pour un certain nombre de travailleurs âgés contraints d'accepter des *bridge jobs*, emplois peu qualifiés, mal rémunérés et souvent à temps partiel. Au Danemark, les quinquagénaires peuvent se former sans difficulté ; le système de préretraite a été réformé ; les salariés qui abandonnent toute activité à 60 ans, alors que l'âge légal est de 65 ans, peuvent cumuler un emploi à temps partiel et une préretraite partielle. En Suède, le gouvernement a fait voter en 2001 une réforme qui consacre la suppression des aides de l'Etat aux préretraites partielles ; tout travailleur partant avant 65 ans voit son niveau de retraite réduit, par contre s'il part après 65 ans sa pension se trouve accrue. Les Pays-Bas ont rendu les cessations anticipées d'activité moins attrayantes et mis en place un crédit d'impôt incitant les catégories sous représentées sur le marché du travail, femmes immigrées, mais aussi les plus de 60 ans, à reprendre un emploi ou à renoncer à une préretraite. La Finlande a adopté en 1998 un programme quadriennal pour l'emploi des plus âgés, les plus de 45 ans, qui se fixe comme objectif de reculer d'ici à 2010 de deux à trois ans l'âge effectif de sortie du marché du travail, mobilisant à cet effet six types d'actions : une campagne d'information et de formation auprès des employeurs et des salariés, des actions afin d'améliorer la santé au travail, y compris dans sa dimension psychologique, un accent mis sur l'investissement en formation, une mobilisation du service public de l'emploi pour favoriser le retour à l'emploi des chômeurs âgés, l'adoption de mécanismes incitatifs, une aide à la recherche sur les travailleurs âgés. Les entreprises bénéficient d'incitations financières pour adapter leurs postes et améliorer la qualité de la vie au travail de leurs salariés en fin de carrière ; par contre, elles sont pénalisées financièrement lorsqu'elles recourent aux préretraites ; parallèlement, le ministère du travail aide les entreprises à se former au management des seniors. En Allemagne a été constituée, fin 1998, une « Alliance pour le travail » associant les pouvoirs publics, les syndicats et les entreprises ; celle-ci a adopté le 7 mars 2001 une déclaration de principe commune selon laquelle « au lieu d'une exclusion précoce de la vie active, l'amélioration de l'emploi des salariés âgés, la prévention du chômage et le retour dans l'emploi de ceux d'entre eux qui y sont déjà, devront être prioritaires parmi les mesures de la politique de l'emploi. Une première conférence européenne sur « le marché des seniors en Europe 2005 » est organisée à Bonn les 17 et 18 février 2005. Pour combattre la discrimination dont les travailleurs âgés sont les victimes, différentes mesures sont donc imaginables allant de l'incitation à des conduites entrepreneuriales plus « responsables » à des modalités de pénalisation pour les entreprises qui se déchargent sur les services de l'emploi de leurs responsabilités à l'égard des fins de carrière.

Venons en maintenant aux politiques françaises. En juin 2003, Jean Pierre RAFFARIN avait indiqué aux députés, lors du débat sur la réforme des retraites, qu'il faudrait convaincre les entreprises de ne plus licencier leurs quinquagénaires et le ministre du travail avait précisé l'objectif de « faire passer l'âge moyen de cessation d'activité de 57,5 ans à 59 ans. En effet si la France ne relève pas le taux d'emploi des seniors, alors qu'en même temps l'insertion professionnelle des jeunes est de plus en plus tardive, elle ne pourra ni financer ses régimes de retraite ni faire face au choc démographique que constitue le départ à la retraite des générations nombreuses du baby boom ». Le plan national d'action pour l'emploi 2003-2006 structure les moyens d'intervention publics autour de cet objectif. Avec la loi du 21 août 2003 l'âge de la mise à la retraite d'office a été porté à 65 ans avec décote par année manquante de cotisation et surcote de 3% par année supplémentaire d'activité pour ceux qui décident de travailler au-delà de 60 ans. Mais ces mesures n'ont pas plus réussi à renverser la tendance que ne l'avait fait la contribution

Delalande qui pénalise financièrement les entreprises licenciant leurs salariés âgés. Force est donc d'explorer d'autres pistes.

On peut tout d'abord, de ce point de vue, évoquer l'adoption le 8 décembre 2004 par l'Assemblée Nationale en seconde lecture d'un projet de loi créant une Haute Autorité contre les discriminations. Préparé par un rapport du médiateur de la République, Bernard STASI, présenté au Conseil des ministres au lendemain du 14 juillet 2004, ce texte crée donc une instance administrative, composée de onze membres et qui devrait couvrir tous les champs des discriminations, qu'ils soient fondés sur le sexe, l'origine ethnique, l'orientation sexuelle, la religion, le handicap ou l'âge. Cette instance devrait permettre d'aider les victimes à faire valoir leurs droits à réparation, privilégiant pour cela la médiation. Ses agents pourront mener les investigations jugées nécessaires auprès des entreprises ou administrations qui seront tenues de fournir toute information ou tout document utiles. La Haute Autorité devra participer à l'approfondissement des connaissances sur les phénomènes discriminatoires et, à cet effet, conduire ou coordonner des travaux de recherche. Elle pourra aussi encourager des « chartes de bonne conduite » dans les entreprises. Elle disposera pour la seconder de délégués territoriaux et d'un conseil consultatif composé de syndicats et d'associations. Ce texte permet à la France de se conformer à la directive européenne de juin 2000 relative à l'égalité de traitement. On souhaiterait que les moyens alloués à la Haute Autorité soient à la hauteur de ces ambitions et comparables à ceux mis à la disposition du Centre pour l'égalité des chances et la lutte contre le racisme en Belgique, qui emploie une centaine d'agents et dispose de 18 permanences d'accueil décentralisées[1]. Même si l'âge fait un peu figure de parent pauvre dans les différents textes qui ont vu le jour pour lutter contre les discriminations, on peut cependant signaler parmi les suggestions novatrices la Charte de la diversité par laquelle, le 22 octobre 2004, 35 dirigeants se sont engagés à rechercher la diversité dans leurs recrutements ou encore le rapport remis au Premier ministre par Claude BEBEAR, président du conseil de

---

[1] *Le Monde* 9 décembre 2004.

surveillance d'Axa, qui contient 24 propositions pour résorber les inégalités d'insertion, préconisant notamment l'emploi de CV anonymes.

Protéger les travailleurs vieillissants contre le licenciement, sans nuire au bon fonctionnement des entreprises par une restriction trop importante de la flexibilité, tel est le dilemme auquel sont confrontées les politiques de l'emploi et que tentent d'étudier les économistes. C'est ainsi que pour O. BLANCHARD et J. TIROLE[1], l'entreprise devrait payer les coûts que les licenciements imposent à la collectivité. Une telle internalisation est la rançon ou plutôt la condition sine qua non de la flexibilité. Taxer les licenciements sur le mode « pollueur-payeur » amènerait l'entreprise à prendre des décisions socialement efficaces. De même, pour P. CAHUC[2], la mise à contribution des entreprises en fonction des licenciements économiques auxquels elles procèdent reviendrait, dans une perspective de welfare à la Pigou, à tenter d'égaliser valeur privée et valeur sociale de l'emploi, la première recouvrant la somme des gains procurés à l'employeur et au salarié, la seconde tenant compte en outre d'un ensemble d'externalités négatives (indemnisation du chômage, dégradation de la santé des chômeurs, hausse de la délinquance, etc.). Ces propositions ont été discutées. On peut les amender en substituant à la taxe proposée une modulation de la cotisation des employeurs à l'assurance chômage selon le coût induit ex post, cette logique « bonus-malus » se rapprochant du système américain de l'*experience rating*[3]. Cette idée a été reprise par E. GUIGOU dans un récent rapport remis à la fondation Jean Jaurès[4]. Mais on peut aussi craindre

---

[1] *Protection de l'emploi et procédures de licenciement*, Rapport pour le Conseil d'analyse économique, 2003.

[2] *Pour une meilleure protection de l'emploi*, Document de travail n° 63 centre d'observation économique de la Chambre de commerce et d'industrie de Paris, 2003.

[3] D. MARGOLIS et D. FOUGERE, Moduler les cotisations de l'assurance-chômage. Les expériences de bonus-malus aux Etats-Unis, *Revue française d'économie* n°2, octobre 2000.

[4] E. GUIGOU, *Crise de l'emploi, malaise au travail. Pour une sécurité des parcours professionnels*, Les Notes de la Fondation Jean Jaurès n° 45, 2005.

les conséquences économiques pouvant en résulter (pénalisation des entreprises en difficulté qui, par exemple dans le cas de la sous-traitance, ne sont pas toujours responsables de leur situation). On peut aussi s'inquiéter des conséquences pouvant en résulter au plan social pour les individus (renforcement de la sélection à l'embauche au détriment des personnes identifiées comme peu « employables », camouflage des licenciements économiques en licenciements pour faute, pression pour que le salarié démissionne...). L'analyse de la contribution Delalande permet, de ce point de vue, d'apporter quelques éléments de réponse[1]. Instaurée en 1987 pour dissuader les entreprises de procéder au licenciement des travailleurs âgés, cette contribution représente le versement de trois mois de salaire brut pour tout travailleur en CDI du secteur marchand licencié, le produit de cette taxe servant au financement de l'assurance chômage (UNEDIC), ce qui correspond bien à la visée des propositions Blanchard-Tirole visant à responsabiliser les entreprises en « internalisant » le coût social des licenciements. Le dispositif a été modifié à plusieurs reprises (élargissement des conditions d'âge de 55 à 50 ans en 1992 avec modulation du montant de la contribution en fonction de l'âge auquel se produit le licenciement et exonération du dispositif pour les travailleurs recrutés après 50 ans, suppression du champ de la mesure de certaines catégories de salariés en 2003, augmentation des pénalités encourues par les entreprises en 1999). Différents effets sont susceptibles de résulter de cette mesure : un effet favorable dit de rétention (les entreprises sont incitées à éviter le recours au licenciement), effet défavorable dit de seuil (licenciement anticipé des travailleurs approchant de l'âge fatidique afin d'éviter le paiement ultérieur de la contribution), effet également défavorable dit de restriction (les entreprises évitent l'embauche de travailleurs âgés afin de ne pas être ultérieurement redevables de la taxe). Une fois éliminés les effets des cycles conjoncturels et des dispositifs concomitants de la politique de l'emploi (comme les contrats de retour à l'emploi ou les contrats initiative emploi) il semble bien que la contribution Delalande

[1] L. BEHAGHEL, B. CREPON et B. SEDILLOT, Contribution Delalande et transition sur le marché du travail, *Economie et statistique* n°372, 2004.

ait entraîné une amélioration des chances de retour à l'emploi pour les travailleurs des tranches d'âge concernées par rapport aux chômeurs de moins de 50 ans, mais que, par contre, l'effet sur les licenciements demeure difficile à mettre en évidence, les entreprises se montrant en définitive peu sensibles aux fortes variations du barème de la contribution, il semble enfin – effet pervers souvent constaté pour nombre de dispositifs publics qui provoquent des anticipations des agents dont le résultat est souvent d'inverser le résultat recherché – que le dispositif a poussé les entreprises à ne plus embaucher des gens de 50 ans au prétexte que cinq ans plus tard ils seront devenus coûteux à faire partir. Question subsidiaire à l'heure où la question de l'« insécurité sociale » se trouve régulièrement posée au fil de l'annonce des plans sociaux : comment les principaux intéressés – les travailleurs – perçoivent-ils les mesures visant à assurer la sécurité et la protection sociale de l'emploi ? A partir du Panel européen de 1999 et de l'enquête *Work Orientations* de *l'International Social Survey Programme* (ISSP) de 1997 peuvent être construits différents indicateurs du sentiment de sécurité de l'emploi pour 23 pays de l'OCDE qu'on peut ensuite confronter à certaines mesures synthétiques des caractéristiques des institutions du marché du travail en vigueur dans ces mêmes pays. Si l'assurance chômage semble bien jouer un rôle protecteur contre le sentiment d'insécurité de l'emploi, en revanche une corrélation négative apparaît entre le sentiment de sécurité de l'emploi et l'indicateur de rigueur de la législation sur la protection de l'emploi. Cet indicateur synthétique construit par l'OCDE à la fin des années 1990 comporte trois dimensions principales : les dispositions fixant les conditions dans lesquelles un licenciement est « justifié » ou « abusif » et les sanctions prévues en cas de non respect de ces règles de base ; les procédures de notification que l'employeur doit respecter lorsqu'il entame le processus de licenciement ; les dispositions relatives aux délais de préavis et aux indemnités de licenciement, ces trois dimensions de l'indicateur synthétique étant étroitement liées. Même si les interprétations que l'on peut proposer de ces résultats restent spéculatives[1], il semble bien toutefois que la protection de l'emploi n'est peut-être pas la meilleure réponse que les travailleurs attendent au problème posé[2].s Plus généralement, la proposition de fiscaliser la protection de l'emploi pose un problème de fond important : « elle repose sur une vision de la règle de droit commun comme simple entrave au bon fonctionnement du marché. Or celle-ci est aussi une ressource pour les différents acteurs, ouvrant un espace de négociation où ce qui est en jeu est notamment de définir la valeur sociale de l'emploi. De plus cette proposition vide la notion de « responsabilité sociale » de l'entreprise d'une grande partie de son contenu en la réduisant à une simple question financière »[3].

Sécuriser le parcours professionnel des seniors ne consiste pas seulement à éviter leur licenciement, mais comporte aussi le recours à des programmes d'adaptation au marché du travail dont l'efficacité dépend énormément de leur environnement économique et du marché du travail. Ces programmes d'adaptation sont classés en trois catégories dans le rapport canadien que nous avons plus haut mentionné[4]. Interviennent en premier lieu les services actifs d'emploi et d'adaptation, expression utilisée pour tenir compte des initiatives qui ont été mises en place pour prolonger la vie active des travailleurs âgés jusqu'à l'âge normal de la retraite. Les services généraux d'adaptation faisant appel à des approches traditionnelles, comme le perfectionnement des compétences et le *counselling* ne sont ni

---

[1] Une législation de protection de l'emploi plus stricte tend à allonger simultanément la durée moyenne du chômage et la durée moyenne de l'emploi ; la législation diminue donc le risque individuel de perte de l'emploi, mais augmente le coût lié à la perte d'un emploi en réduisant les chances de retour à l'emploi, ce second effet paraît dominer le premier dans la perception qu'ont les salariés de l'insécurité de l'emploi.

[2] F. POSETL-VINAY et A. SAINT MARTIN, Comment les salariés perçoivent-ils la protection de l'emploi ?, *Economie et statistique* n° 372, 2004.

[3] J. GAUTIE, Faut-il taxer plutôt que réglementer les licenciements *? Connaissance de l'emploi, les 4 pages du Centre d'études de l'emploi* n° 5, juillet 2004. Dans le même sens, F. EYMARD-DUVERNAY, L'encadrement juridique du licenciement mis en question par les économistes, *Connaissance de l'emploi, les 4 pages du Centre d'études de l'emploi* n° 6, août 2004.

[4] *Les programmes d'adaptation pour les travailleurs âgés*, op. cité.

attrayants ni efficaces pour nombre de travailleurs âgés ; les programmes efficaces se caractérisent par un certain nombre d'éléments : des objectifs clairement définis en consultation avec les travailleurs âgés, des partenariats entre fournisseurs de service, des régimes de travail de rechange, des services de placement, le *counselling* par les pairs et une approche axée sur la communauté. Quant aux programmes de soutien de revenu, s'ils semblent un moyen efficace d'assurer la sécurité financière de ceux qui ont perdu leur emploi, ils constituent un désincitatif au réemploi. Enfin les stratégies visant à faciliter la transition entre le travail et la retraite (travail partagé, emplois à temps partiel, retraite progressive) permettent de garder un lien avec le marché du travail, de percevoir un revenu, d'atténuer les chocs financiers et émotifs qui sont souvent associés à la retraite complète ; un bon exemple serait en ce domaine le programme de retraite partielle de la Suède selon lequel les travailleurs ont accès à des prestations de retraite tout en demeurant actifs dans le marché du travail mais à un rythme réduit. L'inspection générale des affaires sociales dans le cadre de son rapport public pour 2004 a pu, à la suite de plusieurs enquêtes sectorielles et internationales auprès d'entreprises, de responsables des ressources humaines et de partenaires sociaux qui lui ont permis de dresser un large panorama des questions auxquelles la gestion des âges renvoie, formuler une série de propositions constructives regroupées sous quatre titres[1] :

- agir sur les conditions de travail, l'organisation du travail et la formation tout au long de la vie (instauration d'une incitation fiscale pouvant constituer un signal fort pour la formation et l'amélioration des conditions de travail ; initiation de démarches contractuelles avec les régions et les territoires comportant des objectifs en matière de gestion du personnel, de formation, de validation des acquis, d'amélioration des conditions de travail et d'organisation du travail).
- Faciliter les transitions entre activité et inactivité et mieux reconnaître le travail après la retraite (recentrage des

[1] F. BRUN, M. DUPONT et M. THIERRY, article cité.

exonérations de charges sur le temps partiel vers les périodes d'entrée et de sortie de la vie professionnelle ; stimulation des initiatives d'aménagement des fins de carrière en particulier par la promotion de la retraite progressive, la valorisation et la capitalisation des expériences d'expertise et de tutorat, le développement de crédits temps ; facilitation de l'activité après la retraite et reconnaissance du rôle social des retraités).

- Faciliter le maintien en activité ou le retour à l'emploi des seniors (remise en question à terme de la contribution Delalande ; formation en alternance permettant une reconversion ou une « seconde carrière » pour les travailleurs vieillissants avec suivi individualisé ; élimination des obstacles à la mobilité ; construction de véritables parcours professionnels utilisant très largement la validation des acquis de l'expérience ; diversification de l'offre de services en matière d'emploi et de formation).
- Mobiliser le corps social (communication auprès du grand public déconnectant la problématique de la gestion des âges de la réforme de la retraite ; communication prenant appui sur les courants anti-discrimination, la cible prioritaire en direction des entreprises étant les PME).

L'emploi des seniors est au menu de la réunion des partenaires sociaux de ce mois de mars 2005. La première séance le 10 mars laisse entrevoir que, si syndicats et patronat partagent l'objectif de relever le taux d'emploi des 55-64 ans qui plafonnait en 2004 en France à 39%, ils s'opposent sur les mesures à mettre en œuvre à cet effet. Le MEDEF propose d'assouplir les conditions d'utilisation des contrats à durée déterminées et de l'intérim pour les seniors continuant ainsi à se situer dans sa stratégie de flexibilité ; il préconise aussi d'abaisser le coût du travail en diminuant les primes d'ancienneté et en créant un contrat spécial bénéficiant d'allègement de charges sociales. Quant aux syndicats, ils défendent le rôle de la formation, de l'adaptation des postes de travail par le moyen de davantage d'autonomie, de charges physiques moins lourdes, etc., ainsi que la possibilité de départs progressifs à la retraite. La convergence relative aux méthodes pour changer mentalités et habitudes est donc loin d'être assurée.

L'observation des comportements actuels des entreprises peut conduire à des jugements peu glorieux: « l'idée de traitements différenciés des âges, et particulièrement des salariés vieillissants par rapport aux groupes d'âges plus jeunes, ne préoccupe pas vraiment l'acteur entreprise, sauf impérieuse nécessité dans les choix du management »[1]. L'analyse économique conduit à des jugements tout aussi inquiétants ; « en fin de compte, la tendance à la cessation anticipée d'activité apparaît particulièrement difficile à inverser. Il semble que l'on soit face à un bel exemple de « dépendance de sentier ». De ce point de vue, les politiques publiques, via le déploiement massif des dispositifs de préretraites ont contribué à faire émerger une « culture de la sortie précoce » (GUILLEMARD 2003) qui marque durablement les représentations aussi bien des chefs d'entreprise que des salariés eux-mêmes. C'est dans les entreprises où l'usage des cessations d'activité anticipées a été intensif au cours des dernières décennies que les salariés sont nombreux à souhaiter un départ précoce, y compris parmi les jeunes (Alexandre BAILLY et al. 2004). Certains ont même tendance à considérer qu'il s'agit là d'un contrat implicite - la préretraite apparaissant en quelque sorte comme une composante du paiement différé. Cependant, les représentations ne seraient pas, semble-t-il, seules en cause. Plus fondamentalement encore peut-être, les choix d'organisation et de technique ont sans doute été déterminants. Ils ont pu fortement contribuer, notamment dans l'industrie, à renforcer cette « dépendance de sentier » par un phénomène de « verrouillage » organisationnel et technologique »[2]. Pourtant les moyens d'assurer la sécurisation des parcours professionnels des seniors devraient pouvoir s'imposer à l'ensemble des acteurs sociaux. C'est du côté de la demande de travail qu'il faudrait agir en modifiant les représentations et pratiques des entreprises : « l'articulation des transitions d'âge impose une adaptation des conditions de travail, des compétences, de la formation

---

[1] A. GOGUEL D'ALLONDANS, article cité.
[2] J. GAUTIE, article cité p.39-40.

continue, des rémunérations et des trajectoires professionnelles... La véritable question est l'instauration de stratégies anticipatrices, car c'est l'organisation du travail qui détermine les capacités d'apprentissage des salariés vieillissants et non l'inverse »[1]. En d'autres termes il conviendrait, suivant une formule célèbre, de conjuguer le pessimisme de la réflexion et l'optimisme de l'action.

[1] A. GOGUEL D'ALLONDANS, article cité.

L'âgisme dans le milieu professionnel

Patrick Micheletti,
Michel E. Philip,
Marc Richevaux

Ces travaux étudient « l'âgisme » dans le cadre professionnel, concept dont la découverte est attribuée à Robert BUTLER (1969)[1]. Ce terme est apparu dans la terminologie anglo-saxonne pour indiquer les discriminations dues à l'âge, comme le racisme et le sexisme désignent une discrimination fondée respectivement sur l'origine ethnique et le genre. En France, ce type de discrimination a deux visages puisqu'il touche les jeunes (15-24 ans) et les seniors (50-64 ans). Par exemple, de mars 2001 à mars 2002, le taux de chômage des plus de 50 ans a progressé de 3,4% et celui des moins de 25 ans de 14%, contre une progression de 0,5% pour l'ensemble des chômeurs. Notons toutefois qu'en 2002[2], le taux de chômage des plus de 50 ans reste inférieur à celui de l'ensemble de la population active (6,7% contre 9%)[3]. Plus généralement, ce phénomène est disparate puisque, si le taux de chômage des jeunes en Europe s'établit à 17,3% des actifs de moins de 25 ans (15,9% des jeunes hommes et 19% des jeunes femmes), il ne concerne que 7,5% des jeunes Danois contre 37,9% des jeunes Polonais.

En 1982, en abaissant l'âge de la retraite de 65 à 60 ans, nos responsables politiques s'attendaient à voir le problème du chômage des jeunes Français se résorber sous les effets conjugués d'une réduction future du nombre de jeunes entrant sur le marché du travail,

---

[1] Les travaux initiaux de BUTLER (1969) montraient que le manque d'interactions (au sens d'expériences directes) avec les personnes âgées amène les autres générations à avoir des considérations négatives par manque d'informations (i.e. à des stéréotypes négatifs). Voir également PALMORE E.,

[2] Premières informations, premières synthèses, février 2002.

[3] INSEE conjoncture, mars 2002.

d'un départ à la retraite massif des seniors conforté par un vieillissement démographique de notre pyramide des âges et d'une croissance économique soutenue[1]. Mais ce fut insuffisant.

Puis le passage des 39 heures aux 35 heures a ravivé l'espoir, mais rien n'y a fait. Hélas, en 2005, d'une part le chômage des jeunes a explosé en s'établissant à plus de 22% (environ 450 000 jeunes de moins de 25 ans pointent à l'ANPE), soit plus du double du taux de chômage moyen qui est aujourd'hui d'environ 10% en France[2]. Concernant les seniors, bien que leur taux d'emploi n'ait pas sensiblement varié ces dernières années[3], il s'établit en 2003 à 75% pour les 50-54 ans, il tombe à 48% pour les 55-59 ans et se réduit à 10% pour les 60-64 ans. Cette baisse s'explique surtout par l'existence de dispositifs publics qui offraient, jusqu'à très récemment, de faibles incitations à la prolongation de l'activité, ce qui pose dès lors des problèmes de financement à notre système de retraite par répartition[4]. Le dilemme est ardu car l'augmentation de la durée de cotisation pour le calcul des retraites implique de conserver dans l'entreprise des salariés âgés au détriment des plus jeunes et donc risque d'accroître le chômage des 15-24 ans... Or, les DRH privilégient plutôt les préretraites et les plans sociaux visant les salariés les plus âgés parce que plus coûteux dans la masse salariale (i.e. avec une idée d'externalisation des coûts sociaux)[5]... ce qui devrait laisser la place aux jeunes mais cela ne se produit pas vraiment !

---

[1] Pour le commissariat au plan, le pourcentage des sexagénaires passera de 18,1 % en 1985 à 29,9 % en 2040.

[2] i.e. plus de 2,5 millions de personnes dont plus de 750.000 sont en recherche d'emploi depuis un an et plus.

[3] Notons qu'on obtient des résultats très différents si l'on calcule en nombre d'individus… et non pas en pourcentage d'inactif/actif.

[4] Par exemple, un chômeur de 57,5 ans n'est plus tenu de chercher du travail pour percevoir ses indemnités de chômage. Le nombre de « dispensés de recherche d'emploi » (DRE) s'élevait à plus de quatre cent mille en 2003 et en augmentation de 15% l'an… Voir également http://www.senat.fr/rap/r03-069/r03-069_mono.html. Voir A.-M. Guillemard (1993, 2003) sur les problèmes de cotisations et de retraite par répartition.

[5] Eurolink Age 1993, Discrimination fondée sur l'âge contre les travailleurs âgés de la Communauté européenne.

Aujourd'hui, sur le marché du travail français, deux tranches d'âge sont touchées par le chômage sans qu'avec le temps leur situation ne semble s'améliorer :

- les plus jeunes (statistiquement les 15-24 ans) qui souhaitent y entrer (mais seulement un jeune de 25 ans sur deux a une chance d'avoir un CDI) ;
- les plus âgés (statistiquement les 50-64 ans) qui se distinguent par un des plus faibles taux d'emploi de l'Union Européenne (Cf. le tableau ci-après) et qui souvent souhaiteraient s'y maintenir1.

Selon Mireille ELBAUM et Olivier MARCHAND (1993), les politiques menées depuis vingt cinq ans ont fait de la France le « pays », tout comme l'Italie ou la Belgique, d'une seule génération au travail, les 25-49 ans (sic !). Mais est-ce dû a un âgisme ou pas ?

Taux d'emploi par tranche d'âge et par genre au printemps 2000 (%)

	Femmes			Hommes		
	50-54 ans	55-59 ans	60-64 ans	50-54 ans	55-59 ans	60-64 ans
France	66,1	42,5	9,8	83,8	53,8	10,6
Allemagne	64,7	46,6	12,1	83,8	99,1	27,2
Espagne	35,6	24,8	14,8	82,1	68,4	39,5
Italie	37,8	22,9	7,5	78,9	50,8	29,4
Pays-Bas	55,5	38,6	11,0	86,7	69,2	26,3
Suède	83,7	76,6	43,2	84,0	80,4	49,1
Royaume-Uni	70,4	55,9	25,4	81,4	70,8	47,3
UE-15	57,7	40,6	14,7	82,5	63,4	30,9

Source : Eurostat, Enquête sur les forces de travail 2000

Nous dresserons un état de la situation européenne et celui de quelques uns de nos principaux partenaires commerciaux de l'OCDE, pour montrer qu'il y a bien présomption d'âgisme (1), puis nous nous pencherons sur les principaux raisonnements et croyances soutenant les différentes formes de ces discriminations « âgistes » (2).

[1] http://www.cor-retraites.fr/IMG/pdf/doc-277.pdf

PRESOMPTION D'AGISME : ETAT DES LIEUX

Nous allons d'abord étudier la situation globale du chômage dans l'Europe sociale élargie (source : Eurostat, décembre 2004) puis celle des seniors et enfin celle des juniors.

Classement des pays selon leur taux d'emploi (en %)
(chiffres de 2000, sauf Etats-Unis et Japon : 1999)

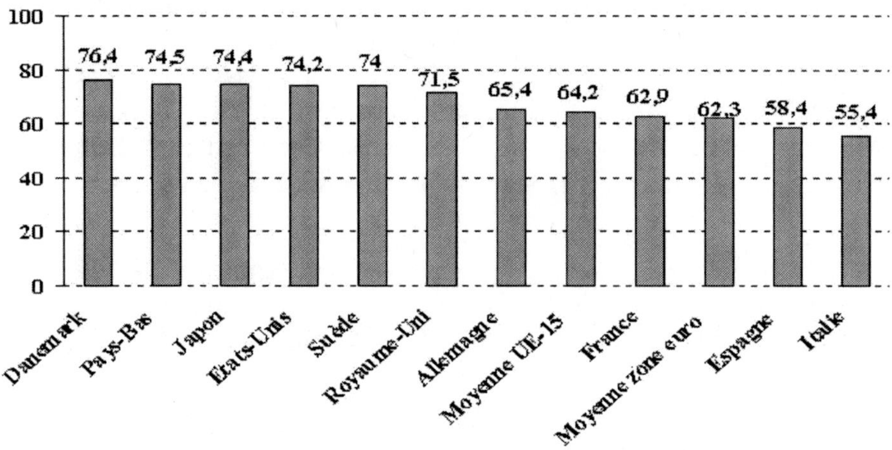

Un classement des principaux pays développés en fonction de leur taux d'emploi global (toutes générations confondues) montre que la France est très mal placée. Il indique également qu'un « mauvais » taux d'emploi global entraîne mécaniquement de désastreux taux d'activité des jeunes et des seniors. Toutefois, on doit faire deux remarques :

- Les statistiques mondiales s'établissent sur une fourchette d'âge de 15 à 64 ans, alors qu'en France, par exemple, la scolarité obligatoire jusqu'à 16 ans induit un biais de 2% sur les objectifs et sur les engagements pris à Lisbonne 2000, Stockholm 2001… (TADDEÏ: 2001)1,2 ;

[1] http://www.forumgc.org/article.php3?id_article=65

[2] Le premier objectif européen, fixé à Lisbonne, est celui d'un taux d'emploi des personnes en âge de travailler (de 15 à 64 ans) de 70% en 2010, dont 60% pour les

- Il n'est pas ou peu tenu compte du taux d'activité des seniors de 65 ans et plus, qui sont l'exception en Europe alors qu'ils sont actifs à 16% aux Etats-Unis en 2002 par exemple[1].

Ajoutons de plus que l'écart de croissance entre les Etats-Unis, la France et la zone euro ne laisse présager aucune amélioration rapide de la situation, voire même une réduction des marges de manœuvre des politiques économiques européennes.

Comparaison entre la croissance aux Etats-Unis, dans la zone euro et en France

	2001	2002	2003*	2004*
Etats-Unis	0,3	2,4	2,4	3
Zone euro	1,5	0,9	0,5	1,7
France	2,1	1,2	0,5	1,7

*Prévisions.

Source : Rapport économique, social et financier, annexé au projet de loi de finances pour 2004

femmes… avec un objectif intermédiaire pour janvier 2005, de 67% (dont 57%, pour les femmes), ce qui suppose une progression du taux d'emploi d'environ 1% par an, c'est à dire de plus de 300.000 créations nettes. *Mais si l'emploi se décrétait, le problème aurait déjà disparu !*

[1] Voir également sur les pratiques dans le monde, l'étude TRANSPOOL de LESEMANN F. (2003).

Les taux de chômage en Europe et dans le monde sont très disparates comme le montrent le tableau et le graphe 2 ci-après.

Taux de chômage	**Global**	**le plus faible**	**le plus élevé**
Européen élargi à 25	8,9%	Irlande 4,3%	Pologne 18,3%
Moins de 25 ans zone euro	17,3%	Danemark 7,5%	Pologne 37,9%)
Seniors (55-64 ans) dans la zone euro	39,8%	Pologne, Autriche, Italie, Espagne, Belgique et Luxembourg (≤30%)	Suède (±70%) et Danemark (>60%)[1].

Source Eurostat : Décembre 2004

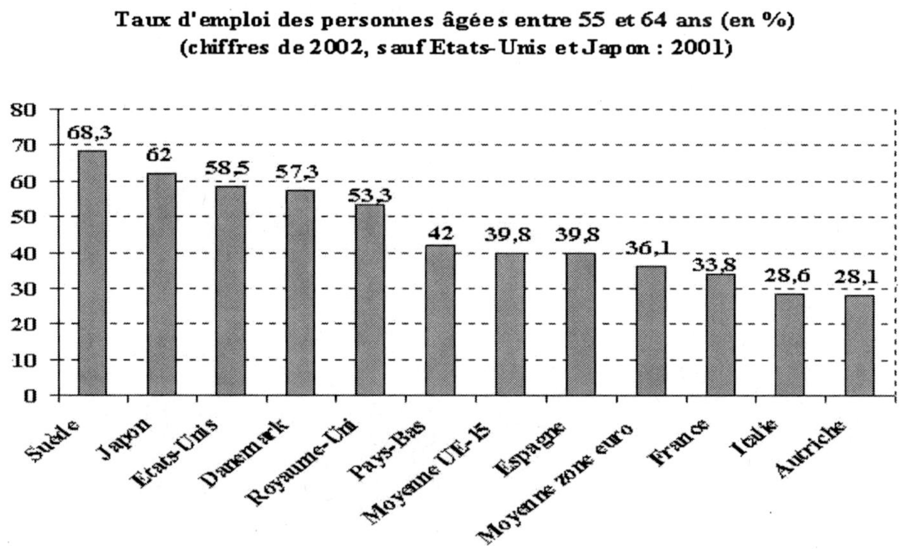

Graphique 2 (source Eurostat)

[1] www.eurofound.eu.int/ewco/reports/FR0407TR33/FR0407TR33.pdf
et www.travail.gouv.fr/publications/picts/titres/titre2315/integral/2005.01-04.1.pdf.

Selon Patrick AUBERT (2003) « Près d'un salarié du privé sur cinq a plus de 50 ans en 2000 »1, c'est dire l'importance du sujet. En matière de taux d'emploi des seniors, avec 33,8%, la France se classe 23ème sur 29 de nos partenaires de l'OCDE en 2001. Cette piètre performance est attribuée aux lois incitant à un recours massif à des mesures passives d'âge (i.e. les préretraites par exemple) pour diminuer l'impact des licenciements massifs, durant les années 1980-1990 et au fait que les seniors subissent, comme nous le verrons ci-après, une vraie discrimination « âgiste » sur le marché du travail2. Mais constatons qu'un phénomène de vases communicants (i.e. de substitution), sous la bienveillance de la plupart des administrations, s'est mis en place. En effet, si entre 1998 et 2002, les entrées dans tous les dispositifs de cessation anticipée d'activité baissent d'environ 60%, concomitamment le nombre de DRE (voir note 10) et les indemnités journalières pour arrêts maladie de longue durée (pour les 55-59 ans) ont augmenté du même montant, voire d'un peu plus ? (DEVILLECHABROLLE 2004). Et, même si les mesures actives de la politique de l'emploi pour les séniors (formations, primes, aides...) progressent, les mesures passives restent aujourd'hui très majoritaires (ADJERAD 2003).

L'aspect non plus conjoncturel mais structurel de cette situation a des conséquences particulièrement néfastes pour les comptes sociaux de la plupart des états sur le vieux continent. L'Union européenne (UE ci-après) s'est donc donnée pour objectif d'atteindre un taux d'emploi de 70% en 2010 (sommet de Lisbonne de 2000) et un taux d'emploi de 50 % pour la tranche d'âge 55-64 ans (sommet de Stockholm de 2001)[3]. Comment y arriver ? Sans aucun doute grâce à des dispositifs de type contribution « Delalande » ou similaires... C'est à dire soit en taxant lourdement les entreprises qui licencient leurs salariés âgés (ce qui est actuellement le cas des Pays-Bas et plus modestement de la

[1] INSEE Première n° 910, juillet 2003.

[2] Voir X. GAULLIEr (1993), A.-M. GUILLEMARD (1993, 2003) et B. MAJNONI D'INTIGNANO (1998) sur les dispositifs institutionnels ayant entraîné l'âgisme dans l'emploi.

[3] Sur le projet européen de lutte contre les discriminations Equallité voir Danièle GINISTRY 2003 et Violette QUEUNIET 2003 sur l'âgisme.

France...) ou en subventionnant les entreprises vertueuses avec les seniors (cas de l'Allemagne..., la Suède et le Danemark privilégiant la négociation)[1].

Concernant le chômage des jeunes de 15 à 24 ans dans l'UE, les débours publics explosent. La France dépense ainsi deux fois plus pour l'insertion des jeunes que la Grande-Bretagne, quatre fois plus que l'Allemagne et dix fois plus que les USA ou la Suède...

En 2000, le budget public français pour l'emploi des jeunes atteint 36 milliards de francs (8 milliards de plus qu'en 1999). Elle représente 0,41 % du PIB mais malgré cet effort financier, le plus important des pays de l'OCDE, le pourcentage des jeunes chômeurs français s'établit à 20,7% pour l'année 2000, soit à peu près le double de la moyenne nationale (env. 10%) et des pays de l'OCDE (11,8%). Le tableau ci-après chiffre exhaustivement la situation.

	Actifs occupés	Chômeurs	Scolarisés	Inactifs	Total
15-19 ans	253 727	76 638	3 436 588	60 946	3 827 899
20-24 ans	1 585 316	345 068	1 631 323	183 388	3 745 095

Source : Enquête emploi Mars 2001

Notons toutefois que cette perception du chômage des jeunes est biaisée parce que les pourcentages des inactifs sont mesurés par rapport aux jeunes actifs (i.e. employés ou en recherche d'emploi) afin de minimiser ce taux[2]. Et malheureusement, malgré cet artifice, la France détient le triste record d'avoir le plus faible nombre de jeunes

[1] http://www.travail.gouv.fr/etudes/pdf/DE96.pdf pour une analyse des méthodes appliquées en Suède, en Finlande, au Danemark, au Pays Bas, au Royaume Uni et en Allemagne. Ces travaux possèdent de plus une bibliographie exhaustive sur le sujet.

[2] Rappelons que pour l'INSEE, la part des chômeurs est la proportion de chômeurs dans la population totale. Cet indicateur est plus faible que le taux de chômage qui mesure la proportion de chômeurs dans la seule population active. Il est utilisé pour nuancer le très fort taux de chômage parmi les jeunes de moins de 25 ans. Comme beaucoup de jeunes sont scolarisés et que relativement peu ont un emploi, leur taux de chômage est très élevé alors que la proportion de chômeurs dans la classe d'âge est beaucoup plus faible.

actifs de tous les pays de l'OCDE. Globalement, entre 1975 et 1997, cette espérance « apparente » de chômage a doublé pour les 15-24 ans et triplé pour les 50-64 ans. Rappelons que 70% des jeunes (15-24 ans) travaillent au Royaume-Uni, 52,5% en Allemagne, contre moins de 30 % en France. Au-delà de son caractère « artificiel », ce chiffre indique toute l'inefficience des politiques de l'emploi des jeunes en France bien que dotées des plus importants moyens financiers[1].

L'âgisme a donc deux visages. Tandis que la progression du chômage en France n'était que de 0,5% (entre 03/2001 et 03/2002)[2], les plus de 50 ans ont vu le nombre de leurs chômeurs progresser de 3,4% et celui des 16-24 ans de 14% (17,3% des actifs européens de moins de 25 ans, 15,9% des jeunes hommes et 19% des femmes). Mais à notre sens, le problème se focalise dans « l'ancienneté moyenne passée au chômage » qui s'avère être proportionnelle à l'âge : 7,5 mois pour les 15-24 ans[3], 14,7 mois pour les 25-49 ans et 24,4 mois pour les plus de 50 ans[4]. On peut donc en conclure que l'âge, à cause de la perte d'employabilité inscrite dans la durée du chômage, est un facteur de discrimination âgiste à l'embauche (i.e. suffisant pour que la candidature soit non seulement refusée mais le plus souvent écartée). En effet, à l'exception du secteur tertiaire, plus de la moitié des entreprises ayant des difficultés d'embauche n'envisagent pas l'embauche de seniors[5], [6].

---

[1] La France ne signe que 373 000 contrats d'apprentissage contre 1,5 millions en Allemagne, 154 000 contrats de qualification, 45 000 contrats d'adaptation et d'orientation... et la formation des jeunes les plus défavorisés est le plus souvent laissée de côté. En effet, en 2000, les jeunes Français n'ayant aucun diplôme sont chômeurs à plus de 35% contre un peu plus de 10% pour les bac +2, 20% pour les titulaires de CAP et BEP (source iFray)...

[2] *Premières informations, premières synthèses*, février 2002.

[3] Sous réserve des biais sus-explicités.

[4] Activité professionnelle et vieillissement, Dossiers thématiques INSEE, *Liaisons sociales*, DARES, 19, 2001.

[5] Enquête ESSA (Les entreprises se préoccupent peu du vieillissement démographique, de Claude MINNI et Agnès TOPIOL) parue dans *Premières informations et premières synthèses*, avril, 15/2, 2002, voir aussi JOLIVET 2001.

[6] Selon l'enquête ANPE-DDTEFP92-MCC réalisée par l'ANPE de Paris-La Défense (Mobilités 2001), 95% des 72 recruteurs sondés disent que l'âge n'est pas

En revanche, les difficultés des jeunes entrant sur le marché du travail sont plus liées au manque ou à l'inadéquation de leurs qualifications avec les emplois proposés (250 à 300.000 emplois n'ont pas été pourvus en 2004). Même si le « diplôme » semble être une arme efficace (ou un indicateur de potentiel pertinent) contre le chômage (THUROW, 1975), les critères discriminants sont dans ce cas le manque d'expérience et les stéréotypes concernant les 15-24 ans (i.e. manque de sérieux, refus de l'effort...).

Cela nous permet de tirer un autre constat. Il existe une très grande disparité dans les situations nationales et donc la possibilité de s'inspirer des solutions fonctionnelles trouvées par nos partenaires. D'ailleurs, suite au rejet français du traité constitutionnel, le 29 mai 2005, notre nouveau gouvernement s'est donné pour priorité absolue : la lutte contre le chômage. C'est ainsi que le modèle danois de *flexsécurité,* meilleur élève européen concernant le chômage, est omniprésent dans les discours du gouvernement français[1]. La *flexsécurité* est l'association d'une grande flexibilité du marché du travail, d'une protection sociale élevée (semblable à celle donnée par le droit social français) et d'un système d'insertion et de formation efficace pour les demandeurs d'emploi. Autrement dit, la législation sur l'emploi est assez souple mais assortie de certaines protections et avec des prestations sociales renforcées en cas de chômage[2]. Le fait de porter, pour les jeunes employés dans les TPE, la période d'essai en CDI à 24 mois revendique l'utilisation d'une logique similaire, sans cependant aller jusqu'au bout de la démarche puisque rien n'est prévu

---

un critère de sélection d'embauche pour un consultant extérieur ou un intérimaire, mais ils ne sont plus que 75% à envisager une embauche en CDI – quand il n'existe pas de limite d'âge fixée réglementairement. La gestion d'une pyramide des âges « vieillissante » fait peur, et elle est en tout cas déconseillée par tous les manuels de RH.

[1] L'orthographe du concept *Flexsécurité alias Flex-sécurité* alias *Flexisécurité* n'étant pas encore normalisée, c'est celle du premier terme que nous avons choisie.

[2] Par exemple au Danemark, les prestations chômage sont élevées pour les bas salaires, mais plafonnées à 2000 € pour les gros salaires. Sur le marché du travail danois, on consultera le rapport de Pierre MEHAIGNERIE http://www.assemblee-nationale.fr/12/rap-info/i1913.asp.

comme accompagnement des intéresses à la sortie sans emploi de la période d'essai ; d'ailleurs, après l'effet d'annonce, la mesure n'est plus à l'ordre du jour sous cette forme et se limiterait à une simplification des règles relatives au licenciement[1], ce qui revient à privilégier la seule flexibilité.

Maintenant que nous venons d'établir qu'il existe de fortes présomptions statistiques d'âgisme, interrogeons-nous sur les différentes études et les divers raisonnements âgistes utilisés.

DES DISCRIMINATIONS AGISTES

En France, c'est parce qu'un retournement démographique s'annonce pour 2001-2005 (GINISTY et SANTELMANN 2001) et parce qu'une loi relative à la lutte contre les discriminations (2001-1066 du 16 novembre 2001) a été votée, que l'âgisme connaît un regain d'intérêt. Notons qu'il avait déjà fait l'objet d'un rapport de la Communauté Européenne en 1993 (DRURY 1993). Autrement dit, toute forme de discrimination n'est plus socialement correcte, surtout auprès de travailleurs seniors dont on aura impérativement besoin pour maintenir l'activité économique dans de nombreux secteurs. En effet, selon l'Insee en 2001, les seniors (50-64 ans) représentent en France 14,9% des emplois non qualifiés, 17,7% des emplois qualifiés et 22,6% des emplois très qualifiés… d'où l'interrogation : comment modifier nos pratiques « traditionnelles » de gestion d'une main d'œuvre vieillissante ?

Hélène GARNER-MOYER (2003), dans sa remarquable étude sur la discrimination et l'emploi réalisée pour la DARES, remarque que les travaux économiques précurseurs en la matière sont d'origine américaine (d'abord BECKER 1957 puis ARROW, PHELPS et AKERLOF dans les années 70). Ces deux courants sont différenciés. Pour Gary BECKER la discrimination visant certaines catégories d'employés s'analyse en termes de goût, car certains acteurs (employeurs, employés ou clients…) souhaitent ne pas être en contact

[1] Déclaration de Jean-Louis BORLOO, ministre du Travail, site Internet du Premier Ministre.

avec ces minorités (ethniques, de sexe ou d'âge différents...). Plus généralement, pour MANKIW N. Gregory (1997 : 408), la discrimination est « l'offre d'opportunités différentes à des individus analogues qui ne diffèrent par exemple que par la couleur de la peau, l'appartenance à une ethnie, le sexe ou l'âge ». Le second courant d'analyse développé par les économistes ARROW (1972), PHELPS (1977) et AKERLOF (1984), sans doute à la suite des travaux de BUTLER (1969), le premier directeur *of the National Institute on Aging* entre autres[1], pense que les croyances des acteurs à l'égard de certaines catégories de personnes fondent la discrimination. Ces stéréotypes sont basés sur l'incertitude et l'incomplétude informationnelle et pourraient même souvent être qualifiés de discrimination statistique. Constatons que BUTLER (1969) a été un précurseur et qu'il n'existe à notre connaissance peu d'autres théories spécifiques sur l'âgisme. Bien que cette discrimination puisse être directe ou indirecte, intentionnelle... elle diffère des autres facteurs discriminants (sexe, ethnie...) puisqu'elle évolue dans le temps. De plus, chaque culture nationale a des « particularismes » qui empêchent de déterminer des standards universels de « senioritude » par exemple (i.e. à quel âge est-on trop jeune ou trop vieux pour travailler ?), ce qui complique notablement son étude. Dans la culture française, et particulièrement dans l'imaginaire des employeurs, il existe un postulat très fort d'une corrélation négative âge/efficacité au travail (VOLKOFF, MOLINIE, JOLIVET 2000 : 15-20) bien qu'avec une autre méthode (introduisant donc d'autres biais) CREPON B., DENIAU N. et PEREZ-DUARTE S. (2003) relativisent l'écart productivité/salaire[2].

---

[1] Les études françaises essentiellement sociologiques appartiennent à ce courant et datent des années 90.

[2] Même si un léger décrochage se produit vers 55 ans, la productivité des seniors n'est significativement pas inférieure à leur salaire...

Agisme et législation

La voie choisie pour lutter contre l'âgisme a été d'instaurer des lois contraignantes pour les employeurs. La théorie économique, avec la théorie des « contrats à paiement différé » (LAZEAR 1979, CARMICHAËL 1983 a&b&c, ROSEN 1985, NEUMARK et STOCK 1997, LEMISTRE et PLASSARD 2000), a essayé de modéliser l'idée de GVT (Glissement Vieillesse Technicité). Dans un contrat de travail, lorsque le résultat de l'effort n'est pas forcément observable, un système de promotion à l'ancienneté assorti d'un salaire de départ inférieur à la productivité du salarié mais croissant avec son ancienneté pour finir par être supérieur à sa performance[1], est plus efficace. Cette évolution permet de résoudre l'aléa moral présent dans toute situation salariale. D'une part, les salariés sont enclins à rester dans l'entreprise, et cette dernière ne peut les licencier sans que les nouveaux entrants ne se révoltent contre la rupture de ce contrat implicite. Ajoutons de plus que : « *Le paiement des rémunérations à l'ancienneté renforce le caractère incitatif du contrat implicite pendant que la coalition garantit son caractère auto-exécutoire. Par opposition, les rémunérations au mérite, forcément subjectives, sont considérées comme arbitraires et inéquitables par les opérateurs les moins qualifiés quand ils ne disposent pas d'une marge d'autonomie suffisante pour différencier leurs performances distinctives* (PLASSARD et LEMISTRE 1997 : 17) ».

Si logiques et séduisantes que soient ces théories, dès que le marché de l'emploi est « déréglé » (avec plus de 4,5 à 5% de chômage) et que la situation économique induit un problème de survie pour l'entreprise (qu'il soit réel ou annoncé pour satisfaire les actionnaires ?), l'accord implicite et collectif ne tient plus, et le recours à des cessations anticipées d'activité a quand même lieu en violation de l'usage. La rationalité pousse alors les firmes à licencier les employés les plus onéreux, donc les plus anciens... Augmenter légalement le coût de séparation des salariés âgés (cf. la contribution

[1] Sur le paiement et la performance, voir une des premières analyses de MEDOFF J. & K. ABRAHAM 1981.

Delalande 1987) peut avoir entre autres effets négatifs, de pousser les firmes à anticiper et à dissuader l'embauche de salariés proches de l'âge limite, sans avoir forcément l'effet de rétention espéré, si l'on en croit les statistiques (BEHAGHEL et al. 2004, POSTEL-VINAY & SAINT MARTIN 2004).

Comme toujours, l'évolution du droit et des législations se fait en décalage et suit celle de la situation économique et démographique. En France, la Déclaration des droits de l'homme, la Constitution de 1958 et le préambule de la Constitution de 1946 condamnent toute discrimination dans le travail mais sans référence à la notion d'âge. Dans un texte législatif, c'est la loi du 2 Août 1989 qui utilise pour la première fois la notion de salarié âgé afin de les protéger contre les licenciements (dans les critères fixant l'ordre de licenciement et en tenant compte de leur réinsertion difficile...). L'article L.122-45 (modifie la loi 2001-1066 du 16 novembre 2001) du code du travail prohibe toute forme de discrimination, dont l'âge ; l'article 122-45-3 (transpose la directive européenne 2000/43/CE du 29 Juin) stipule « Les différences de traitement fondées sur l'âge ne constituent pas une discrimination lorsqu'elles sont objectivement et raisonnablement justifiées par un objectif légitime, notamment par des objectifs de politique de l'emploi, et lorsque les moyens de réaliser ces objectifs sont appropriés et nécessaires. Ces différences peuvent consister en :

(1) l'interdiction de l'accès à l'emploi ou la mise en place de conditions de travail spéciales en vue d'assurer la protection des jeunes et des travailleurs âgés ;

(2) la fixation d'un âge maximum pour le recrutement, fondée sur la formation requise pour le poste concerné ou la nécessité d'une période d'emploi raisonnable avant la retraite[1]. »

La Finlande, l'Irlande ou encore la Belgique par exemple ont également adopté des lois contre les discriminations. La directive

---

[1] Les droits et obligations des fonctionnaires sont ainsi modifiés par l'article 10 : « De même, des conditions d'âge peuvent être fixées, d'une part pour le recrutement des fonctionnaires lorsqu'elles visent à permettre le déroulement de leur carrière, d'autre part, pour la carrière des fonctionnaires, lorsqu'elles résultent des exigences professionnelles, justifiées par l'expérience ou l'ancienneté requises par les missions qu'ils sont destinés à assurer dans leur corps, cadre d'emplois ou emploi. ».

européenne (2000/78/CE du 27 novembre) donne un cadre général en faveur de l'égalité de traitement en matière de travail et d'emploi. Même aux Etats-Unis qui possèdent une législation sociale peu contraignante, l'ADEA de 1967 (Age Discrimination in Employment Act)[1] est une loi fédérale proscrivant la discrimination en raison de l'âge. Elle protège les travailleurs de plus de 40 ans de toute discrimination issue de l'employeur (i.e. toute organisation privée ou publique de plus de 20 salariés) et concerne le recrutement, la formation, la promotion, la rémunération, le licenciement… et toutes les pratiques liées à l'emploi. La difficulté de lutte contre l'âgisme est montrée par un sondage « Louis Harris » (1989) qui indique que plus d'un million de travailleurs américains (50-64 ans) ont été sortis, contre leur gré bien sûr, du marché du travail.

Nous partageons ainsi l'avis d'Annie JOLIVET 2001 : nous n'augmenterons le taux d'activité des 50-64 ans que si l'on arrive à infléchir concomitamment les comportements de l'offre (employeurs) par des politiques favorisant le maintien des travailleurs âgés dans l'emploi, mais également en agissant sur la demande en améliorant l'employabilité des employés âgés.

Une récente étude de Patrick AUBERT et Bruno CREPON (2003) montre en effet que les salariés âgés, bien que mieux payés, sont pourtant moins diplômés mais plus qualifiés que la moyenne des employés, et que la productivité des plus de 45 ans continue toujours à progresser mais avec des rendements décroissants. Ces constats appellent deux remarques : d'une part, la baisse des charges sur les bas salaires handicape l'emploi des 50-60 ans, alors que l'écart relatif de la productivité pondérée par le salaire entre jeunes de moins de 25 ans et les seniors de plus de 55 ans varie en moyenne de 3% pour les qualifiés à 4,5% pour les plus qualifiés (AUBERT et CREPON 2003 : 90), ce qui est très faible. D'autre part, on ne connaît pas le niveau de

[1] L'EEOC (Equal Employment Opportunity Commission) est la commission qui reçoit les plaintes concernant les discriminations prohibées par l'ADEA, enquête et engage des poursuites judiciaires… En 1990, l'ADEA a été amendé par le OWBPA (Older Workers Benefit Protection Act) qui interdit et condamne les employeurs réduisant les avantages des seuls salariés âgés.

qualification des employés âgés victimes de licenciements ; tout le problème est là. En effet, s'ils sont (très) qualifiés, un des remèdes serait une diminution des charges sociales. Par contre s'ils sont peu qualifiés, les former afin qu'ils aient une meilleure employabilité s'impose... mais nous allons y revenir ci-après.

Agisme, forme d'emploi et relation de travail

Concernant les différentes formes d'emploi que sont l'intérim, les contrats aidés et le temps partiel, la situation française en 2000, est assez simple. En effet, l'intérim emploie plutôt des jeunes (44% des moins de 25 ans, 32% de 25-34 ans et 8% de plus de 45 ans)[1]. Concernant les contrats aidés par l'Etat, on pourrait dire qu'il y a égalité puisque les jeunes et les chômeurs de plus de 50 ans sont les populations les plus en difficultés et donc les cibles privilégiées des politiques d'emploi destinées à favoriser leur insertion dans l'emploi (cf. les contrats initiative emploi CIE et contrats d'accompagnements dans l'emploi CAE (Décret 2005-243 du 17.03.2005), les contrats d'avenir CA (Décret 2005-242 du 14.03.2005), contrat d'insertion dans la vie sociale CIVS (Décret 2005-241 du 14.03.2005) et autres TRACE : Trajet d'accès à l'emploi, emplois jeunes, contrats emploi-solidarité : CES, contrats emploi consolidé : CEC qui les ont précédés...). Enfin et selon l'Insee, le temps partiel semble moins subi pour les seniors[2]. En effet, plus d'un tiers des moins 50 ans souhaiterait travailler davantage contre moins d'un quart chez les plus de 50 ans.

Ceci étant posé, dans la relation d'emploi en Europe, une différence basée sur l'âge est admise lorsqu'elle est justifiée et proportionnée à la spécificité des buts, des objets ou des difficultés rencontrées. De plus, dans une vie, chaque individu subit les mêmes avantages et inconvénients liés à l'âge (i.e. le temps faisant son office, il semble inutile d'avantager plus une classe d'âge que les autres, car nous les parcourons toutes). Pourtant, ce traitement inégalitaire, qu'est

[1] *Premières informations, premières synthèses, août 2001.*
[2] *Premières informations, premières synthèses, avril 2002.*

l'âgisme, existe, persiste et se matérialise par des incitations au départ volontaire, un moindre accès à la formation... Deux stéréotypes sont aux fondements de ces croyances :

- Pour cause de compétitivité, la firme n'a pas à employer ou à conserver au sein de son personnel les maillons faibles (i.e. les employés âgés ou insuffisamment compétents qui ne sont pas ou plus suffisamment productifs) quand elle peut externaliser auprès de la collectivité, tout ou partie du coût social de leur éviction1.
- La rentabilité de l'employé est une fonction décroissante de son âge. C'est un investissement de long terme qui n'est « statistiquement rentable » qu'à une seule période de sa vie professionnelle (entre 25-49 ans). En effet, avant qu'il ne débute sa vie professionnelle, l'entreprise préfère le voir assumer les frais de sa formation bien qu'elle soit d'accord pour lui donner une formation si elle est idiosyncrasique. L'individu est ainsi formé, mais durant cette période, il coûte plus à l'organisation et à l'Etat qu'il ne rapporte. Dès qu'il est « opérationnel » (i.e. spécifiquement formé), il devient rentable parce que sa productivité est supérieure à son salaire additionné des impôts et charges sociales. Mais pour les employeurs et les GRH, au-delà de 50, 55 ou 60 ans (à chacun selon sa croyance)... son salaire est plus élevé, tout comme le risque d'obsolescence de ses compétences (qui sont sans doute déjà anciennes et inadaptées aux technologies émergentes puisque les seniors ne sont plus formés) et, même à productivité égale, le potentiel de croissance de sa rentabilité sera négatif ou nul, ou au mieux très faiblement positif (si l'on veut être optimiste). Les possibilités opportunistes ont changé de camp et la croyance entrepreneuriale selon laquelle le salaire est fonction croissante de l'ancienneté tandis que la

[1] La question de la charge du financement de cet apprentissage intégratif réapparaît également dès que l'on étudie les flux d'embauche par rapport à l'expérience (VINCENS 1997 : 19-20). Qui de l'Etat, de l'entreprise ou du salarié doit supporter ces coûts irrécupérables (au sens de Williamson 1985...) ?

performance salariale y est inversement proportionnelle… scelle le sort des seniors en précipitant leur départ.

L'entrepreneur, même s'il ne souhaite pas tricher, peut y être amené sous la pression concurrentielle[1]. Ainsi, dans un cas comme dans l'autre, d'aucuns disent que c'est à la société de se prémunir de ces types de comportement opportuniste des employeurs. Edward LAZEAR (1990) fait remarquer qu'il en sera dissuadé d'une part, parce que le risque de baisse de motivation d'une coalition d'*insiders* est réel et qu'il entraînera mécaniquement une diminution de la performance. D'autre part, il peut s'en prémunir en provisionnant dés la première période la rente qu'il devra restituer en seconde période, faute de quoi, en cas d'évolution démographique instable (arrêt des embauches par exemple), il s'exposerait à des effets de *noria*[2] négatifs renchérissant ses coûts salariaux par rapport à ses concurrents. David KREPS (1996) pense que tout manquement au contrat implicite générera des effets de réputation négatifs et donc des difficultés sur les embauches futures.

Une enquête menée auprès de 6 000 abonnés de la *Harvard Business Review* (ROSEN et JERDEN 1977) les interpelle sur leur attitude face à 7 situations professionnelles qui mettent en scène, pour chaque moitié des questionnaires, soit un jeune salarié soit un salarié âgé. Il ressort de ces travaux que, même si l'expérience de l'interviewé influe sur ses réponses, le comportement du salarié âgé est globalement perçu comme beaucoup plus rigide et plus résistant au changement que celui de son jeune collègue. Ces mêmes auteurs établiront grâce à une autre étude ultérieure de 1988, qu'il existe une corrélation négative entre l'appréciation du supérieur direct et l'âge du salarié (sic !). A contrario, en 1988, la *Confédération of British Industry* atteste d'une réalité différente. Son étude conclut que

[1] La faillite et les risques de faillite sont les effets pervers du système.

[2] L'effet de *noria* est la mesure de l'incidence relative des entrées (embauches aux plus faibles rémunérations) par rapport aux sorties (départs à la retraite de salariés à forte rémunération à cause de leur ancienneté). Cet effet n'a pas de conséquence financière sur la situation individuelle des agents présents, mais il pèse plus ou moins sur la masse salariale de la firme.

l'absentéisme diminue avec l'ancienneté, qu'il n'y a pas ou peu de corrélation entre âge et productivité, âge et comportement face aux changements ou à la formation. AUBERT et CREPON 2003 arrivent à des conclusions similaires.

Dans la modélisation économique, la théorie du capital humain d'essence néoclassique, essaye d'expliquer la croissance des salaires avec l'âge sans postuler sur la limitation de la durée contractuelle et sans fixer de date butoir de départ à la retraite. Gary BECKER (1964) postule que quelle que soit la formation initiale reçue[1], avec l'ancienneté, ici assimilée à l'âge, le capital humain augmente, ce qui entraîne une productivité salariale croissante mais à taux décroissant[2]. Donc, dés qu'un employé développe un capital humain au sein de l'entreprise les probabilités inconditionnelles de séparation (**s**), de démission (**d**), de licenciement (**l**) sont des fonctions décroissantes de l'ancienneté (anc), seul le salaire (**w**) a un trend croissant avec l'ancienneté[3] : **s**(anc) ↓ ; **d**(anc) ↓ ; **l**(anc) ↓ ; **w**(anc) ↑, c'est à dire que les probabilités de séparation, de démission et de licenciement diminueront continûment avec l'ancienneté bien que durant sa carrière, le salaire augmente. Si l'on fait l'hypothèse que le capital humain spécifique se forme grâce à la coopération des parties au contrat de travail au sein de la hiérarchie, l'étude de Dale MORTENSEN (1978) qui ne tient pas compte des coûts de transaction ou celle de Masanori HASHIMOTO (1981) qui lui les intègre, obtiennent des résultats similaires : **l**(w, anc) => (↓, ↓) Autrement dit, statistiquement, les possibilités de séparation décroissent avec

[1] Classiquement, on distingue la formation générale utilisable par toute entreprise, de la formation spécifique qui n'est *quasiment* utilisable que par la firme formatrice. Dans ce dernier cas, l'essentiel des gains de performance réalisés s'effectue dans la transformation des savoirs généraux en savoirs idiosyncrasiques, ce qui exacerbe les comportements opportunistes (WILLIAMSON 1985/94...).

[2] i.e. un investissement croissant en capital humain générera des gains positifs mais de plus en plus faibles. Sans doute la justification du moindre accès des salariés vieillissants aux formations.

[3] Dans tout ce qui suit, la flèche vers le bas signifie que « la probabilité inconditionnelle de ... est décroissante avec ... » ↓ et *a contrario* « croissante avec ... » dans l'autre sens ↑.

l'ancienneté et sont indépendantes de l'effort et du salaire qui s'ajustent par la renégociation.

Dale MORTENSEN (1988) comparera les effets séparés du salaire et de l'ancienneté avec les probabilités inconditionnelles de démission et de licenciement. Pour ce faire, il utilise deux approches alternatives, l'une par le capital humain idiosyncrasique et l'autre par l'appariement (Jovanovic 1979a&b).

- Avec l'appariement : d(w, anc) => (↓,↑) et l(w, anc) => (↓, ?)1
- Avec le capital humain spécifique : d(w, anc) => (↓,↑) et l(w, anc) => (↓,↑).

Ce modèle est particulièrement intéressant puisque, contrairement aux précédents pour lesquels il n'est pas rationnel que les entreprises se séparent de leurs salariés âgés, celui-ci colle aux pratiques GRH à tendance âgiste constatées. En effet, quand on prend en compte l'appariement, si l'entreprise considère que sa qualité se détériore avec le temps (i.e. avec l'ancienneté et donc avec l'âge de l'employé), la rigidité des salaires à la baisse ne peut qu'entraîner le licenciement (et réciproquement bien sûr).

Le modèle avec la formation de capital humain spécifique est tautologique avec notre problématique puisqu'il prend pour hypothèse ce que l'on cherche à démontrer (i.e. que les séparations sont dues à des salaires trop ou pas assez élevés par rapport à la productivité)[2].

Ces analyses considèrent que l'ancienneté et donc que l'âge d'un employé est un bon « prédicteur » de sa productivité au travail, ce qui n'est pourtant que rarement le cas (i.e. la forme physique n'est corrélée qu'aux « travaux de force ou encore aux travaux dits *pénibles* » mais disjointe d'un emploi de bureau par exemple). De plus, l'entreprise peut également adapter ses postes de travail pour

---

[1] ? signifie qu'il n'y a pas de corrélation significativement établie.

[2] (i) un trop faible salaire, par rapport à sa productivité et aux opportunités externes, conduira le salarié à changer d'entreprise (démission) ; (ii) En revanche, toute chose étant égale par ailleurs, un salaire jugé trop élevé (ayant plus augmenté avec l'ancienneté que la productivité) par l'employeur, entraînera une croissance de la probabilité de licenciement du salarié.

pallier toute difficulté[1] ; ignorant le fait que l'obsolescence des compétences peut venir d'un refus d'investissement de la firme dans la formation ou encore des dons particuliers de chaque individu qui sont ici postulés tous homogènes. Toute la question est alors de savoir, qui de l'entreprise ou de la collectivité, doit payer ces adaptations qui peuvent se révéler nécessaires pour lutter contre l'âgisme.

Comment évaluer l'écart entre productivité et salaire ? Selon Katharine ABRAHAM et Henry FARBER (1987), c'est parmi les salariés à forte ancienneté que l'on trouve les plus performants qui occupent également les postes les mieux rémunérés, mais cela n'est dû qu'à la mobilisation de compétences supérieures à celles des autres…

Pour récapituler, théoriquement trois hypothèses s'offrent à nous :

1) Si l'on admet qu'il serait purement fortuit que le salaire égale la productivité marginale de chaque salarié quelle que soit son entreprise, il nous faut envisager qu'il existe des coûts d'ajustement (au sens de OÏ 1962) ou de flux (les primes à l'embauche, exonérations de charge…) qui tendent à faire sur ou sous-représenter telle ou telle catégorie d'employés.
2) Si le salaire est supérieur à la productivité des travailleurs âgés, cela peut venir des contraintes institutionnelles (imposées ou négociées… cf. la prime à l'ancienneté). Dès lors, les firmes seront incitées à licencier leurs seniors tant que les coûts d'ajustement frictionnels ne compenseront pas les gains envisagés. Les coûts de transaction (au sens large) peuvent ainsi compenser à la marge une moindre compétitivité des plus âgés.
3) Enfin, l'existence de marchés internes basés sur un contrat implicite[2] devrait assurer le maintien dans l'emploi des employés âgés sauf quand il survient un violent choc exogène (crise pétrolière de 1973-74 par ex.). Dans ce cas, pour

---

[1] Voir par exemple Serge VOLKOFF, 2000 et Serge VOLKOFF et al. 2000. Sur l'adaptation de l'outil productif et les travailleurs âgés, Gérard LASFARGUES 2005 www.cee-recherche.fr/fr/rapports/retraite_travail_sante_lasfargues.pdf.

[2] Assuranciel et/ou un payement de salaire différé cf. ci-dessus LAZEAR 1981, CARMICHAEL 1983…

survivre, l'entreprise reviendra sur les usages et la parole donnée en minimisant ses coûts avec pour cible privilégiée les travailleurs âgés qui pèsent le plus dans la masse salariale. Dans ce cadre, les mesures prises par Valéry GISCARD D'ESTAING sur le licenciement économique ou le recours à des dispositifs publics comme les préretraites est selon Jérôme GAUTIE (2004), une façon pour la collectivité d'honorer ces contrats implicites en mutualisant leurs coûts.

Dès lors, la tentation d'externaliser au maximum ses coûts sociaux, devient inextinguible pour les firmes et leurs actionnaires. La pensée de Xavier GAULLIER est éclairante : à l'origine, ces dispositifs ont été créés pour les entreprises en difficulté, mais, peu à peu, l'idée de dégager les sureffectifs à moindre coût s'est imposée, y compris dans les firmes prospères. Certaines monographiques laissent même à penser que les pratiques de licenciement des séniors (ou les préretraites) sont spécifiquement destinées certes aux employés âgés mais surtout à ceux qui semblent les moins performants (Alexandre-BAILLY *et al.* 2004).

CONCLUSION

L'âgisme existe bien, mais le phénomène est si protéiforme qu'il est difficile de pouvoir en attribuer la paternité. Nous pourrions même dire que nous sommes tous un peu coupables. En effet, les employeurs réclament un assouplissement du Droit social, les Français plus de sécurité de l'emploi quand ils sont actifs et du travail lorsqu'ils sont demandeurs d'emploi... Or, si nous considérons les différentes politiques économiques menées durant les 30 « Piteuses »[1], la volonté de satisfaire le plus grand nombre en pensant aux prochaines

[1] Les 30 « Piteuses » ou « Pâteuses » commencent avec le premier choc pétrolier de 1973/74 et s'opposent aux 30 « Glorieuses » puisque la croissance n'est plus de 5 % en moyenne par an mais de 2,5%, que l'on voit apparaître des phénomènes comme la stagflation (concomitance du chômage de l'inflation) ce que les économistes pensaient impossibles (Cf. KEYNES, carré magique de KALDOR...), des reculs sociaux (Cf REAGAN aux USA et THATCHER en Angleterre) et un chômage non plus conjoncturel mais structurel, en Europe en tout cas.

échéances électorales se révèle souvent contre-productive. Par exemple, au lieu de considérablement diminuer les charges sociales des 15-24 ans et des 55-64 ans (mesure ciblée), le fait de la généraliser à tous les bas salaires provoque plusieurs effets pervers :

- Au lieu d'embaucher un jeune (homme ou femme) inexpérimenté, l'entreprise préférera toutes choses égales par ailleurs, quelqu'un avec plus d'expérience (que l'on ne perd pas de temps à former et qui est plus rapidement productif...) sauf si on lui donne une surprime ;
- Cela provoque des risques de « ghettoïsation » des salaires en dessous des seuils d'exonération ;
- Ceci génère enfin, une pression accrue sur les seniors puisqu'avec l'effet GVT, le salaire croissant avec l'ancienneté... ils deviennent la cible permettant de faire le plus d'économie en terme de masse salariale.

Le fait d'avoir très longtemps autorisé le recours aux préretraites tout en donnant bonne conscience à l'entreprise (i.e. ce n'est pas vraiment un licenciement), lui permet d'externaliser les coûts sociaux qu'elle devrait en toute logique assumer ; il en va de même quand plus rien ne pousse les chômeurs de 57,5 ans à chercher un emploi ou encore lorsqu'on constate le très faible différentiel existant entre « Rmiste inactif » et un « salarié Smicard » (avant que le revenu minimum d'activité soit mis en place)... De plus, à quoi bon stimuler l'offre en vue de conserver les seniors en activité sans inciter la demande à conserver son employabilité tout au long de sa vie active[1] ?

Pour nous résumer, jusqu'à présent l'expérience a montré qu'il est contreproductif de vouloir généraliser le problème, car en la matière, c'est la plus grande hétérogénéité que l'on doit traiter[2]. Il en va de même si l'on pousse l'offre en retenant la demande (et vice-versa). Nous nous trouvons donc confrontés à un problème très proche de

[1] i.e. les formations dispensées baissent à partir de 40 ans et les salariés de plus de 50 ans en ayant reçus une sont l'exception, le DIF –Loi 2004-391 du 4 mai 2005— devrait pallier ce dernier problème.

[2] i.e. Même si des ressemblances peuvent exister, chaque individu, chaque entreprise et chaque culture d'entreprise sont uniques...

celui des assurances, plus spécifiquement de celui du calcul du taux de la cotisation d'accident du travail propre à chaque organisation. Concrètement, le risque doit à la fois être mutualisé au niveau de la branche ou du secteur (i.e. certains sont plus dangereux que d'autres) et différencié au niveau de l'entreprise parce que certaines font plus d'effort que d'autres pour le minimiser…

Nous plaidons ainsi pour la mise en place d'un système de bonus-malus dans l'idée du « pollueur-payeur » ce qui, sans exclure une certaine mutualisation du risque conjoncturel, récompenserait les entreprises structurellement citoyennes en laissant les autres supporter les coûts de leurs agissements ! Toutefois, cet embryon de solution technique ne suffira pas lui seul à régler le problème. Pour paraphraser Woody Allen et comme souvent en GRH : *la communication est la solution. Rappelez-moi la question* ? En effet, comme nous l'avons également constaté tout au long de cette réflexion, les croyances sont au cœur de l'âgisme. Donc, pour éradiquer à tous les stéréotypes âgistes dus au manque d'information, il nous faudra à la fois communiquer, médiatiser les travaux scientifiques et maximiser les interactions intergénérationnelles (cf. Butler 1969)… les opérations porte-ouverte, les visites scolaires d'usines et autres outils productifs sont entre autres choses des solutions peu onéreuses… mais y a-t-il une volonté politique pour en débattre ?

BIBLIOGRAPHIE

ABRAHAM, Katharine et Henry FARBER. 1987. « Job Duration, Seniority and Earnings ». *AER.* 77: 278-97.

ADJERAD, Saïd. 2003. « Politique publique de l'emploi : le défi des seniors ». *Premières Synthèses et Premières Informations.* 40-2, (octobre), DARES.

AKERLOF, George A. 1984. « Gift Exchange and Efficiency Wage Theory : Four Views ». *AER*, 74: 79-83.

AKERLOF, George. A. 1976. « The Economics of Caste and of the Rat Race and Other Woeful Tales ». *Quarterly Journal of. Economics.* 90(26): 599-617.

ALEXANDRE-BAILLY, Frédérique, Jérôme GAUTIE, Anne-Marie GUILLEMARD et Annie JOLIVET. (Eds). 2004. « Gestion des âges et rapports intergénérationnels dans les grandes entreprises : études de cas ». *Rapport CGP-DARES-Ministère de la Recherche.* ACI-Travail, (juin).

ARROW, Kenneth J. 1972. *Gifts and Exchanges, Philosophy and Public Affairs.* 1: 343-362.

AUBERT, Patrick et Bruno CREPON. 2003. « La productivité des salariés âgés : une tentative d'estimation ». *Économie et statistique,* n°368, INSEE.

BATAILLE, Philippe. 1997. *Le racisme au travail.* Paris : La Découverte.

BATAILLE, Philippe. 1997. « Le racisme dans l'entreprise ». *Hommes et libertés,* n°94, LDH.

BECKER, Gary S. 1957. *The Economics of Discrimination.* University of Chicago Press.

BECKER, Gary. S. 1964/1975. *Human capital.* N. Y. : NBER & University of Chicago Press.

BEHAGHEL, Luc, Bruno CREPON et Béatrice SEDILLOT. 2004. « Contribution Delalande et transitions sur le marché du travail ». *Economie et statistique*, 370 : 61 – 88.

BUTLER, Robert N. 1969. « Ageism: Another Form of Bigotry ». *The Gerontologist*, 9: 243-246.

CARMICHAEL, Hugh Lorne. 1983a. « Firm Specific Human Capital and Promotion Ladders ». *Bell Journal of Economics*, 14: 251-258.

CARMICHAEL, Hugh Lorne. 1983b. « Does Rising Productivity Explain Seniority Rules for Layoffs ? » *AER*, 73 : 1127-1131.

CARMICHAEL, Hugh Lorne. 1983c, « The Agent-Agents Problem: Payment by Relative Output ». *JOLE*, 1: 50-65.

CREPON, Bruno, Nicolas DENIAU et Sébastien PEREZ-DUARTE. 2003. « Productivité et salaire des travailleurs âgés ». *Revue Française d'Économie*, 18/1 : 157-185.

DEVILLECHABROLLE, Valérie. 2004. « Moins de préretraites mais plus de quinquagénaires malades ou inaptes ». *Liaisons Sociales Magazine*, (janvier), 22-24.

DRURY, Elizabeth. 1993. *Age Discrimination against Older Workers in the European Community. A Comparative Analysis*. London : Eurolink Age.

DUTHIL, Gérard et Estelle PAQUET-VAULTIER. 1999. *Le chômage des jeunes en Europe*. Paris : l'Harmattan.

ELBAUM, Mireille et Olivier MARCHAND. 1993. « Emploi et chômage dans les pays industrialisés : la spécificité française ». *Première synthèse*. 34, DARES.

GARNER-MOYER, Hélène. 2003. « Discrimination et Emploi : Revue de la littérature ». *Enquête DARES*. cergors.univ-paris1.fr/docsatelecharger/discrimemploigarnermoyer.pdf

GAULLIER, Xavier. 1993. *Age et emploi : de la discrimination à la gestion des âges : la situation française*. Paris : Laboratoire de sociologie du changement des institutions.

GAUTIE, Jérôme. 2004. « Les marchés internes du travail, l'emploi et les salaires ». *Revue Française d'Économie*, 18/4 : 33-63.

GAUTIE, Jérôme. 2005. « Les économistes contre la protection de l'emploi ». *Droit Social*, 1 : 3-11.

GINISTY, Danièle. 2003. « Projet Equallité : Dynamique de l'activité tout au long de la vie ». *Entreprises formation*, (juillet-août), 138 :15-17.

GINISTY, Danièle et Paul. SANTELMANN. 2001. « Travailler et se former à tout âge ». *Entreprises formation*, 127, (Septembre-Octobre).
GUILLEMARD, Anne-Marie. 1993. « Travailleurs vieillissants et marché du travail en Europe ». *Travail et emploi*, 57 :60-79.
GUILLEMARD, Anne-Marie. 2003. *L'âge de l'emploi*, Paris : Armand Colin.
HASHIMOTO, Masanori. 1981. « Firm-Specific Human Capital as a Shared Investment ». *AER*, 71: 475-482.
JOLIVET, Annie. 2001. « Vieillissement, salaires et demande de travailleurs âgés ». *Travail et emploi,* n°88 : 65-82, (octobre).
JOVANOVIC, Boyan. 1979a. « Job Matching and the Theory of Turnover ». *JPE*, 87/5 : 972-990.
JOVANOVIC, Boyan. 1979b. « Firm-specific Capital and Turnover ». *JPE*, 87/6 : 1246-60.
LAZEAR, Edward. P. 1979. « Why is there Mandatory Retirement ». *Journal of Political Economy*, 87/6 : 1261-84.
LEMISTRE, Philippe. 1999. « Evolution des modes de rémunération en France et théorie des incitations ». Note 294 du *LIRHE.* Université de Toulouse 1.
LEMISTRE, Philippe et Jean-Michel PLASSARD. 1997. « Théorie économique et rémunération à l'ancienneté ». Note 251 *LIRHE* Université de Toulouse 1.
LEMISTRE, Philippe et Jean-Michel PLASSARD. 2000. « Rendement de l'ancienneté en France : Méthodes d'estimation et interprétations théoriques ». Note 301 *LIRHE.*
LERAIS, Frédéric et Pierre MARIONI (Eds). 2004. « Dossier Âge et Emploi : synthèse des principales données sur l'emploi des seniors ». Document d'études n°82, DARES.
LESEMANN, Frédéric. 2003. « Le vieillissement au travail : les pratiques d'entreprises, perspectives internationales ». *Transpool* WP. transpol.inrs-ucs.uquebec.ca/pdf/transpol_rapport13.pdf
MAJNONI D'INTIGNANO, Béatrice. 1998. *L'usine à chômeurs.* Paris : Plon.

MANKIV N. Gregory. 1997. *Principles of Economics.* 1st ed. New York: Dryden Press.

MEDOFF, James et Katherine ABRAHAM. 1981. « Are Those Paid More Really More Productive: The Case of Experience ». *Journal of Human Resources*, 16:186-216.

MORTENSEN, Dale. 1978. « Specific Capital and Labor Turnover ». *Bell J. Econ,* 9: 572-586.

MORTENSEN, Dale. 1988. « Wages, Separations, and Job Tenure: On-the-Job Specific Training or Matching ». *Journal of Labor Economics*, 6: 445-471.

NEUMARK, David et Wendy A. STOCK. 1997. « Age discrimination laws and labor market efficiency ». *NBER WP*, (july).

OÏ, Walter Y. 1962. « Labor as a Quasi-Fixed Factor ». *JPE*, 70: 538-555.

PALMORE, Erdman. 1990. *Ageism, negative and positive Springer.* New York: Phillipson.

PHELPS, Edmund S. 1972. « The Statistical Theory of Racism and Sexism ». *American economic review*, 62/4: 659-680.

POSTEL-VINAY, Fabien et Anne SAINT MARTIN. 2004. « Comment les salariés perçoivent-ils la protection de l'emploi? ». *Economie et statistique*, 370 : .41 – 60.

QUEUNIET, Violette. 2003. « L'Europe s'attaque à la discrimination par l'âge ». *Entreprise et carrières*, 1/7 juillet, 676 : 36-37.

SHERWIN, Rosen. 1985. « Implicit Contracts: A Survey ». *JEL*, 23/3: 1144-75.

TADDEI, Dominique, (dir.). 2001. « Retraites choisies et progressives ». *Rapport du Conseil d'Analyse Économique*, n°21, Paris : La documentation française

THUROW, Lester. 1975. *Generating inequality.* N.Y.: Basic Books.

VIMONT, Claude. (Ed). 2004. *Compétitivité et vieillissement.* Paris : Éd.de l'Institut Montaigne.

VINCENS, Jean. 1997, « L'expérience professionnelle des débutants ». Note 261 du *LIRHE*, (Décembre), www.univ-tlse1.fr/LIRHE.

VOLKOFF, Serge. 2000. *Les conditions de travail*, Paris : La Découverte.

VOLKOFF, Serge, Anne-Françoise MOLINIE et Annie JOLIVET. 2000. « Efficace à tout âge ? L'analyse de quelques stéréotypes ». *Problèmes économiques*, (novembre), 2690.
WILLIAMSON, Oliver E. 1985/1994. *The Economic Institutions of Capitalism*. N.Y.: Free Press. Tr. française *Les institutions de l'économie*. Paris: Interéditions.

Comment les salariés réagissent-ils à la politique de « gestion des fins de carrière » ? Le cas d'une banque en région

Georges UBBIALI

Trois remarques préliminaires sont nécessaires à la compréhension de l'analyse du thème proposé. Il s'agit tout d'abord de rappeler en quelques phrases le contexte général de l'étude, avant d'aborder ensuite le cadre restreint, pour finir par une évocation de la méthodologie.

Le cadre général.

Il n'est pas utile ici d'insister lourdement sur cet aspect. On le sait, les sociétés occidentales connaissent un allongement continu de l'espérance de vie moyenne (Voir le titre du *Monde* du 30 mars 2005 : *Une révolution démographique*[1]). Dans ce cadre, l'ensemble des gouvernements européens a fait le choix de reculer l'âge de la retraite. En France, la récente loi Fillon (21 août 2003) s'inscrit dans cette tendance générale à allonger la durée de vie au travail, en augmentant les durées de cotisations nécessaires pour obtenir une retraite à taux plein. En conséquence, un des traits particularistes de la France, l'éviction des plus âgés du marché du travail[2], est en cours de modification. Les négociations en cours sur l'emploi des seniors (*Le Monde*, 12 mars 2005) nous rappellent l'actualité de cette thématique.

---

[1] « L'espérance de vie à la naissance dépasse pour la première fois 80 ans, hommes et femmes réunis (80,2) Elle atteint 76,7 ans pour les hommes et 83,8 ans pour les femmes en 2004, contre 75,9 et 82,9 en 2003 », source : *Population et sociétés* (n° 410, mars 2005)

[2] Alors que le taux d'emploi des 55 – -64 ans dans l'UE en 2003 est de 41,7 %, il n'est que de 36,8% en France (68,6% en Suède par ex.). Voir, *Premières synthèses*, 2005, n° 04.1 ; *Premières synthèses* 2003, n° 10.3, ainsi que plus généralement A.-M. GUILLEMARD, 2003.

Le cadre particulier

La seconde remarque conduit à un changement d'échelle pour arriver au cas plus précis de la banque dont il est question ici. Les travaux de Richet-MASTAIN[1] montrent que les entreprises qui emploient du personnel qualifié se montrent en général plus réceptives à une gestion prévisionnelle des effectifs en fonction de la pyramide des âges. Tel est précisément le cas de la banque que l'on étudie. Jusqu'en 2000, la banque disposait d'un régime de retraite spécifique. Cette caisse de retraite propre permettait à l'entreprise de pratiquer au diapason des autres entreprises des préretraites massives, permettant aux hommes de quitter leur emploi dès 55 ans et 50 ans pour les femmes, système financé à la fois par les aides d'Etat et par le groupe lui-même grâce à cet instrument propre qu'était la caisse de retraite propre. Situation révolue puisque depuis le 1er janvier 2000[2], le régime de retraite spécifique a rejoint le régime général Agirc-Arrco[3].

C'est donc dans le cadre de la perte d'un instrument permettant de gérer en interne la question des salariés âgés que s'est mis en place un dispositif visant à gérer les « fins de carrières ».

Méthodologie :

Il s'agit d'une recherche exploratoire – j'insiste sur le terme – qui s'est déroulée en 2003-04, et qui pourrait connaître d'autres développements. La possibilité de prolongement de l'enquête nous amène à respecter scrupuleusement l'anonymat de la banque, aussi bien que de nos interlocuteurs. Le « climat » de compétition généralisée et systématique, ainsi que les recommandations répétées et multiples, ont lourdement pesé sur la possibilité d'intervenir au sein de cette entreprise bancaire.

---

[1] *Premières synthèses*, 2003, n° 29.1.

[2] En fait, la situation de prévalence du départ anticipé des salariés s'est prolongée jusqu'en 2003, suite à la signature d'un accord (27 oct. 2000) prévoyant la mise sur pied d'un ultime dispositif de préretraite progressive.

[3] L'abandon du régime complémentaire de retraite résulte d'un préalable de l'Etat pour donner son accord au changement récent de statut de la banque.

Le travail de terrain s'est réalisé sur la base de dix entretiens (liste en annexes 1) auprès de salariés indiqués par la DRH de l'entreprise. Le choix des personnes interrogées ressort donc de la responsabilité de l'entreprise, même si l'on a indiqué au préalable les critères de sélection[1].

Ces entretiens ont eu lieu durant le temps de travail, dans un bureau prêté par l'entreprise, d'une durée d'une heure à chaque fois, durée contrainte par le mode d'organisation.

A ces entretiens avec les salariés se sont ajoutés des entretiens, moins formalisés mais répétés, avec les membres de la DRH, ainsi qu'un représentant syndical au Comité d'entreprise.

A ce travail d'entretien, il faut ajouter également une analyse de contenu de la documentation à laquelle nous avons eu accès.

Ces quelques phrases introductives nous amènent à comprendre pourquoi et comment s'est posée la question d'une gestion prévisionnelle des âges dans cette antenne provinciale d'une banque nationale.

Pour répondre à cette interrogation, le propos se déploiera en trois temps :

I. Le constat de départ
II. Le dispositif prévu
III. Les réactions des personnes concernées

On reviendra ensuite en conclusion sur le difficile exercice faisant passer de la monographie à la généralisation de la réflexion.

LE CONSTAT DE DEPART

La banque regroupe 180 agences sur la région qui gèrent une clientèle de 840 000 personnes, employant en 2001, 1169 personnes (voir répartition annexes 2). Plusieurs traits caractérisent cette population salariée :

[1] C'est ainsi que pour des raisons pratiques les entretiens se sont déroulés au siège (et non dans les agences). De ce fait, les personnes interrogées occupent des postes administratifs et non plus commerciaux.

- une tendance à la féminisation des effectifs, même si les hommes demeurent encore majoritaire (52% en 2002)
- une élévation croissante du niveau de formation initiale
- un faible vieillissement. Actuellement, l'âge moyen est de 39 ans. Il était de 38,4 en 1997
  (Voir annexe 3).

Dans son dispositif de gestion individualisée des carrières, la banque distingue quatre publics différents parmi ses salariés :

- Les juniors (20-29 ans)
- Les confirmés (30-39)
- Les expérimentés (40-49)
- Les seniors (à partir de 50 ans)

Ces seniors représentaient 13,3% du personnel (157 personnes) en 2002 dans la région, nettement en dessous de la moyenne dans le groupe (23%). De plus, si l'on ne prend en compte que les plus de 55 ans, ce chiffre, pour la région, tombe à 1,25%.

Ces quelques chiffres tendent à montrer que la volonté affirmée de rajeunissement de la pyramide des âges par une politique d'embauche de jeunes et de départ des plus anciens[1] ne suffit pas à épuiser le problème du vieillissement du salariat. Ajoutons, comme le dit un responsable du département RH : « *il n'y a aucun intérêt pour l'entreprise de recruter des seniors à l'avenir* ». « *Le type d'emploi que le senior pourrait tenir et pourrait utilement occuper pour la collectivité de X n'est pas défini* ».

Attitude conforme à celle des DRH, puisqu'une étude réalisée par un cabinet conseil (Rollot, *Le Monde*, 29 avril 2003), 2/3 des DRH n'envisagent pas de recrutement de personnes de plus de 50 ans (sur les motivations d'embauche des + 50 ans, lire annexe 4).

Ajoutons un dernier aspect avant d'aborder la question du dispositif mis en place, à savoir la question de la représentation de cette catégorie de seniors, dans le discours de la DRH à leur égard.

[1] Ainsi que l'exprime une personne de la DRH : « moi, mon objectif, c'est qu'il fallait que ça parte ! ».On comprend alors pourquoi certains salariés se sont vus proposer un licenciement avec motif adapté et une prime en conséquence.

Dans une sorte de « novlangue » liée à la fonction (mais qui s'étend largement au-delà, lire par ex. MARBLOT et PERRETI), les seniors sont caractérisés par trois traits :

- savoir-faire
- expérience
- connaissance.

Sans qu'il soit toujours facile de comprendre réellement ce que recouvrent ces termes (la définition tautologique affleure rapidement), c'est l'importance des savoirs informels, des compétences forgées par une longue expérience permettant une adaptation au travail qui prime. La contrepartie, négativement appréciée, est celle d'un faible niveau de certification initiale, compensé par une formation continue.

Néanmoins, précisément parce qu'il est « off », le DRH n'hésite pas à se montrer plus réaliste en déclarant que les sorties anticipées étaient un « *moyen de faire sortir des personnes qui salarialement étaient pesantes en faisant rentrer des personnes plus jeunes, avec un salaire plus bas* ».

LE DISPOSITIF PREVU PAR L'ENTREPRISE

En juin 2002, la DRH du groupe a publié une série de supports pour les RH des caisses régionales. Ce dispositif s'accompagne d'un « kit entretien de carrière » (voir annexe 4), remis aux personnes qui devront faire passer les entretiens. Ce kit apparente les seniors à une « population sensible », marquée par une série de traits spécifiques :

- *Ils ont d'autres projets : personnels, parfois avec leur conjoint*
- *Ils n'adhèrent pas aux évolutions*
- *Ils sont « fatigués »*
- *Ils ont des difficultés dans leur quotidien professionnel*
- *Ils n'ont plus le goût de se former ou de se remettre en question*
- *Ils ne se sentent pas reconnus à leur juste valeur*
- *Ils ne se sentent plus en phase avec leur environnement, avec les jeunes professionnels notamment*
- *Ils ne supportent plus la pression, du client ou de l'objectif*

Ce kit constitue une sorte de condensé de représentations préconstruites appliquées à une population arbitrairement délimitée. En quoi consiste le « dispositif de gestion de carrière pour les seniors » ?

1. Un entretien de carrière senior.
2. Des orientations spécifiques :

Le tutorat : il s'agit de prendre en charge l'arrivée de nouveaux salariés pour favoriser la transmission de savoirs entre les générations.
La formation : constat d'un niveau de formation peu élevé (seuls 14,6% des + 50 ans de la banque possèdent un bac+ 2)
La gestion de projets transversaux : interrogé sur ce que recouvre cette notion, un responsable des RH confie : « il s'agit d'orienter les salariés en fin de carrière « vers des postes doux », des postes à moindre responsabilité, moins exposés aux stress et aux relations avec la clientèle.
Le coaching interne : notion qui apparaissait peu claire aux yeux de la RH, en particulier par rapport au tutorat.
le détachement dans le cadre des missions d'intérêt général : la banque finance des projets au titre des projets d'économie locale et sociale (PELS). Il s'agirait de favoriser des détachements de seniors auprès d'associations bénéficiant d'un soutien financier ou encore auprès de créateurs de micro-entreprises soutenues également par la banque.

3. Des actions de motivations
4. Un accompagnement adapté.

Ces deux derniers points ne sont pas commentés et sont relatifs aux résultats obtenus dans la phase de recueil des informations. Au moment de la réalisation de l'enquête, la passation des entretiens était en cours et apparaissait comme une perspective concrète. L'ensemble des autres dimensions demeurait indéterminé. Face à cette phase d'évaluation de leurs carrières mise en œuvre par des membres de la

DRH, « programmés pour organiser des départs »[1], comme se qualifie l'un d'entre eux, comment réagissent les salariés concernés ?

LES PERSONNES CONCERNEES : LEURS REACTIONS

Interrogés, les salariés développent un discours orienté sur le récit de leur vie professionnelle, marqué par une carrière ascendante au sein de l'entreprise (la récurrence de l'évocation de l'accès au dispositif de formation interne à l'entreprise ou à la branche constitue un bon indicateur de cet état de fait).

Le sentiment exprimé est donc celui d'une plénitude professionnelle, d'un engagement, d'un investissement manifesté par des évocations des heures effectuées, des concessions par rapport à la vie familiale :
« *Je me suis tellement investi dans mon travail (...) Je suis quelqu'un qui a toujours beaucoup travaillé. Je ne me suis jamais amusé, ni même pris un moment pour boire un coup. Je partais à 8 h 30, tous les soirs* ». (homme, 58 ans, responsable de service)

Ces notations mériteraient d'être systématisées tant elles emplissent le récit des enquêtés. L'attachement à l'entreprise revient comme une antienne dans l'évocation de leur parcours professionnel[2]

Notons également que ces salariés âgés peinent à se reconnaître dans l'appellation commune, celle de seniors. Pour eux, senior renvoie à un âge nettement plus canonique que le leur.

---

[1] Cette « autocaractérisation » renvoie à la culture de la « sortie précoce », qui semble particulariser la France à l'échelle européenne. *Cf.* A.-M. GUILLEMARD, 2003.

[2] Dans chaque entretien réalisé, il y a de longs passages sur l'historique de l'entreprise, les dates fondamentales de leur carrière. « La chance que j'ai eue, c'est de rentrer dans une entreprise qui avait un potentiel d'évolution phénoménal et qui m'a donné l'opportunité de pouvoir l'accompagner en suivant des formations de manière constante » (homme, 60 ans). Les fusions, changement de direction, la création et la commercialisation de nouveaux produits bancaires sont autant de moments structurant la narration.

« (Senior) *Ca ne me plaît pas. Quand on me traite comme ça, ça me donne le vertige. J'ai l'impression d'avoir 60 ans ou 70 ans. Que je ne suis plus bonne à rien* » (femme, 51 ans, conseiller financier)

« (...) *ça m'a fait bondir quand j'ai vu qu'ils nous considéraient dans les vieux (...) On n'est pas senior à 50 ans, c'est trop tôt. Senior, c'est 60 ans minimum* » (homme, 51 ans, responsable de département)

Les personnes concernées réfutent cette identité postulée/promulguée par l'entreprise. En revanche, ils n'hésitent pas à se revendiquer comme « les anciens », terme qui leur semble correspondre beaucoup mieux à leur situation au sein de la banque.

Seulement aujourd'hui, chez nombre d'entre eux se manifeste comme un « désenchantement » de leur croyance dans le travail. Contrairement à bon nombre de présupposés, y compris savants, ce sentiment d'abandon ne renvoie pas à un processus psycho-social inéluctable lié à l'avancement en âge, un « sentiment de fin de vie professionnelle »[1] ou encore « sentiment précoce de fin de vie professionnelle »[2], qui verrait « *le salarié déplacer son engagement dans une autre sphère sociale, une autre communauté, sa famille ou lui-même* » (MARBOT, PERETTI, 2003, p. 78)

Il s'agit bien au contraire d'un construit social, fruit des politiques menées aussi bien dans l'entreprise (les entreprises) qu'au sein de la société. Au même titre que le capital vise à l'accélération de la rotation des marchandises, il accélère la rotation et la sénescence des individus servant cet objectif.

Les salariés rencontrés affirment à la fois le sentiment, profond, de leur utilité sociale, en même temps que la désillusion à l'égard de leur situation professionnelle.

C'est cette déception, l'imposition d'un sentiment de se trouver dans une phase descendante qui explique pourquoi une partie d'entre eux ont, avec regret, accepté l'ultime plan transitoire permettant des départs anticipés par le biais des PRP.

« *J'avais senti qu'on allait nous balayer* », « *J'ai bien senti que c'était la place aux jeunes* » avouent ainsi deux de nos interlocuteurs.

---

[1] MARBOT, PERRETI, 2002

[2] PERETTI, cité *in* LE NAGARD Guillaume, 2003.

Plus directement, au niveau de la DRH : cette tonalité s'exprime ainsi : « *Les gens qui sont partis, ce n'étaient pas des envieux au niveau du travail. Ce n'étaient pas des battants* ». Cette appréciation n'est pas isolée puisque le dirigeant d'un cabinet de consultation dit en quelque sorte la vérité de la corporation, quand il s'adresse à ses pairs en affirmant : « *Les seniors ne sont pas toujours une richesse pour l'entreprise* »[1]

Notons, cependant, qu'une partie non négligeable des « seniors », a refusé les propositions de départ. Après avoir envisagé de quitter l'entreprise, ils se sont finalement rétractés. La balance en faveur du maintien dans l'emploi renvoie à des conditions sociales : ne plus avoir d'enfant à charge, avec un mari ou une femme également salariés, ne pas connaître des personnes en situation de précarité sociale dans son entourage, etc.

CONCLUSION :

Il me semble que l'ensemble de ma démarche peut se résumer par une citation, au détour d'une phrase, de Pierre BOURDIEU, « *L'âge est une donnée biologique socialement manipulée et manipulable* »[2].

Avec toutes les précautions nécessaires, liées au passage de la monographie à la généralisation, je voudrais conclure ce texte par l'évocation de quelques scenarii possibles de l'évolution de la place des anciens en entreprise :

- une situation qui voit l'émergence de pratiques novatrices s'inspirant de celles mises en œuvre, en particulier dans les pays nordiques : autour du concept fédérateur de « marché transitionnel »[3] (droit à la formation, développement de la thématique de seconde carrière, transformation des méthodes de travail), bref : « mettre l'accent sur la cohésion des âges, le maintient de notre niveau de vie à terme, une évolution des conditions de travail et de l'organisation du travail susceptible

[1] FAIRISE, *Liaisons sociales*, 2004.
[2] BOURDIEU, cité *in* WEBER, 2003
[3] GAUTIE, 2003, p. 41

de bénéficier à tous »[1]. C'est naturellement ce à quoi aspirent spontanément les pouvoirs publics ainsi que les directions d'entreprises.

- Mais si l'on observe avec attention la dynamique des politiques mises en œuvre à ce jour, on peut aussi envisager un processus d'éviction du marché du travail, accompagné par une situation d'appauvrissement des plus anciens des salariés, ainsi que le scénario préparé par l'OCDE y invite (préparer des contrats seniors, en allégeant les charges salariales liées à l'ancienneté)[2]. OCDE 2005

[1] BRUN, DUPONT, THIERRY, 2005
[2] OCDE 2005

BIBLIOGRAPHIE

Livres

AMAR, Michel. (dir.). 2005. *Le choc démographique, défi pour les professions, les branches et les territoires.* Paris : Commissariat général au Plan, La Documentation française, 2002.

GUILLEMARD, Anne-Marie. 2003. *L'âge de l'emploi. Les sociétés à l'épreuve du vieillissement.* Paris : A. Colin.

SANTELMAN, Paul. 2002. « Travail et vieillissement. Quelles perspectives d'emploi et de formation ? ». *Problèmes politiques et sociaux,* n° 873. Paris : La Documentation française.

WEBER, Suzanne. 2003. *Avec le temps. De la vieillesse dans les sociétés occidentales et de quelques moyens de la réhabiliter.* St Georges d'Oléron : Ed. Libertaires.

Articles

BRUN, François, Marc DUPONT et Michel THIERRY. « Gestion des âges et emploi », *Droit social*, (mars 2005), n° 3, p. 262-272.

BRUNET, François. 2002-2003. « Comment les entreprises anticipent-elles le vieillissement de l'emploi ? ». In *Données sociales. La société française.* Paris : Insee, p. 193-198.

GAUTIE, Jérôme. 2003. « Les travailleurs âgés face à l'emploi ». *Economie et statistique*, n° 368, p. 33-41.

GUERIN, Gilles. 2003. « Efficacité des pratiques de maintien en emploi des cadres de 50 ans et plus ». *Relations industrielles/Industrial relations*, vol. 58, n° 4.

MARBOT, Eléonore et Jean-Marie PERETTI. 2002. « Revaloriser le travail des seniors : un enjeu stratégique pour les entreprises ». *Revue de gestion des ressources humaines*, n° 46, p. 76-86.

MINNI, Claude et Agnès TOPIOL. 2003. « Les entreprises face au vieillissement de leurs effectifs ». *Economie et statistique*, n° 368, p. 43-63.

TARTY-BRIAND, Isabelle. « 50 ans et au chômage, trop vieux pour travailler, mais trop jeune pour prendre sa retraite ». (coord. Pierre COURS-SALIES). In *Le Bas de l'échelle* (à paraître).

Documentation

« Accroître l'emploi des seniors : entre volonté et difficultés ». *Premières synthèses*, janvier 2005, n° 04.1, 7 p.

« Les seniors dans les emplois aidés : des fins de carrières ancrées dans l'emploi ». *Premières synthèses*, septembre 2004, n° 38.3, 6 p.

« Les conditions de travail des seniors ». *Premières synthèses,*, mai 2004, n° 19.2, 4 p.

« Politique publique de l'emploi : le défi des seniors ». *Premières synthèses*, octobre 2003, n° 40.2, 4 p.

« Les établissements de main-d'œuvre qualifiée plus attentifs à la gestion prévisionnelle des effectifs selon l'âge ». *Premières synthèses,* juillet 2003, n° 29.1.

« Les seniors et la formation continue ». *Premières synthèses*, mars 2003, n° 12.1, 8 p.

« L'emploi des seniors en Europe du Nord ». *Premières synthèses*, mars 2003, n° 10.3, 8 p.

LERAIS, Frédéric et Pierre MARIONI. 2004. « Dossier âge et emploi. Synthèse des principales données sur l'emploi des seniors ». *Document d'études Dares*, (mai), n° 82.

« Vieillissement et politiques de l'emploi en France ». *OCDE.* (mars 2005), consultable sur www.oecd.org

QUINTREAU, Bernard. 2001. « Horizon 2010. Perspectives démographiques et emploi ». *Rapport au Conseil économique et social* 180 p. + annexes

Presse

BARROUX, Rémi. « Premiers désaccords entre patronat et syndicats sur l'emploi des seniors ». *Le Monde*, 12 mars 2005.

DEVILLECHABROLLE, Véronique. « Moins de préretraites mais plus de quinquagénaires malades ou inaptes ». *Liaisons sociales magazine*, janvier 2004, p. 22-24.

FAIRISE, Anne. « Non les seniors ne sont pas toujours une richesse pour l'entreprise ». *Liaisons sociale magazine*, janvier 2003, p. 73.

GUELAUD, Claire. « La France veut relancer l'emploi des quinquagénaires ». *Le Monde*, 11 février 2005.

LE NAGARD, Guillaume. « L'équité générationnelle peut maintenir les seniors au travail ». *Entreprise et carrières*, 10-16 juillet 2003, n°673, p. 32-33.

MEDIONI, David. « Plusieurs entreprises négocient l'évolution de l'emploi des salariés de plus de 50 ans ». *Le Monde,* 15 mars 2005.

NOBLECOURT, Michel. « Une révolution démographique ». *Le Monde*, 30 mars 2005.

ROLLOT, Catherine. « Maintenir les seniors en activité, une mission quasi-impossible ». *Le Monde*, 29 avril 2003.

ANNEXE 1

Caractéristiques socioprofessionnelles du corpus des interviewés

	Seniors ayant opté pour la préretraite	Seniors souhaitant garder leur emploi	Responsable RH
Sexe, Age Fonction Ancienneté banque	Homme, 56 Coordinateur technique 36	Homme, 55 ans Directeur de groupe 35 ans	
	Homme, 58 ans Responsable de service 33 ans	Femme, 51 ans Conseillère financière 34 ans	
	Homme, 57 ans Secrétaire général 37 ans	Femme , 57 ans Technicienne d'exploitation 16 ans	
	Homme, 60 ans Ancien responsable emplois-formation-carrière Retraité depuis qq. mois 40 ans	Homme, 51 ans Responsable département 30 ans	
	Femme, 57 ans Conseillère commerciale 36 ans	Homme, 55 ans Responsable de la politique d'intégration 34 ans	
			Homme, 47 ans DRH 4 ans
			Femme, 32 ans Conseillère juridique 2 ans
			Homme, 46 ans Directeur affaires sociales 23 ans

ANNEXE 2

Structure par groupe d'âges
et par sexe des salariés en 2001

	Femmes		Hommes		Total	
	Effectifs	%	Effectifs	%	Effectifs	%
50 ans et +	53	4,4	104	8,9	157	13,4
25-49	466	39,8	488	41,7	954	81,6
- 25	39	3,3	19	1,6	58	4,9
Total	556	47,7	611	52,3	1169	100

Source : Bilan social 2002

ANNEXE 3

Evolution du poids des âges
dans la population salariée de la banque

	1997		2001		Variation des effectifs (b-a)	%
	Effectifs (a)	%	Effectifs (b)	%		
50 et +	99	9,37	157	13,43	+ 58	+ 58,5
25-49	928	87,87	954	81,6	+ 26	+ 0,02
- 25	29	2,75	58	4,96	+ 29	+ 100
Total	1056		1169		+ 113	+16.9

Source : Bilan social 1998 et 2002.

ANNEXE 4

Les motifs d'embauche selon l'âge des candidats

	Motif d'embauche d'une personne	
	- 30 ans (plutôt qu'une personne de 30 ans ou +)	De 50 ou + (plutôt qu'une personne de moins de 50 ans)
Plus grande adaptation aux nouvelles technologies	56 %	3%
Plus grande adaptation au changement	51	5
Plus grande polyvalence	42	21
Permettre une gestion de la main-d'œuvre à LT	42	6
Compétences spécifiques	33	67
Meilleure connaissance du monde du travail	7	45
Meilleure conscience professionnelle	9	42

Source complète, Enquête ESSA (Enquête emploi des salariés selon l'âge) 2001, in Amar Michel, 2002

ANNEXE 5 : LE « KIT ENTRETIEN DE CARRIERE »

LES SPECIFICITES DES ENTRETIENS DE CARRIERE SENIOR ET « POPULATIONS SENSIBLES »

5. La **formalisation** des informations est souvent plus difficile. Elle nécessite de rassurer davantage les collaborateurs.
6. La phase de **perception** démarre par un plan de communication qui leur sera spécifiquement dédié.
7. La phase de **compréhension** est plus longue puisqu'il faut parfois renoncer à des schémas de poursuite de parcours déjà formalisés et parfois plus confortables.
8. L'appropriation nécessite un excellent traitement des objections.

Objections contre des seniors ou des populations sensibles

9. Ils ont d'autres projets : personnels, parfois avec leur conjoint
10. Ils n'adhèrent pas aux évolutions
11. Ils sont « fatigués »
12. Ils ont des difficultés dans leur quotidien professionnel
13. Ils n'ont plus le goût de se former ou de se remettre en question
14. Ils ne se sentent pas reconnus à leur juste valeur
15. Ils ne se sentent plus en phase avec leur environnement, avec les jeunes professionnels notamment
16. Ils ne supportent plus la pression, du client ou de l'objectif

17. Les allers-retours entre les différentes étapes peuvent être fréquents pour permettre **l'appropriation** : ils peuvent avoir besoin de compulser les éléments de diagnostic, de les confronter à leurs propres schémas, de revenir sur les explications et de reformuler plusieurs fois les objections. Le gestionnaire RH doit se montrer patient et déterminé, sans jamais laisser transparaître de l'agacement ou du doute.
18. **La vente** du projet professionnel est parfois moins aisée car les collaborateurs en sont moins à l'origine ou parce que celui-ci bouleverse leurs plans.

19. **La formalisation** d'un plan d'actions doit être davantage accompagnée et nécessite parfois un temps de discussion entre le collaborateur et son entourage familial.
20. **La motivation** du collaborateur nécessite de la part du gestionnaire RH plus d'énergie et la récurrence des messages pour ne pas laisser retomber la pression positive.
21. Le suivi du **plan d'actions** doit être extrêmement rigoureux pour ne pas laisser le collaborateur redevenir passif.

De façon générale, ces deux publics ont besoin de **temps** pour remettre en question d'anciens schémas, s'habituer à de nouvelles perspectives, les considérer, les accepter, les soumettre à leur entourage familial et enfin pour se projeter dans une action pérenne et déterminée.

Il peut donc être nécessaire de « séquencer » les étapes et de les étaler sur un plan plus long.

Il est important de leur communiquer que l'on réfléchit avec eux, que l'on n'a pas d'idée toute faite, rien à vendre et que l'on va construire la réflexion **ensemble**.

Suivent (non repris ici) une série de chapitres : thèmes à approfondir pour les seniors ; ce qu'il faut investiguer ; la finalité de cet entretien ; rythme – publics cibles – durée.

DEUXIEME PARTIE

GESTION DES FINS DE CARRIERE EN COMPARAISON INTERNATIONALE

L'emploi des seniors en France et en Allemagne : une question démographique

Anne SALLES

La question de l'emploi des seniors ne semblait pas se poser : depuis des années déjà se sont multipliés départs anticipés, programmes de pré-retraites et allègement du temps de travail des aînés, comme la cessation progressive d'activité en France. Cette tendance a permis aux actifs de quitter leur emploi de plus en plus tôt, souvent dès avant 60 ans. Ainsi, seul un tiers des Français sont encore actifs entre 55 et 64 ans et guère plus en Allemagne. Et pourtant, cette question de l'emploi des seniors se trouve propulsée sur le devant de la scène. Alors que la durée d'activité n'avait pas cessé de diminuer depuis un siècle, de nombreux pays en Europe envisagent désormais, au contraire, de l'allonger. En témoignent le projet de recul de l'âge de la retraite en Allemagne (Commission Rürup) et l'allongement de la période de cotisations pour la retraite en France.

Avec la réforme des retraites, les gouvernements s'efforcent, en France comme en Allemagne, d'allonger la période d'activité, en particulier aux âges élevés. Ainsi, le gouvernement allemand entend limiter les départs en préretraite en augmentant l'âge minimum requis et diminue la prise en compte des années d'études dans le calcul des retraites, incitant par là les actifs à différer d'autant leur entrée en pension. Par ailleurs, il est question d'adapter le niveau des retraites au nombre d'actifs. De même, le gouvernement français a augmenté la durée de cotisations, introduit la notion de durée d'assurance, ainsi qu'un système de décote et de surcote, afin d'encourager également les actifs à se maintenir plus longtemps dans l'emploi et à retarder leur départ en retraite. Dans les deux cas, les gouvernements s'efforcent de restreindre la durée de perception des retraites tout en augmentant la période d'activité.

Comment s'explique ce revirement? L'évolution vers une réduction d'activité a en effet induit un déséquilibre croissant entre population à charge et population en âge d'activité, que l'allongement de la durée de vie et la baisse de la natalité - particulièrement marquée en Allemagne - ont sensiblement aggravé. Avec le retardement de l'entrée dans la vie active et l'avancée des départs en retraite, la population active n'a cessé proportionnellement de reculer. Aussi, la société est de moins en moins en mesure de supporter le coût de la population dite à charge. En atteste le débat autour du financement des retraites. Si la question de l'emploi des seniors se pose avec autant d'acuité aujourd'hui, c'est précisément afin d'apporter une solution à ce problème et d'opérer un rééquilibrage entre population à charge et population active, en diminuant les coûts de l'Etat, tout en augmentant ses recettes.

Pour mieux comprendre la réponse que peut apporter l'emploi des seniors aux problèmes sociaux actuels, il semble par conséquent primordial d'étudier de plus près l'évolution démographique qui a conduit à un tel déséquilibre dans les sociétés française et allemande et à faire émerger cette question de l'emploi des seniors. Il s'agira par conséquent, dans un premier temps, d'évaluer l'ampleur du vieillissement en France et en Allemagne, afin de cerner l'importance du problème qui se pose à nos sociétés européennes. Dans un second temps, on envisagera son impact sur la structure par âge et le rapport entre population à charge et population en âge d'activité ainsi que les perspectives attendues pour les cinquante années à venir. Enfin, la présente étude s'interrogera sur les éléments de réponses démographiques ou socio-économiques qui pourraient être apportées au problème démographique actuel.

LES FACTEURS DU VIEILLISSEMENT

Le vieillissement de la société est déterminé par trois facteurs démographiques: la baisse de la natalité, le recul de la mortalité et la progression de l'espérance de vie qui en résulte, et enfin, le solde migratoire.

<u>Graphique n°1 :</u>
<u>Evolution du taux de natalité et de mortalité</u>
<u>en France et en Allemagne de 1850 à nos jours</u>

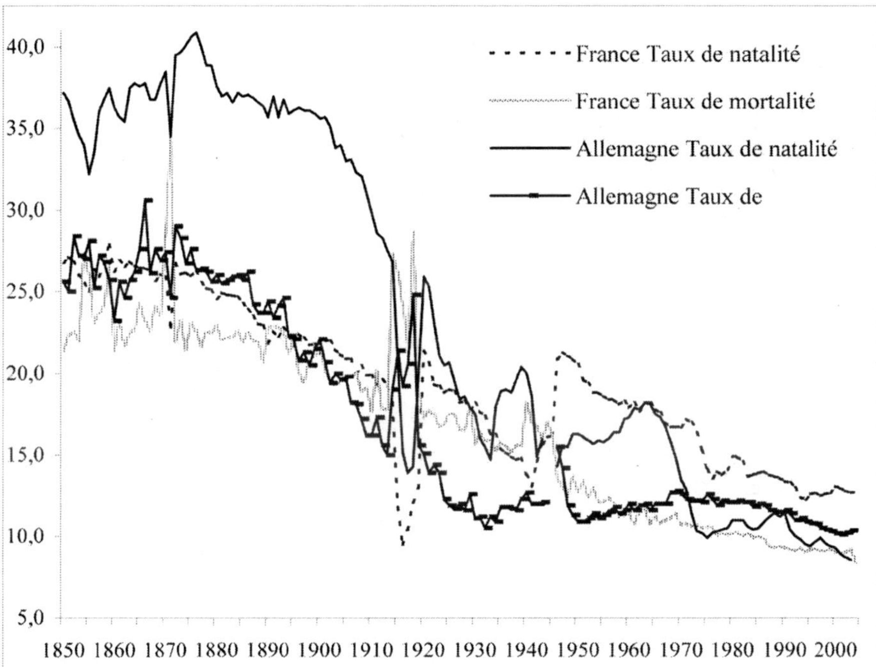

Sources: Statistisches Bundesamt et INSEE. Le taux de mortalité ne comprend, pour l'Allemagne, que les décès civils.

La baisse de la fécondité

La baisse de la fécondité est considérée par les démographes comme le facteur-clé du vieillissement démographique en Europe. Comme le montre le graphique n°1, l'évolution démographique diffère sensiblement d'un pays à l'autre. L'Allemagne se distingue en effet de son voisin par une formidable explosion des naissances dans la deuxième moitié du 19e siècle. Certes, la natalité a commencé à diminuer avant même le tournant du siècle, mais le nombre de naissances est resté très élevé jusqu'à la Première Guerre mondiale en raison d'une structure par âge favorable – avec l'arrivée à l'âge adulte des classes d'âge nombreuses nées après la fondation de l'empire en 1870 – et de la baisse de la mortalité qui profite dans un premier temps surtout aux nouveaux-nés. Si la natalité et la fécondité reculent nettement depuis la fin des années 1920, la politique nataliste menée sous le Troisième Reich conduit à une reprise ponctuelle des naissances, qui se maintiendra jusqu'au milieu de la Seconde Guerre mondiale. En revanche, à la fin de la guerre, l'Allemagne présente un phénomène de rattrapage des naissances des plus restreints, ainsi qu'un baby-boom modéré et plus bref qu'ailleurs. De plus, à l'issue du baby-boom, la natalité et la fécondité s'effondrent pour atteindre un des niveaux les plus bas d'Europe : dès 1975, le taux de fécondité s'abaisse en RFA à 1,45 enfant par femme, un niveau très comparable à celui des anciens Bundesländer aujourd'hui. Il est à noter que le taux bas observé depuis la réunification est essentiellement dû à la chute de la fécondité enregistrée dans les nouveaux Länder depuis 1990, l'Allemagne de l'ouest se caractérisant par un taux étonnamment stable à un niveau bas depuis trente ans. L'Allemagne présente ainsi depuis plus de trente ans un taux de fécondité inférieur à 1,5 enfant par femme, soit un tiers de moins que le niveau requis pour le renouvellement des générations (voir graphique n°2).

<u>Graphique n°2 : Evolution du taux de fécondité en France et en Allemagne de 1952 à 2002</u>

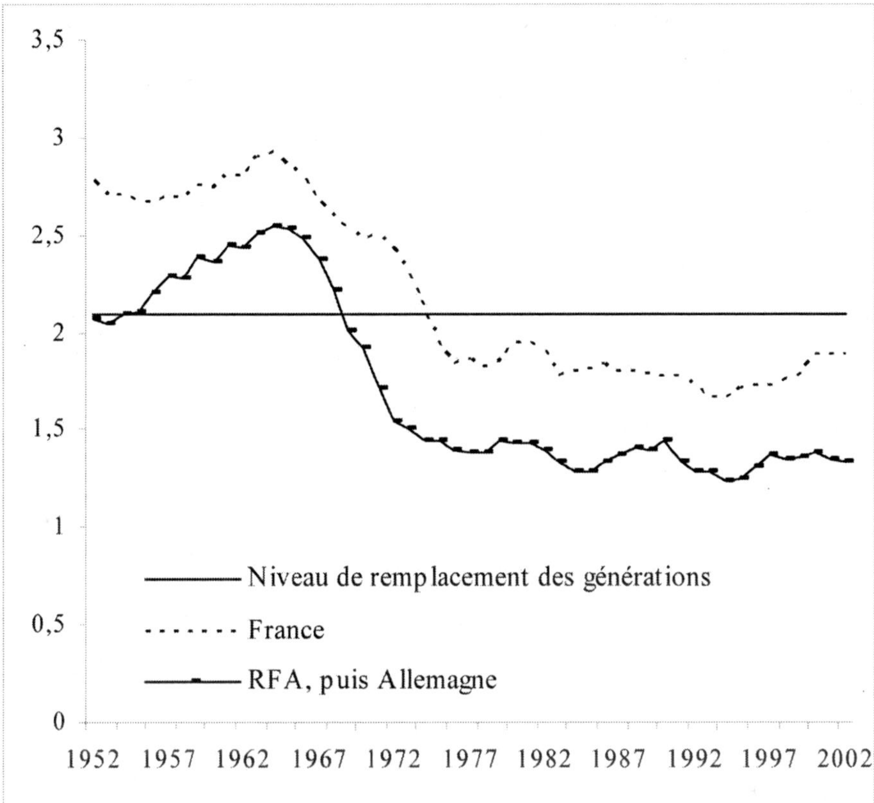

Sources : Statistisches Bundesamt, INSEE.

La France présente une situation inversée par rapport à l'Allemagne. Le taux de natalité a commencé à baisser en France avant même la Révolution Française, soit bien avant les débuts de l'industrialisation, un phénomène inédit dans le monde. De fait, comme l'indique le graphique n°1, le taux de natalité se situe en France pendant la seconde moitié du 19e siècle à un niveau très inférieur à celui de l'Allemagne, phénomène qui n'évolue guère jusqu'à la Seconde Guerre mondiale. Même pendant le début du conflit, le taux de natalité est très inférieur en France à ce qu'il est en Allemagne. Ainsi, comme le soulignent les démographes NOIN et CHAUVIRE, "*au sortir de la guerre, la France avait effectivement la population la plus vieillie du monde. Nulle part ailleurs, il y avait si peu de jeunes et autant de personnes âgées*". En revanche, le rattrapage des naissances, qui fait suite à la guerre, est beaucoup plus marqué qu'en Allemagne, le baby-boom, qui lui succède, deux fois plus long et plus accentué, avec des taux de natalité et de fécondité bien supérieurs à ceux de l'Allemagne. Enfin, à l'issue du baby-boom, la fécondité s'est maintenue en France à un niveau sensiblement supérieur à celui de l'Allemagne, oscillant entre 1,7 et 1,9 enfant par femme. Avec un taux actuel de 1,9 enfant par femme, la France présente un taux de fécondité supérieur de 40% à celui de l'Allemagne.

Cette évolution inversée se traduit par un double phénomène. La France présente la part des moins de 20 ans la plus élevée de l'Europe des Quinze après l'Irlande, l'Allemagne la plus faible après l'Italie. Inversement, la part des personnes âgées de plus de soixante ans est plus élevée en Allemagne qu'en France, du fait de l'arrivée à l'âge de la retraite des classes d'âge nombreuses nées sous le Troisième Reich dans les années 1930. Il faut cependant nuancer le propos. En France non plus, le renouvellement des générations n'est plus assuré. Même si le taux de fécondité reste l'un des plus élevés de l'Union Européenne, il ne permet plus le remplacement des générations. En outre, la fécondité n'est pas le seul élément déterminant le vieillissement.

Le recul de la mortalité

La diminution de la mortalité y joue pour beaucoup. Selon certains démographes (CASELLI et VALLIN, 1990), elle serait responsable pour moitié de la progression de la part des plus de 60 ans en France. La mortalité a connu sa plus forte diminution de la fin du 19e siècle à la Première Guerre mondiale en particulier grâce aux progrès réalisés en médecine, avec le développement de la microbiologie, la découverte des vaccins et du rôle de l'hygiène, et grâce à l'introduction de l'assurance-maladie. Si cette baisse a surtout profité, dans un premier temps, aux plus petits, débouchant sur un recul considérable de la mortalité infantile, elle s'est poursuivie jusqu'à aujourd'hui et profite désormais davantage aux classes d'âge élevées. Encore entre 1960 et 2001, le taux de mortalité est passé de 12‰ à 10‰ en Allemagne et de 11,4‰ à 8,9‰ en France. Cette baisse se répercute sur l'espérance de vie qui est passée entre 1952 et 2002 en France de 64 ans à 75,8 ans pour les hommes et de 70,2 ans à 83 ans pour les femmes. En d'autres termes, elle a augmenté en 50 ans de 11,8 ans pour les hommes et de 12,8 ans pour les femmes. En Allemagne, elle est passée entre 1950 et 1998 de 64,6 ans à 74,7 ans pour les hommes et pour les femmes de 68,5 ans à 80,7 ans, soit une progression respective de 10,1 et 12,2 ans.

Le recul de la mortalité accentue ainsi le vieillissement, particulièrement en France, qui présente l'une des espérances de vie féminines les plus élevées au monde après le Japon (83,8 ans en 2004), tandis que celle des hommes se situe, comme celle des hommes et des femmes en Allemagne, à peine au dessus de la moyenne de l'Europe des Quinze.

Le solde migratoire

Enfin, l'immigration contribue à l'inverse à ralentir le phénomène de vieillissement de la population. Et ce, à trois niveaux. D'une part, il s'agit majoritairement d'une population jeune, en âge d'activité. D'autre part elle présente traditionnellement un taux de fécondité supérieur à celui du pays d'accueil. Enfin, si une part importante des migrants s'installe définitivement dans le pays d'accueil, une proportion non négligeable retourne à l'âge de la retraite dans son pays d'origine. Cela a été le cas d'une partie des immigrants turcs, lorsque le gouvernement allemand a proposé au début des années 1980 une aide au retour. Mais indépendamment de toute incitation financière, on a observé le même phénomène pour la majorité des Espagnols venus travailler dans les deux pays.

<u>Graphique n°3 : Solde migratoire en France et en Allemagne depuis 1960</u>

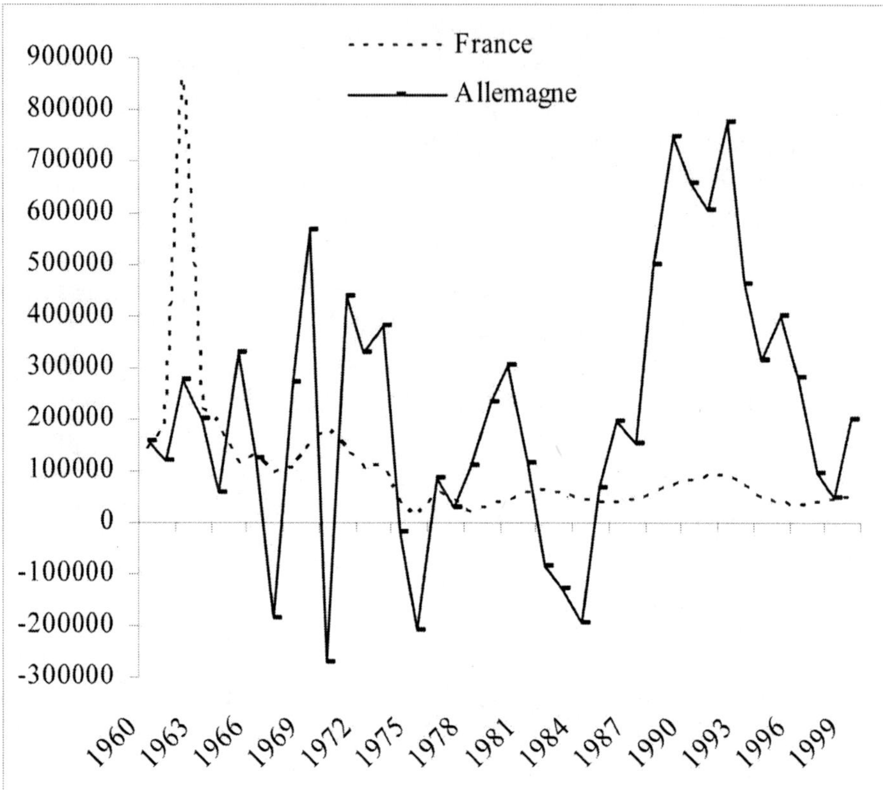

Source : Conseil de l'Europe.

L'Allemagne se caractérise par un solde migratoire sensiblement supérieur à celui de la France (voir graphique n°3). Il se situe depuis 1960 à une moyenne annuelle de + 200 000 entrants par an, soit un total d'environ 8,4 millions en quarante ans. La France a accueilli dans le même temps un excédent migratoire de 3 millions de personnes (si l'on fait abstraction du cas particulier des pieds noirs venus en France après la guerre d'Algérie), la moyenne annuelle se situant à 75 000 sur les quarante ans, mais à 40 000 depuis dix ans[1]. Ce résultat est loin d'être négligeable, mais représente un bon tiers du solde migratoire allemand, pour une population qui correspond aujourd'hui aux trois-quarts de la population allemande.

Si on trace un premier bilan démographique, on constate que les facteurs démographiques du vieillissement interviennent de manière différente dans les deux pays. La France présente une fécondité plus élevée que l'Allemagne, son espérance de vie est également supérieure et son solde migratoire beaucoup plus bas, surtout depuis dix ans. Aussi, l'accroissement de la population résulte-t-il en Allemagne exclusivement du solde migratoire, et en France essentiellement du solde naturel. Quel est par conséquent le bilan du vieillissement dans nos deux pays?

BILAN ET PERSPECTIVES

La structure par âge

Comme dans le reste de l'Europe, la part des moins de 20 ans a diminué dans les deux pays, tandis que celle des personnes âgées de plus de 59 ans a augmenté. Mais pas dans les mêmes proportions. En France, la proportion des moins de vingt ans est passée de 30,7% en 1954 à 25,1% en 2003, soit une diminution de 18%, tandis qu'elle enregistrait un recul d'un tiers en Allemagne, passant de 31,9% en 1950 à 21,9% en 2002. Inversement, le groupe des plus de 60 ans est passé de 16,2% à 20,7% en France entre 1954 et 2003, soit une hausse de 27,8%, et de 14,6% à 24,4% en Allemagne entre 1950 et 2002, enregistrant par là une progression des deux tiers.

---

[1] Ces chiffres ne tiennent pas compte des immigrés clandestins.

Le rapport de dépendance

Le phénomène de vieillissement ne fait aucun doute dans les deux pays, même s'il est moins marqué en France. Il ressort particulièrement de ce qu'on appelle le rapport de dépendance des personnes âgées de 60 ans et plus. Ce taux indique le rapport entre personnes âgées de plus de 59 ans et personnes en âge d'activité, c'est-à-dire âgées de 20 à 59 ans. Celui-ci a subi une hausse considérable, passant en Allemagne de 27,3% à 45,3% entre 1950 et 2002, en France de 30% à 38% dans le même intervalle. Comme on peut le constater, l'Allemagne présente de loin l'évolution la plus défavorable, avec le taux le plus élevé de l'Europe des Quinze après l'Italie. La situation s'est en particulier dégradée depuis 1995 avec l'arrivée à l'âge de la retraite des classes d'âge nombreuses nées dans les années 1930, période qui correspond en France au contraire à des classes d'âge creuses. Le rapport de dépendance des personnes âgées est ainsi passé en Allemagne de 37% en 1995 à 41% en 1999, puis 44% en 2001, soit une hausse de 19% en 6 ans (voir graphique n°4).

Il faut cependant nuancer le propos en incluant dans le calcul le rapport de dépendance des personnes âgées de moins de vingt ans. En effet, la population active n'a pas simplement à soutenir les personnes retraitées, mais aussi les plus jeunes jusqu'à leur entrée dans la vie active. Le rapport de dépendance des moins de vingt ans désigne le rapport entre la population âgée de moins de 20 ans et la population en âge d'activité, c'est-à-dire âgée de 20 à 59 ans. Avec le recul des naissances, ce taux a diminué. En France, il est passé de 57,8% en 1954 à 70,6% en 1970, au plus fort du baby-boom, pour baisser ensuite progressivement à 46,3% en 2003, soit le taux le plus élevé de l'Europe des Quinze après l'Irlande. Il a davantage reculé en Allemagne, n'enregistrant qu'une très faible progression durant le baby-boom de 59,5% en 1950 à 59,8% en 1970, pour diminuer à 38,3% en 2001. On observe ainsi une situation inversée entre rapport de dépendance des personnes âgées et des moins de vingt ans en France et en Allemagne, ce qui se traduit par un rapport de dépendance total en réalité très similaire.

Graphique n°4 : Rapport de dépendance des moins de 20 ans et des plus de 59 ans en France et en Allemagne de 1950 à nos jours

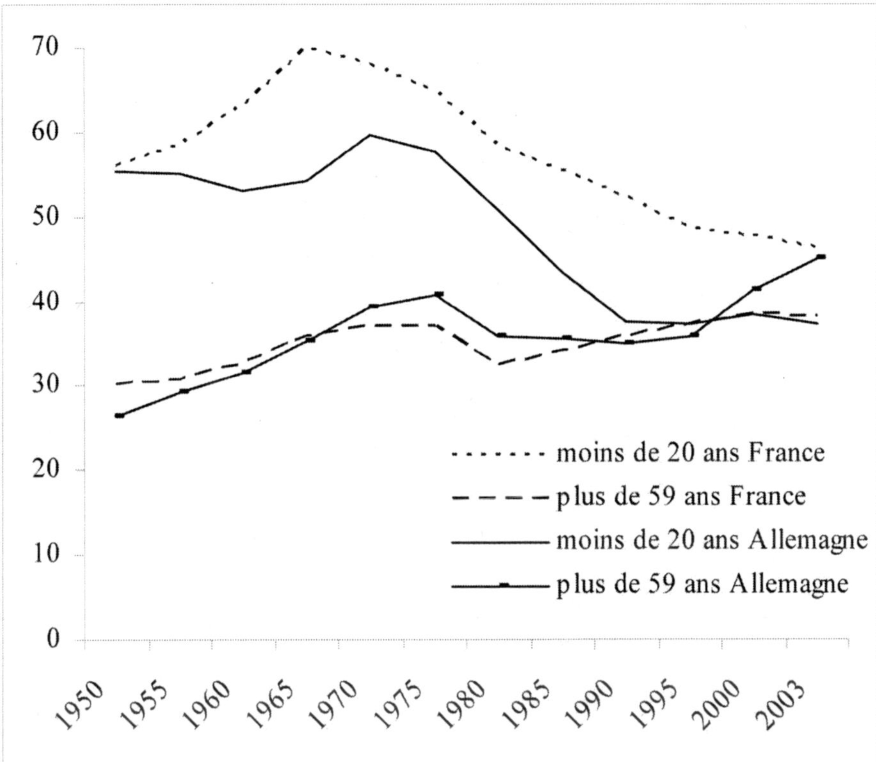

Sources : Statistisches Bundesamt et calculs d'après les données de l'INSEE.

Le rapport de dépendance total, c'est-à-dire le rapport entre la population dite à charge, donc âgée de moins de vingt ans et de plus de 59 ans, et la population en âge d'activité, a ainsi évolué depuis la fin de la Seconde Guerre mondiale de près de 90% dans les deux pays à environ 100% au plus haut du baby-boom (107,2% en 1967 en France), avant de retomber progressivement à un peu plus de 80%.

Graphique n°5 : Rapport de dépendance
en France et en Allemagne de 1950 à nos jours

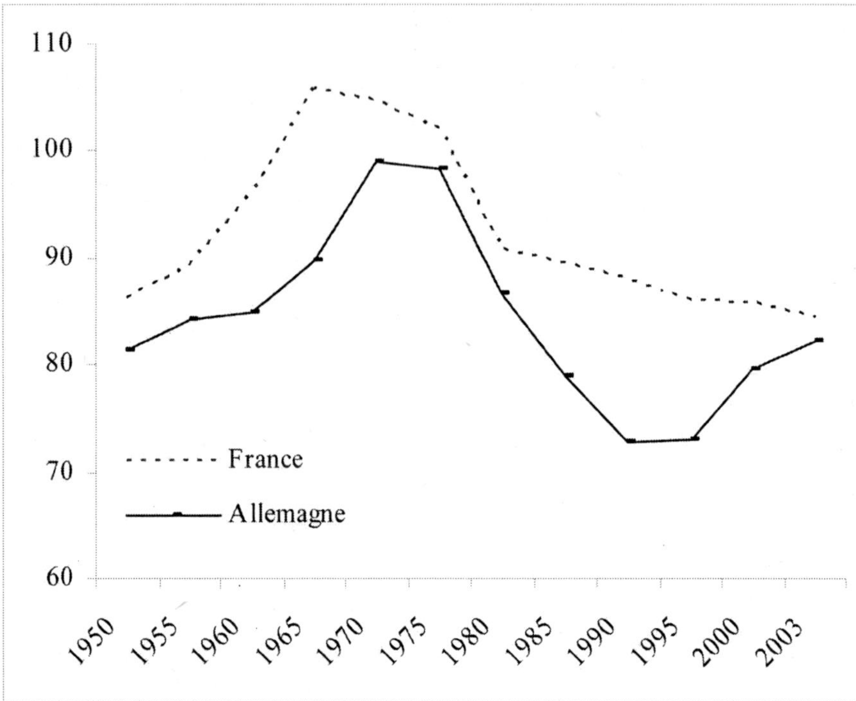

Sources : Ibid.

Concrètement, il en ressort que la situation est en réalité très comparable dans les deux pays, le rapport entre population dite à charge et population en âge d'activité étant finalement très similaire, même légèrement supérieur en France à ce qu'il est en Allemagne. Deuxièmement, mise à part une dégradation observée en Allemagne depuis 1995, le rapport de dépendance n'a jamais été aussi favorable depuis la fin de la Seconde Guerre mondiale (voir graphique n°5). Ceci est dû à la progression de la part de la population en âge d'activité. Ainsi, la part de la population âgée de 20 à 59 ans est passée en Allemagne de 51% en 1965 à 55,3% en 2001, en France de 48,4% à 54% dans le même intervalle.

Par conséquent, la situation démographique est loin d'être aussi catastrophique qu'on se l'imagine, et ce d'autant que, depuis cinq ans, sont parties en retraite les classes d'âge moins nombreuses nées pendant la Seconde Guerre mondiale.

Quelles perspectives de vieillissement pour l'avenir?

De fait, ce n'est pas tant la situation actuelle qui suscite des inquiétudes, mais l'évolution démographique à venir. Car si le rapport de dépendance est plutôt favorable, la situation devrait se dégrader très rapidement. Si la population active est aussi importante aujourd'hui, c'est le fait des classes d'âge nées durant le baby-boom. Or dès l'année prochaine, celles-ci vont progressivement partir en retraite. Ainsi, à partir de 2006, la croissance du nombre de personnes en âge d'activité va devenir négative. Dans quelles proportions ?

De nombreuses projections démographiques ont été réalisées pour les 50 années à venir. On peut citer à titre d'exemple les études réalisées par Eurostat, l'Office fédéral de la Statistique allemand (Statistisches Bundesamt), l'Institut d'économie allemande (IW), l'Ifo, l'INSEE, etc. Ces projections sont basées sur trois hypothèses d'évolution concernant la fécondité, l'espérance de vie et le solde migratoire. Pour chacune d'elles, on propose une hypothèse basse, moyenne et haute, ce qui permet d'envisager 27 scénarii possibles. Il n'est pas question ici de rentrer dans le détail des différentes options envisagées. Nous retiendrons simplement l'hypothèse moyenne, jugée la plus probable et qui sert de base aux études démographiques réalisées sur les perspectives démographiques des décennies à venir.

La présente étude s'appuie sur les projections réalisées par l'Office fédéral de la statistique en 2003 pour l'Allemagne et par l'INSEE en 2002 pour la France[1]. Elles prévoient un taux de fécondité stable à 1,8

[1] Pour la France, l'hypothèse de travail repose sur le scénario central de fécondité et de solde migratoire, mais sur l'hypothèse haute de mortalité. L'hypothèse centrale de mortalité se base en effet sur la poursuite de la baisse de la mortalité au même rythme que durant les trente dernières années, ce qui conduirait à une espérance de vie masculine de 84,3 ans et féminine de 91 ans en 2050, ce qui paraît peu réaliste. L'hypothèse haute de mortalité, impliquant un ralentissement de la baisse de la

enfant par femme en France et à 1,4 en Allemagne (il est d'ailleurs intéressant de constater que l'Office fédéral de la statistique n'envisage pas d'autre cas pour la fécondité). A l'horizon 2050, l'espérance de vie augmenterait à 82,6 ans et 87,7 ans pour les hommes et les femmes en France (BRUTEL, 2002) et à 81,1 ans et 86,6 ans en Allemagne (Statistisches Bundesamt). Le solde migratoire est évalué à 50 000 par an pour la France et à 200 000 par an en Allemagne, ce qui correspond dans une large mesure, comme le taux de fécondité, à l'évolution observée dans les deux pays durant ces dernières années.

Si l'on suit ces hypothèses, la part des moins de 20 ans devrait diminuer à 23% en France et 17,6% en Allemagne d'ici 2020 et, celle des plus de 59 ans, augmenter à 25,9% en France et 28,5% en Allemagne. La baisse des naissances devrait être, en Allemagne, en effet, d'autant plus marquée que les femmes en âge de procréer seront peu nombreuses : la part des femmes âgées de 15 à 49 ans devrait reculer, selon l'hypothèse moyenne, de 20 millions à 14 millions, soit un recul de 30%. Alors qu'il y a 50 ans, une personne sur trois était âgée de moins de 20 ans et une sur sept de plus de 59 ans, en 2050, le rapport sera inversé (comme en témoigne le graphique n°6) : une personne sur trois sera âgée de 60 ans et plus et seulement une sur six de moins de 20 ans. La baisse de la mortalité devrait se traduire par une hausse sensible de la part des tranches d'âge les plus élevées. Ainsi la part des 80 ans et plus devrait tripler, passant d'aujourd'hui 4% à 12% en 2050, soit une personne sur huit.

---

mortalité paraît plus vraisemblable et correspond par ailleurs à l'hypothèse moyenne formulée par Eurostat.

Graphique n°6 : Evolution de la structure par âge en France et en Allemagne de 1950 à 2050

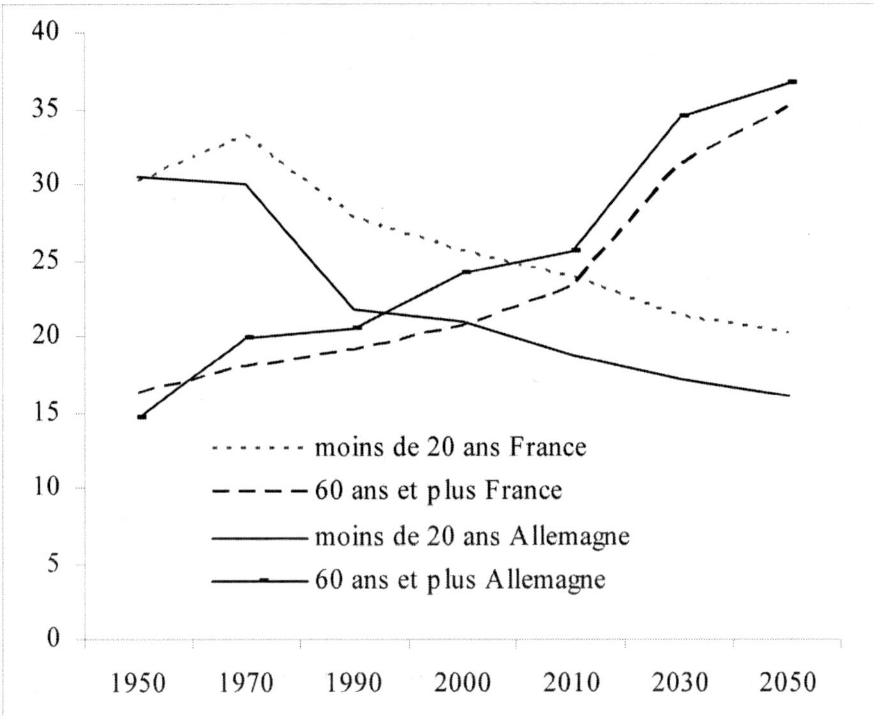

Sources : Statistisches Bundesamt, INSEE, Chantal BRUTEL, Projections de population pour la France métropolitaine. Direction de statistiques démographiques et sociales. Division Enquêtes et études démographiques, INSEE 2003.

Aussi, en 2050, le rapport de dépendance des personnes âgées de plus de 59 ans devrait augmenter sensiblement, à près de 80%, soit près du double du taux actuel (voir graphique n°7). Même en retenant l'hypothèse basée sur une mortalité haute et un solde migratoire plus élevé, le rapport de dépendance des personnes âgées s'élèverait encore à plus de 70% en 2050. Ainsi, seule la part des plus de 50 ans continuera de croître à l'avenir (CALOT, SARDON 1999). On est frappé par la similitude entre l'évolution démographique des deux pays, malgré des points de départ assez différents.

Graphique n°7 : Rapport de dépendance des personnes âgées de 60 ans et plus en France et en Allemagne de 1950 à 2050

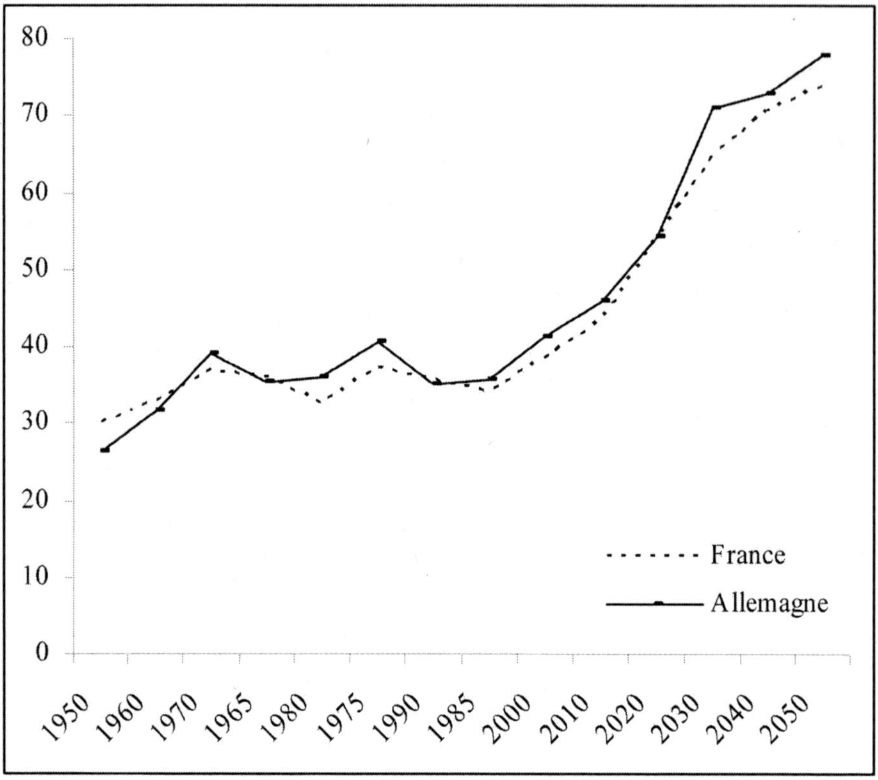

Sources : Ibid.

Bien que le rapport de dépendance des personnes âgées de moins de vingt ans soit en diminution, le rapport de dépendance total s'élèverait à 110% en France et 106% en Allemagne en 2030 (à 119% et 112% en 2050), la différence s'expliquant par la part plus importante des moins de vingt ans en France.

Ce processus de vieillissement devrait cependant stagner à partir de 2035 pour la France et l'Allemagne, et à partir de 2050 pour d'autres pays européens comme la Grèce ou l'Espagne qui ont connu un baby-boom plus tardif. En d'autres termes, l'Europe sera confrontée dans les cinquante prochaines années à un phénomène de vieillissement sans précédent, auquel il faudra nécessairement trouver des réponses.

QUELLES REPONSES APPORTER ?

Une réponse démographique ?

En premier lieu, les études démographiques montrent clairement que le solde migratoire ne peut qu'atténuer le processus de vieillissement démographique, mais en aucun cas l'inverser. Même avec un solde migratoire de 300 000 personnes par an, le rapport de dépendance des personnes âgées de 60 ans et plus s'élèverait encore en Allemagne en 2050 à 74% (et en France à 76% dans le cas d'une hypothèse haute d'immigration, soit un solde migratoire annuel de 100 000 personnes). D'après les calculs des Nations Unies, il faudrait un accroissement migratoire de 175 millions de personnes en Allemagne jusqu'en 2050, soit 3,4 millions par an, pour maintenir le rapport de dépendance des personnes âgées de plus de 59 ans à un niveau constant, ce qui est tout à fait irréaliste (Statistisches Bundesamt). Il ne faut en effet pas oublier que la population immigrée vieillit elle aussi, et que son taux de fécondité, s'il est supérieur au départ, tend assez rapidement à s'aligner sur celui du pays d'accueil.

En outre, même si le taux de fécondité remontait dès demain au niveau de renouvellement des générations, soit 2,1 enfants par femme, il ne pourrait agir sur le phénomène de vieillissement qu'à très long terme. Il faudrait en effet attendre que les classes creuses nées depuis le début des années 1970 jusqu'à aujourd'hui aient atteint l'âge de la retraite pour diminuer sensiblement le vieillissement de nos sociétés, en d'autres termes, attendre la fin de ce siècle (GROHMANN, 2003).

Par conséquent, à court et à moyen terme, il n'y a pas de solution démographique au problème que pose le vieillissement de nos sociétés européennes. Cela ne signifie pas qu'il faille abandonner toute idée de mener une politique familiale appropriée, afin de tenter de se rapprocher du niveau de remplacement des générations, mais que celle-ci n'aurait d'effet sur le vieillissement qu'à très long terme. En attendant, il faut trouver d'autres solutions. Et celles-ci ne peuvent donc être que socio-économiques.

Des réponses socio-économiques

La réponse qui s'impose au problème du rapport entre population retraitée et population en âge d'activité est bien évidemment de diminuer l'une et d'augmenter l'autre. Diminuer l'une, c'est reporter l'âge de la retraite. Cette possibilité a été envisagée et conduirait effectivement à diminuer le rapport de dépendance des personnes âgées de façon bien plus sensible qu'une hausse du solde migratoire. Ainsi, l'Allemagne présenterait avec un départ à la retraite à 65 ans, un taux de 47,3% au lieu de 70,9% en 2030, de 54,5% au lieu de 77,8% en 2050. Avec un départ à la retraite à 67 ans, il serait respectivement de 39,3% et 47,4%. En d'autres termes, on retrouverait en 2030 avec un départ à la retraite à 65 ans le taux que nous connaissons aujourd'hui.

Graphique n°8 :
Rapport de dépendance des personnes âgées
en fonction de l'âge de départ en retraite
en France et en Allemagne de 2000 à 2050

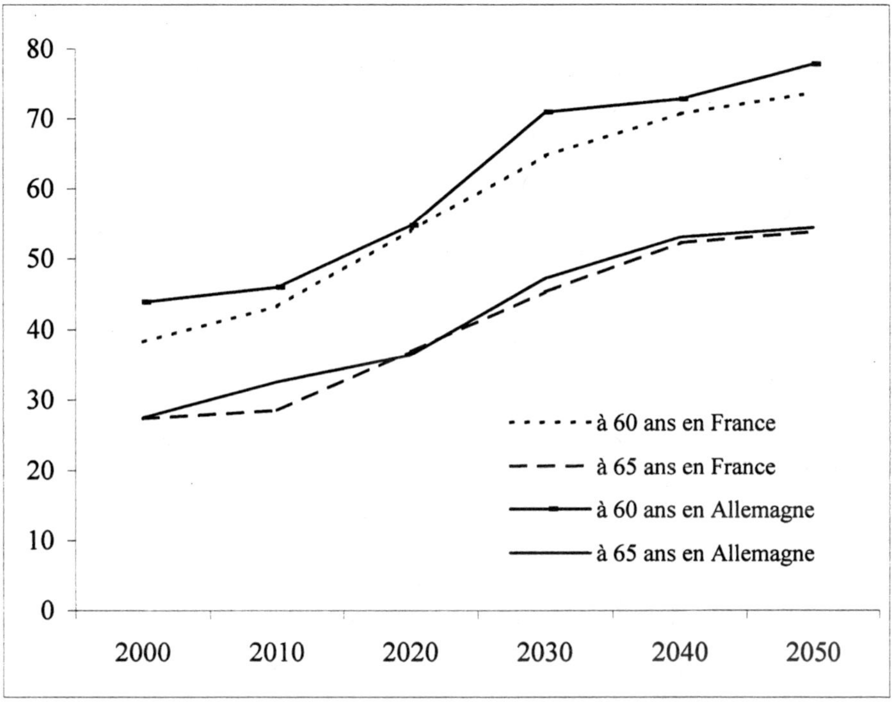

Sources : Statistisches Bundesamt et calculs d'après Chantal BRUTEL, Projections de population pour la France métropolitaine. Direction de statistiques démographiques et sociales. Division Enquêtes et études démographiques, INSEE 2003.

Cette solution paraît d'autant plus envisageable qu'elle correspondrait à l'augmentation de l'espérance de vie: en 2050, l'espérance de vie des hommes et des femmes âgés de 65 ans devrait s'élever à 20 ans et 24 ans, soit autant que les hommes et les femmes âgés de 60 ans aujourd'hui (Statistisches Bundesamt; voir aussi Olivier MARCHAND 2000). En outre, reporter l'âge de la retraite permettrait en même temps d'augmenter la part de la population en âge d'activité.

Mais ce n'est pas tout d'augmenter la part des personnes en âge d'activité. C'est avant tout le nombre d'actifs occupés qu'il faut relever. En effet, si le rapport de dépendance des personnes âgées s'élève à l'heure actuelle à 45% en Allemagne, le quotient social, c'est-à-dire le nombre de personnes âgées de plus de 59 ans par rapport au nombre d'actifs occupés, atteint quant à lui 55%, un niveau similaire à celui de la France. En d'autres termes, l'Allemagne et la France comptent aujourd'hui moins de deux actifs pour un retraité. Ce décalage s'explique par le taux d'activité très bas des personnes âgées de moins de 25 ans et de plus de 54 ans en France et en Allemagne (voir graphique n°9).

La période d'activité n'a en effet pas cessé de se resserrer dans les deux pays. Désormais, quatre actifs sur cinq ont entre 25 et 54 ans. De fait, seuls 28,3% des Français et 46,1% des Allemands âgés de 15 à 24 ans sont actifs occupés et respectivement 48,7% et 48,6% des personnes âgées de 50 à 64 ans, contre les deux-tiers au Danemark, par exemple. Eu égard à la hausse de l'espérance de vie et au recul de la durée d'activité, la période dite à charge a doublé, chez les hommes, depuis la fin de la Seconde Guerre mondiale, passant de moins de vingt ans (essentiellement l'enfance) à près de quarante ans, soit une période sensiblement aussi longue que la période d'activité. Chez les femmes, le rapport est même aujourd'hui de 39 ans d'activité pour 42 ans d'inactivité en Allemagne et de 36 ans d'activité pour 46 ans d'inactivité en France.

Graphique n°9 :
Taux d'emploi selon l'âge en France et en Allemagne

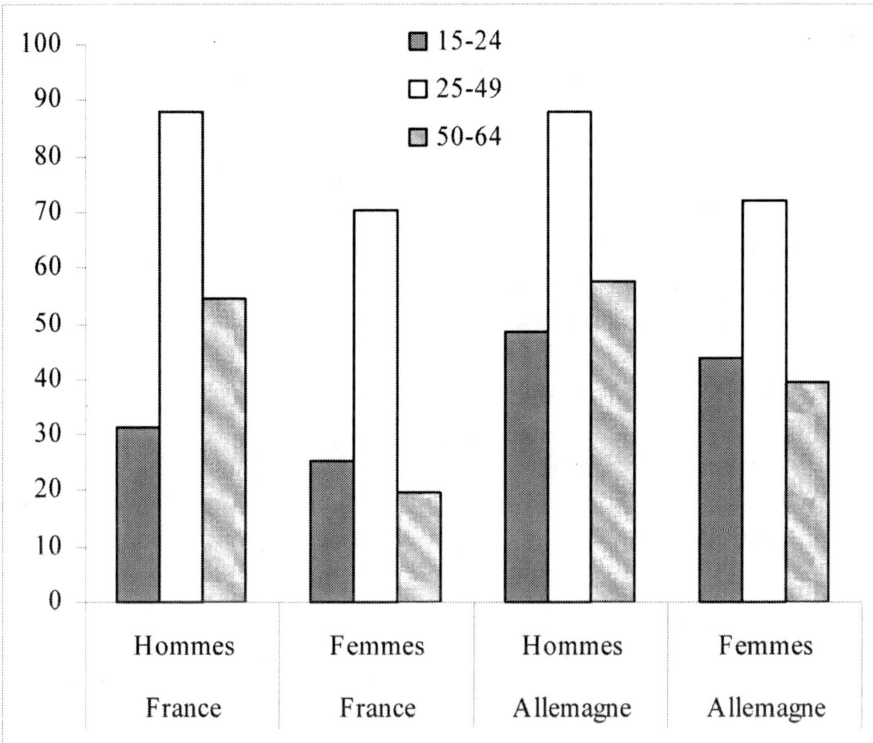

Source : Eurostat, Enquête sur les forces de travail, Résultats 2000.

Cette évolution soulève la question de l'entrée de plus en plus tardive sur le marché du travail en France avec l'objectif d'amener 80% d'une classe d'âge au baccalauréat, mais aussi en Allemagne, pays qui se caractérise par l'âge le plus tardif d'obtention du diplôme de fin d'études en Europe, à savoir 28,4 ans (B. LESTRADE, 2002). A cela il faut ajouter le problème de la lutte contre le chômage face à une situation qui ne cesse d'empirer, l'Allemagne ayant passé la barre des 5,2 millions de chômeurs au printemps 2005, tandis que les deux pays présentent des taux de chômage désormais supérieurs à 10%. En outre, il faut envisager de développer l'activité des femmes, en particulier des femmes âgées de plus de 50 ans en France (voir graphique n°9) et des mères de famille en Allemagne. Celles-ci présentent en effet un taux d'activité de 30% lorsqu'elles ont au moins un enfant de moins de trois ans. On constate ainsi un décalage important en Allemagne entre les vœux d'activité des mères de famille et la réalité (M. VEIL, 2003).

Enfin, il faut signaler que l'Allemagne a vu progresser, ces dernières années, les catégories d'emplois précaires non soumis à l'impôt sur le revenu et exemptés de cotisations sociales. A l'heure actuelle, seuls 26,5 millions d'Allemands occupent des emplois soumis aux cotisations sociales pour une population de 82 millions d'habitants. Cela ne peut pas être une solution.

CONCLUSION

Si le bilan démographique n'est, à l'heure actuelle, pas aussi dramatique qu'on tend à le croire, la situation va considérablement évoluer dans les 40 ans à venir et confronter l'Europe à l'une des plus graves crises démographiques de son histoire. Cette évolution constitue un extraordinaire défi pour nos sociétés européennes. Un défi qu'il va falloir relever. Dans ces conditions, il ne fait guère de doute que l'emploi des seniors devient à plus d'un titre une question clé de l'avenir de notre société. En premier lieu, la population active vieillit : en 2050, c'est la classe des 50-64 ans qui sera la plus représentée (39% en 2050 en Allemagne), celle des 20-34 ans devenant la moins nombreuse. Par conséquent, les seniors constitueront le noyau dur des actifs. En second lieu, se pose la question de développer l'activité des personnes âgées de 50 à 59 ans. Enfin, celle d'un report de l'âge de la retraite à une date plus tardive. Mais si l'emploi des seniors apparaît ainsi comme un enjeu vital pour l'avenir de notre société, il ne faut pas pour autant oublier que d'autres éléments de solution sont envisageables et doivent être envisagés, à commencer par l'augmentation du taux d'emploi des plus jeunes et des femmes et la lutte contre le chômage.

BIBLIOGRAPHIE

Avis et rapports du Conseil économique et social. Rapport présenté par Bernard QUINTREAU au nom de la commission spéciale du Plan. 2001. *Ages et emploi à l'horizon 2010.* 2001. Editions des journaux officiels, n°20.

BIRG, Hedwig. 2000. « Demographic ageing and population decline in 21st century Germany : consequences for the systems of social insurance ». Export group meeting on policy responses to population ageing and population decline. New York, 16-18.10.2000, United Nations n°5, 27 p.

BRUTEL, Chantal. 2002. « La population de la France métropolitaine en 2050 : un vieillissement inéluctable ». *Economie et statistique*, n°355-356, p. 57-72.

BRUTEL, Chantal. 2003. « Projections de population pour la France métropolitaine ». *Direction de statistiques démographiques et sociales. Division Enquêtes et études démographiques, INSEE*, 84 p.

Bundesinstitut für Bevölkerungsforschung (BiB) (dir.). Sonderveröffentlichung im Rahmen der Schriftenreihe des BiB. 2000. *Bevölkerung : Fakten, Trends, Ursachen, Erwartungen.*Wiesbaden : 32 p.

CALOT, Gérard et Jean-Paul SARDON. 1999. « Les perspectives démographiques européennes. Une synthèse des projections démographiques à l'horizon 2050 pour les pays de l'Union européenne », *Futuribles*, n°244, (juillet-août), p. 5-18.

CREPIN, Christiane. 2004. « France : démographie la plus dynamique d'Europe ». *Les évolutions démographiques en France. Compilation de données : France, Europe, monde*. CNAF, n°52, 48p.

GAUTHIER, Hervé. 2003. « Vieillissement démographique ». *Gérontologie et Société,* n°107, p. 13-31.

GUILLEMARD, Anne-Marie. 2003. *L'Age de l'emploi: les sociétés à l'épreuve du vieillissement*. Paris : Armand Colin, 286p.

GROHMANN, Heinz. 2003. « Die Alterung unserer Gesellschaft : Ursachen, Wirkungen, Handlungsoptionen ». *Zeitschrift für Bevölkerungswissenschaft,* n°2-4, p. 448-462.

GRÜNHEID, Evelyn et Charlotte HÖHN (dir.). 1998. *Demografische Alterung und Wirtschaftswachstum.* BiB-Seminar in Bingen. Leske + Budrich, Opladen, 1998, 212 p.

LESTRADE, Brigitte. 2002. « Chômage et politique de l'emploi du gouvernement Schröder ». *Allemagne d'aujourd'hui*, n°161, (juillet-septembre), p. 38-58.

MAI, Ralf. 2003. *Die Alten der Zukunft. Eine bevölkerungsstatistische Datenanalyse*, BiB, volume 32, Leske + Budrich, Opladen.

MARCHAND, Olivier. 2000. « Etude de cas : France ». Aidan PUNCH et David L. PEARCE (dir.). *La population et la marché du travail en Europe au-delà de l'an 2000.* Vol 2. *Etudes de cas par pays.* Conseil de l'Europe, Strasbourg, p. 43-51.

NAUZE-FICHET, Emmanuelle. 2002. « Projections de population active. Un retournement progressif ». *INSEE Première,* n°838, (mars), 4 p.

NAUZE-FICHET, Emmanuelle. 2002. « Projection de population active en 2050 : l'essoufflement de la croissance des ressources de main d'oeuvre ». *Economie et statistique*, n°355-356, p. 73-104.

NOIN, Daniel et Yvan CHAUVIRE. 2002. *La Population de la France.* Paris : Armand Colin, 207 p.

PARANT, Alain. 2004. « Le vieillissement démographique : un immense défi pour la France ». In *Villes et vieillir.* Paris : La documentation française, p. 37-54.

PECAUD, Dominique. 2004. « Le travail vieillit-il ? ». In *Vieillissement de la population et parcours au travail, Colloque organisé par l'ARACT Aquitaine, (6 mai 2004).* Pessac : Centre Condorcet, 12 p.

PISON, Gilles. 2005. « France 2004 : l'espérance de vie franchit le seuil de 80 ans ». *Population & Sociétés*, n°410, (mars), 4 p.

ROLOFF, Juliane. 2000. *Die demografische Entwicklung in den Bundesländern Deutschlands*, BiB, Wiesbaden, 193 p.

Statistisches Bundesamt (dir.). 2003. *Bevölkerung Deutschlands bis zum Jahr 2050. Ergebnisse der 10. Koordinierten Bevölkerungsvorausberechnung.* Wiesbaden : 52 p.

SCHWARZ, Karl. 1997. « Bestimmungsgründe der Alterung einer Bevölkerung : das deutsche Beispiel ». *Zeitschrift für Bevölkerungswissenschaf,* n°2-3, p. 347-360.

VEIL, Mechthild. « Kinderbetreuungskulturen in Europa: Schweden, Frankreich, Deutschland », *Aus Politik und Zeitgeschichte, Beilage zur Wochenzeitung das Parlament.* B44/2003, S. 12-21.

Le travail à temps partiel des seniors en Allemagne : un dispositif de maintien dans l'emploi ?

Brigitte LESTRADE

Jusqu'au début des années 1980, l'emploi des seniors ne faisait pas débat en Allemagne. Près de la moitié des 55 à 64 ans étaient au travail, mais ce taux, pas plus que celui de l'emploi des jeunes, n'était véritablement thématisé dans les politiques d'emploi d'alors. Cette situation a changé après le deuxième choc pétrolier ; le gouvernement allemand a alors pris ses distances par rapport à l'idée qui prévalait, selon laquelle il suffisait de créer des conditions économiques favorables à l'activité d'investissement des entreprises pour faire baisser le chômage, et il s'est décidé à intervenir. A cette époque furent créés un certain nombre d'instruments destinés à favoriser le départ anticipé des salariés seniors à la retraite pour permettre aux jeunes de prendre leur place et contribuer ainsi à la réduction du chômage. Un des outils phares de cet instrumentaire fut le dispositif de retraite anticipé qui associait départ précoce et travail à temps partiel. Puissamment subventionné par les pouvoirs publics, le travail à temps partiel des seniors attirait un nombre croissant de candidats, car le mi-temps effectué chez leur employeur leur procurait une rémunération pouvant dépasser les 80% de leur ancien salaire. A cet aspect d'attractivité financière non négligeable s'ajoutait, dans l'esprit de ses concepteurs, l'avantage de maintenir au sein des entreprises des compétences et des expériences susceptibles d'être transmises à la génération suivante pour assurer ainsi la pérennité d'un savoir autrement perdu.

Ce dispositif généreux a toutefois fait l'objet de critiques croissantes. L'évolution démographique catastrophique en Allemagne ne permet plus d'encourager les seniors à partir en préretraite, que ce soit une retraite anticipée totale ou partielle. Le déséquilibre croissant entre le nombre de personnes âgées qui s'accroît et celui des jeunes qui s'amenuise pèse sur le financement des systèmes sociaux, notamment sur celui des assurances retraite. La durée de perception des retraites s'allonge non seulement en raison de l'entrée anticipée en retraite, mais aussi du fait de l'allongement continu de l'espérance de vie. Un fait en soi très souhaitable se transforme en charge insupportable pour les jeunes générations, les Allemands ayant à peine commencé à compléter la retraite par répartition d'éléments de capitalisation, notamment le complément de retraite appelé Riester-Rente[1]. C'est précisément dans le cadre de la grande réforme sociale – l'agenda 2010 – lancée par le Chancelier SCHRÖDER en 2003 que le système des retraites en général et le dispositif de travail à temps partiel des seniors ont été réformés. Après une brève présentation de ce dispositif, de son insertion dans l'ensemble des formules de préretraite, de son fonctionnement et de ses spécificités, cette contribution montrera comment une idée, au départ intéressante et novatrice, a pu être dévoyée de son objectif initial.

LES DISPOSITIFS DE PRERETRAITE COMME INSTRUMENTS DE REDUCTION DU TEMPS DE TRAVAIL

Au milieu des années 1980, lorsque le gouvernement allemand s'est converti à son corps défendant à l'interventionnisme économique, la réduction du temps de travail était considérée comme le moyen le plus efficace pour combattre le chômage. Alors que le

[1] Le complément de retraite par capitalisation communément appelé « Riester-Rente » fut introduit en 2000/01 par Walter RIESTER, le ministre fédéral du Travail et de l'Ordre social de l'époque, dans le cadre de la réforme des retraites qui a abaissé le niveau moyen des retraites de 70 à 67% des revenus d'activité. L'introduction de la « Riester-Rente » constitue un tournant dans l'histoire des assurances sociales, car c'est la première fois en Allemagne qu'un dispositif d'assurance retraite tourne le dos au système par répartition et s'engage sur la voie de la capitalisation. Jusqu'à présent, les produits proposés par les assureurs dans le cadre de la « Riester-Rente » ont eu peu de succès auprès des salariés. Une procédure complexe et onéreuse, une subvention par l'Etat relativement faible en termes absolus, des coûts administratifs élevés chez les offreurs et de faibles commissions pour les vendeurs de ces produits ont conduit à une faible acceptation de cette nouveauté auprès des clients putatifs et au retrait du marché de la « Riester-Rente » par certains assureurs.

ministre du travail de l'époque, Norbert BLÜM, raisonnait en termes de réduction de la durée du travail sur la vie entière, donc en termes de départ anticipé à la retraite, les syndicats se focalisaient sur la semaine de 35 heures. Celle-ci étant refusée par la Confédération du patronat allemand (Bundesvereinigung der deutschen Arbeitgeberverbände), les négociations ont porté sur la préretraite, où les employeurs estimaient qu'un compromis était possible[1].

L'idée de la retraite anticipée n'était pas nouvelle. Depuis le premier choc pétrolier et la croissance du chômage subséquente, un certain nombre de pratiques, développées par le gouvernement et les partenaires sociaux, avaient été mises en œuvre afin d'offrir aux seniors la possibilité de quitter le marché du travail avant terme. Le « règlement 59 » (59er Regelung), appliqué avant l'entrée en vigueur de la loi sur les préretraites de 1984, en est un exemple. Il permettait aux salariés seniors au chômage de partir en préretraite à 60 ans. Cette mesure au départ destinée aux salariés qui avaient perdu leur emploi peu de temps avant le départ à la retraite, a été utilisée par certaines entreprises pour réduire leur personnel.

La loi sur les préretraites, entrée en vigueur le 1er mai 1984, a formalisé et unifié les pratiques existantes. Elle permettait aux salariés seniors, sur une base strictement volontaire, de partir à la retraite plus tôt, souvent vers 58 ans, en percevant une rémunération de substitution d'environ les deux tiers de leur salaire précédent, et ce jusqu'à leur départ effectif à la retraite, les détails concrets étant réglés, comme c'est la coutume en Allemagne, dans le cadre de

---

[1] Le débat autour de la réduction du temps de travail a scindé les syndicats en deux groupes opposés. Alors que cinq syndicats considérés comme « réformistes », notamment celui de la chimie, acceptaient de négocier des dispositifs de préretraite, les autres, dont le puissant syndicat IG Metall, se focalisaient sur l'obtention de la semaine de 35 heures. IG Metall, après avoir organisé en 1984 une des grèves les plus dures que l'Allemagne ait jamais connue, a obtenu la feuille de route vers les 35 heures, en vigueur dans ce secteur depuis 1991. La grève organisée dans les nouveaux Länder en 2003 pour y obtenir la même durée de travail hebdomadaire a toutefois échoué, signe du pouvoir déclinant des syndicats, voire aussi de l'évolution de la pensée collective à cet égard..

conventions collectives de branche[1]. Le législateur accordait à l'employeur une subvention de 35% des dépenses afférentes aux prestations de préretraite sous certaines conditions :

- versement par l'employeur au préretraité d'une allocation d'un montant d'au moins 65% du salaire brut jusqu'à l'âge légal de la retraite,
- ancienneté dans l'entreprise d'au moins 1080 jours (environ trois ans),
- départ librement consenti par le salarié
- recrutement d'un chômeur ou d'un jeune au chômage sur le poste ainsi libéré.

La subvention de l'allocation retraite étant liée au recrutement d'un chômeur, le gouvernement avait espéré une action vigoureuse sur le chômage. Cet espoir ne s'est pas réalisé[2], mais on peut penser que la loi a permis d'éviter un certain nombre de licenciements de salariés seniors.

En 1989 a été mis en place le deuxième dispositif de réduction du temps de travail affectant les salariés seniors : la loi sur la promotion d'une transition graduelle vers la retraite (Gesetz zur Förderung eines gleitenden Übergangs in den Ruhestand). Elle prévoyait que des salariés de 59 ans minimum pouvaient convenir avec leur employeur de passer à un temps partiel de 18 heures minimum. L'employeur versait au salarié concerné la moitié du salaire antérieur plus au moins 20% ; il devait aussi s'acquitter d'au moins 90% de la cotisation à l'assurance-retraite calculé sur le salaire à temps plein. Les deux subventions lui étaient remboursées par l'Office fédéral du Travail de Nuremberg jusqu'à l'âge légal de la retraite – 65 ans pour les hommes, 60 ans pour les femmes –, s'il se conformait aux dispositions

---

[1] Les premiers secteurs à avoir adopté des règlements concernant la préretraite sont l'industrie du textile, le bâtiment et le secteur de l'alimentation. Une convention collective typique déterminait les conditions d'âge du salarié, p.ex. 58 ans révolus, d'ancienneté dans l'entreprise, entre 10 et 25 ans, et le niveau de l'allocation de préretraite, jusqu'à 75% du salaire antérieur.

[2] A la fin de l'année 1985, 24 100 demandes de subvention avaient été accordées. Le taux d'occupation des postes ainsi libérés a été estimé à 70-80% par l'Office fédéral du Travail.

de la loi, notamment l'obligation de recruter un chômeur sur l'emploi ainsi libéré.

Sept ans plus tard, en 1996, la loi sur la transition graduelle vers la retraite fut modifiée : elle permettait désormais aux salariés à partir de 55 ans révolus de passer au système du temps partiel. Les autres règles, y compris les dispositions concernant les subventions, furent maintenues, mais la durée de remboursement par l'Office fédéral du Travail fut ramenée à cinq ans maximum. Les salariés ayant travaillé à temps partiel pendant au moins 24 mois, pouvaient partir en préretraite à partir de 60 ans, mais avec une retraite diminuée de 3,6% par an manquant par rapport à 65 ans.

Depuis cette époque, existaient en Allemagne deux dispositifs de départ en préretraite à 60 ans, le départ volontaire et la transition graduelle au moyen du travail à temps partiel. A ces deux dispositifs qui permettent un au salarié de rester en emploi ou non, s'ajoute une troisième voie d'accès à la retraite anticipée : le chômage pour les salariés de plus de 55 ans. Ils bénéficient de l'allocation chômage sans être obligés de se mettre à la recherche d'un nouvel emploi, et, à 60 ans, ils partent en retraite anticipée. En raison de l'accroissement continu du chômage, le nombre de personnes accédant aux dispositifs de retraite anticipée s'accroît régulièrement. Actuellement, 10% seulement des seniors travaillent jusqu'à 65 ans, l'âge légal.

Retraites et préretraites en Allemagne,
nouveaux arrivants en 2001,
selon âge et nature de la retraite

Age	total	dont en raison	
		du chômage	de travail à temps partiel
Hommes			
60	128876	79730	11809
61	37540	23521	6924
62	34805	21909	8619
63	72911	5821	2660
64	10139	937	97
65	96516	51	3
66	1708	13	-
67	948	9	-
68	701	2	-
69	611	6	-
70 et +	3483	5	-
Total	388243	132121	30112
Femmes			
60	202224	4760	478
61	19319	390	30
62	9482	561	48
63	15656	346	17
64	3973	156	2
65	168776	7	-
66	2158	1	-
67	1184	-	-
68	947	2	-
69	806	-	-
70 et +	5874	-	-
total	430399	6123	575

Source : Verband Deutscher Rentenversicherungsträger, propres calculs

Il est difficile d'accéder à des chiffres précis sur les personnes concernées par le dispositif de temps partiel des seniors. Les statistiques officielles les assimilent aux chômeurs en préretraite, ce qui montre par ailleurs que les concepteurs du dispositif le percevaient plus comme un moyen de préserver les seniors du chômage que comme un moyen de les maintenir en emploi. Les chiffres, qui datent de 2001, montrent que, 5 ans après l'entrée en vigueur de la loi sur le temps partiel des seniors, seuls 30112 hommes ont accédé à la retraite après une période de temps partiel, soit 7,75% du total des retraités, comparés à 34% pour l'accès des chômeurs à la retraite. Pour les femmes, le temps partiel subventionné ne joue qu'un rôle marginal, l'âge légal de la retraite étant fixé à 60 ans[1]. Ce taux paraît peu important, mais il ne s'agit en l'occurrence que des départs à la retraite des travailleurs à temps partiel, donc une fois leur période d'activité professionnelle terminée.

Les 30 000 personnes en question sont entrées dans le dispositif au moment de sa création, voire avant. Il fallait par conséquent s'attendre à un accroissement important du nombre de travailleurs à temps partiel dans les années suivantes. Bien que l'évolution des chiffres au-delà de 2001 repose surtout sur des estimations, l'association des assurances retraite avance, pour 2002, un total de 250 000 départs à la retraite anticipée après chômage ou temps partiel, et, pour 2003, de 400 000, chiffres à rapprocher des 162 000 relevés en 2001. Le nombre de préretraites aurait été multiplié par six de 1993 à 2003. Le nombre de départs à la retraite après une activité à temps partiel se situerait aux alentours de 85 000 en 2003, ce qui suppose un nombre beaucoup plus important de personnes se trouvant actuellement dans ce dispositif et bénéficiant des subventions y afférentes.

Si le système de travail à temps partiel des seniors, sept ans seulement après son entrée en vigueur, a suscité de très vives critiques, c'est en raison de son coût. Pour encourager les seniors à

[1] En raison des problèmes de financement de la retraite, il avait été décidé de porter l'âge légal de la retraite des femmes à 65 ans. Le règlement de 1992 avait prévu une durée de transition de 25 ans, jusqu'en 2017. Devant l'accroissement continu des demandes de préretraite, la fin de la période de transition a été ramenée à 2009

profiter du dispositif, la loi prévoit une augmentation substantielle de la rémunération horaire, afin que le salaire atteigne au moins 70% du niveau antérieur, avec maintien des cotisations aux assurances retraite à au moins 90% de ce niveau antérieur. Les conventions collectives de branche sont souvent plus généreuses encore. Le recours au temps partiel étant subventionné par l'Etat sous certaines conditions, les charges pour la collectivité sont importantes. Les subventions atteignent, sur la totalité de la période, environ 85 000 € par salarié, dont environ 70 000 € versés par l'Agence fédérale du travail[1], le reste étant des subventions fiscales pour l'augmentation du salaire des travailleurs à temps partiel seniors[2]. La charge financière occasionnée par le travail à temps partiel des seniors est estimée à 5 milliards € par an.

Le ministre de l'Economie du Land de Bade-Wurttemberg, Ernst PFISTER, a qualifié le travail à temps partiel des seniors de « mesure de création d'emploi probablement la plus onéreuse qui soit », il estime « qu'il n'est guère de doute que les subventions excessives du travail à temps partiel des seniors induisent une destruction d'emploi de grande envergure, mis à part le fait que personne ne peut expliquer à une mère élevant seule ses enfants et qui travaille à temps partiel, pourquoi elle doit se passer de subventions alors que l'emploi à temps partiel des seniors est subventionné par les pouvoirs publics à hauteur de presque 100 000 € » (Pressemitteilungen des Wirtschaftsministeriums Baden-Württemberg).

Lorsque le gouvernement Schröder a annoncé sa volonté de réformer les retraites en 2003 pour tenir compte de la dégradation de la situation démographique et de l'enlisement des comptes sociaux, il avait été suggéré de mettre un terme au dispositif du temps partiel des seniors. Il était considéré qu'il allait à l'encontre de l'impérieuse

---

[1] L'Office fédéral du Travail de Nuremberg a été rebaptisé Agence fédérale du travail dans le cadre de la réforme du marché du travail intégrée à l'Agenda 2010 du Chancelier Gerhard SCHRÖDER.

[2] Il est à noter que le complément de salaire d'au moins 20% décidé par le législateur – au-delà du salaire de 50% auquel le salarié senior a droit en raison de son travail à mi-temps –, n'est pas soumis à l'impôt sur le revenu (§ 3 n°28 de la loi sur l'impôt sur le revenu, Einkommenssteuergesetz).

nécessité d'accroître la durée du travail sur la vie et d'augmenter l'âge réel de départ à la retraite[1]. L'opposition à ce projet a toutefois été telle que le gouvernement a dû faire marche arrière[2]. Les entreprises, et notamment les DRH, les syndicats et surtout les salariés eux-mêmes considèrent que l'âge optimal de départ à la retraite est de 60 ans, 63 au maximum, même compte tenu de la dégradation actuelle du système de financement de la retraite. Un sondage de salariés près de l'âge de la retraite (Wirtschaftsministerium Baden-Württemberg) conduit en 2004 a révélé que 70% des salariés interrogés envisagent de partir à la retraite avant 65 ans, 42% préfèrent partir à 60 ans et 30% à 63 ans. Pour ce faire, ils étaient prêts à renoncer à une partie de leur retraite. Ils accepteraient des abattements plus importants encore que ceux prévus par la loi[3]. Parmi les salariés seniors de 55 ans et plus, 43% s'y déclaraient prêts, parmi ceux de moins de 55 ans, ce chiffre atteignait même 58%. L'opinion publique étant à ce point opposée à la suppression du travail à temps partiel des seniors, le gouvernement a décidé de le maintenir en le réformant. La loi de 1996 ayant été limitée à l'horizon 2005, le gouvernement l'a prorogée

---

[1] Dans le cadre de la réforme des retraites, il avait été envisagé de porter l'âge légal de la retraite de 65 à 67 ans. Devant le hiatus entre l'âge légal et l'âge réel de départ à la retraite, ce projet a toutefois été abandonné, l'urgence étant surtout d'amener davantage de seniors à travailler effectivement jusqu'à 65 ans.

[2] Au vu de la situation catastrophique des comptes sociaux, le nouveau gouvernement CDU/CSU-SPD d'Angela MERKEL a toutefois ressorti le projet du gouvernement précédent visant à porter l'âge légal d'accès à la retraite de 65 à 67 ans.

[3] Il est vrai que l'abattement de 3,6% par année de cotisation manquante est relativement faible en regard du coût occasionné. D'après un calcul de l'Institut de l'Economie allemande de Cologne, un préretraité devrait subir un abattement de 5,4% pour une année de retraite anticipée, au lieu de 3,6%, et, pour un départ trois ans avant l'âge légal, un abattement de 14,4% au lieu de 10,8%. De plus, le calcul du montant de la retraite ne tient compte actuellement que du nombre d'années de cotisations et ne prend pas en considération l'allongement continu de l'espérance de vie, donc du versement prolongé de la retraite. Ainsi, un homme ayant aujourd'hui 60 ans perçoit sa retraite pendant 4 ans de plus qu'il y a 40 ans ; pour une femme du même âge, l'allongement est de 5,5 ans (Institut der deutschen Wirtschaft). Et, bien entendu, ces estimations sont à majorer, année après année, du fait des progrès de la médicine.

jusqu'en 2009, tout en modifiant profondément certains aspects dans le double but de rendre le temps partiel des seniors moins attractif sur le plan matériel et de maintenir plus longtemps au travail les seniors qui souhaitent néanmoins avoir recours à ce dispositif.

LA REFORME DE LA LOI SUR LE TRAVAIL A TEMPS PARTIEL DES SENIORS

L'amendement de la loi réglant le travail à temps partiel des seniors, en date du 1er juillet 2004, fait partie de la troisième loi en faveur de prestations modernes sur le marché du travail qui représente un aspect de la réforme du marché de l'emploi contenue dans l'agenda 2010 du gouvernement Schröder. Comme la loi précédente, elle crée le cadre réglementaire permettant aux salariés seniors qui le souhaitent de convenir avec leur employeur d'une transition graduelle vers la retraite. Cette possibilité s'offre aux salariés travaillant à temps plein comme à ceux qui travaillent déjà à temps partiel. Elle s'appuie sur un accord entre salarié et employeur s'inscrivant dans la législation du travail. C'est une possibilité offerte aux salariés et non une obligation. Inversement, le salarié n'y a pas droit automatiquement. Son entreprise peut s'y opposer dans l'intérêt du service ou, en tout état de cause, si 5% des effectifs bénéficient déjà de cette mesure[1]. L'employeur s'adresse à l'Agence fédérale du Travail s'il souhaite combler la vacance ainsi créée et solliciter les subventions y afférentes, s'il remplit les conditions prévues par la loi.

Le travail à temps partiel des seniors, subventionné par l'Etat, ne s'applique qu'aux personnes qui remplissent certaines conditions :

- le salarié doit avoir 55 ans révolus,

[1] L'entreprise dont 5% des effectifs bénéficient du dispositif du temps partiel des seniors est en droit de refuser d'autres demandes de ses salariés. Si elle accepte néanmoins la requête d'autres salariés d'y accéder, elle n'a normalement pas droit au remboursement des suppléments de salaire et de cotisations qu'elle verse pour les salariés qui dépassent le pourcentage de 5% du total des effectifs. En pratique, l'Agence fédérale du Travail rembourse régulièrement aussi ces montants supplémentaires versés par l'employeur (SCHABESTIEL/TENBROCK, 2005).

- la durée de l'accord sur le travail à temps partiel des seniors doit courir jusqu'à la perception de la retraite,
- le temps de travail doit être réduit de moitié,
- l'emploi doit être assujetti aux assurances sociales,
- le salarié concerné doit avoir tenu un emploi assujetti aux assurances sociales au moins 1080 jours pendant les cinq dernières années.

Le dispositif du travail à temps partiel prévu par la loi peut avoir une durée variable, cinq ou six ans, voire dix ans. Les subventions, quant à elles, ne sont versées que sur une durée maximale de six ans. Le travail à temps partiel des seniors est un travail à mi-temps, c'est-à-dire la moitié du temps de travail pratiqué immédiatement avant d'entrer dans le dispositif ou au maximum la moitié de la moyenne des 24 derniers mois avant le passage au temps partiel. La répartition du temps de travail est laissée à l'appréciation des parties contractantes qui sont le mieux à même de juger de l'organisation concrète dans l'entreprise concernée. Toutes les situations sont possibles, du travail à mi-temps classique jusqu'à une alternance travail/temps libre journalier, hebdomadaire, mensuel, voire saisonnier. Une répartition dégressive dans le temps est également envisageable.

Une des modifications de la nouvelle loi de 2004 porte sur la définition du salaire à verser au salarié. Alors qu'auparavant, il était défini comme la moitié du salaire du temps plein, y compris tous les versements spécifiques tels que gratifications de Noël, de vacances, etc., depuis le 1er juillet 2004, la rémunération considérée comme base de calcul ne comprend plus que les versements mensuels assujettis aux assurances sociales. Les cotisations aux assurances retraites, auparavant d'au moins 90% de celles applicables au temps plein, sont ramenées à 80%. Ces dispositions légales ne tiennent pas compte d'éventuelles modifications apportées par voie contractuelle.

L'employeur, de son côté, ne peut prétendre aux subventions versées par l'Agence fédérale du travail que si le poste libéré par le salarié senior est pourvu par un chômeur régulièrement inscrit à l'Agence pour l'emploi ou par un salarié ayant terminé sa formation. Les petites entreprises de 50 salariés ou moins peuvent satisfaire à l'obligation de pourvoi du poste en recrutant un apprenti. Les subventions versées par l'Agence fédérale du travail ne portent que sur les montants fixés par la loi ; d'éventuels dépassements convenus dans le cadre d'une convention collective de branche ne sont pas remboursés par l'Etat.

Une des différences les plus notables de l'actuelle législation par rapport à la précédente est la restriction de la population salariale à laquelle elle s'applique. Elle précise que « toute personne ayant pratiqué le travail à temps partiel des seniors pendant au moins 24 mois et remplissant toutes les autres conditions peut prétendre en principe à l'obtention d'une retraite pour âge (Altersrente). Toutefois, cette retraite ne peut être obtenue que par des assurés nés avant 1952. Depuis 1997, les limites d'âge pour l'obtention d'une retraite normale après le temps partiel des seniors ont été progressivement accrues pour atteindre 65 ans. Cela signifie que la retraite anticipée ne peut plus être obtenue, sauf exception, qu'au prix d'un abattement annuel de 3,6%, taux inchangé depuis 1996. Accéder à la retraite pleine après un minimum de 24 mois de travail à temps partiel est désormais réservé à certains groupes de salariés spécifiques. La réforme des retraites, dont la loi sur le travail à temps partiel des seniors fait partie, stipule que la limite d'âge pour l'accès à une retraite pleine anticipée pour tous les assurés nés après 1945 sera progressivement relevée de 60 à 63 ans pendant la période de 2006 à 2009. Cette disposition ne s'applique pas aux assurés ayant conclu un accord de temps partiel seniors avant le 1er janvier 2004[1].

Comme sous la réglementation précédente, le législateur a invité les partenaires sociaux à conclure des conventions collectives de

---

[1] Cette clause a été ajoutée sous l'impulsion des syndicats qui estimaient que la volte-face du gouvernement en matière de réglementation des conditions d'accès à la retraite anticipée après l'emploi à temps partiel des seniors lésaient les salariés qui avaient envisagé d'y avoir recours selon les modalités en vigueur avant la réforme. Seuls les seniors nés entre le 1.1.1946 et le 3.12.48 ayant conclu un accord de préretraite ou de temps partiel senior avec leur entreprise bénéficient encore de l'ancien système. Les personnes relevant du même groupe d'âge mais n'ayant pas conclu l'accord en question avant la date limite, ainsi que celles nées après le 3.12.48 sont soumis au nouveau système.

branche pour adapter le cadre général à la situation particulière des entreprises qui souhaitent offrir la possibilité de l'emploi à temps partiel à leurs salariés seniors. Celles-ci ont été concrétisées notamment dans les secteurs des services, comme la santé, les banques et assurances et l'administration publique, mais aussi dans l'industrie, comme l'automobile et ses sous-traitants, la chimie et les machines-outils. La plupart des conventions reprennent les termes de la loi, elles sont peu nombreuses à offrir des conditions plus généreuses. Si, globalement, les conditions régissant le temps partiel des seniors ont été durcies, on peut noter l'introduction, par le législateur, d'une obligation pour l'employeur de souscrire une garantie contre l'insolvabilité, une mesure qui protège les salariés seniors d'une défaillance de leur entreprise.

Pendant des décennies, employeurs et salariés ont appris à combiner les possibilités de l'assurance retraite et de l'assurance-chômage pour avancer l'heure de départ de la vie active avant l'entrée effective de la retraite. Ainsi, l'âge réel de la retraite a baissé de 61,5 ans en 1973 à 58,2 ans en 1982. Depuis, il augmente à nouveau, tant pour les hommes que pour les femmes, mais non l'âge de départ de la vie active. Entre celui-ci et l'âge effectif de la retraite existe un fossé qui est comblé par la retraite anticipée. Actuellement, au moins 60% des ouvriers et des employés accèdent à la retraite après une forme de retraite anticipée. 60% des préretraités sont financés par le biais de l'assurance-chômage, donc par les cotisants, 30% seulement par l'employeur. La nouvelle réglementation raccourcit sensiblement le délai entre le départ de l'emploi et le début d'une retraite sans abattements. A partir du 1er janvier 2006 pour les hommes et du 1er janvier 2009 pour les femmes, il n'y aura plus de retraite sans abattements avant l'âge de 65 ans. La durée de l'allocation chômage pour les chômeurs seniors a été réduite de 32 à 18 mois, l'assistance chômage, désormais fusionnée avec l'aide sociale, l'équivalent allemand du RMI, n'est plus versée que si le chômeur n'a pas d'autres ressources (salaire du conjoint, économies, etc.). La préretraite financée par l'Etat, entre la fin de l'activité professionnelle et le début de la retraite pleine, sera au maximum de 18 mois et ne saura débuter que si l'ayant droit a au moins 63 ans et demi. Les salariés souhaitant une transition plus douce vers la retraite ne pourront plus le faire que par deux voies, se constituer un capital propre ou profiter du travail à temps partiel des seniors.

MAINTIEN EN ACTIVITE OU ACCES A LA PRERETRAITE ?

Lorsque le dispositif du travail à temps partiel des seniors a été mis en place dans les années quatre-vingt, il obéissait à un double impératif : il était censé combattre le chômage, comme les préretraites, mais, contrairement à ces dernières, il devait aller au-delà de cet objectif en permettant aux seniors, par un maintien prolongé en activité, de transmettre leur savoir et leur expérience aux jeunes générations avant leur départ définitif. Les amendements successifs de la loi sur l'emploi à temps partiel des seniors ont toutefois montré que celui-ci n'avait véritablement pris son essor qu'à partir de 1996, lorsque, à côté du modèle de répartition traditionnelle du temps de travail fut introduite une variante qui semblait davantage correspondre aux vœux tant des salariés que de leurs employeurs.

Depuis 1996 en effet, la loi autorise, en plus des modèles traditionnels, où le salarié travaille à temps partiel jusqu'à son départ à la retraite, un deuxième modèle, appelé « Blockmodell » qui procède autrement : le salarié continue à travailler à temps plein pendant la moitié du temps qui le sépare de la retraite, l'autre moitié est considérée comme du temps de travail zéro où il ne travaille plus du tout. Pendant toute la durée du temps partiel, qu'il travaille à temps plein ou à temps zéro, il perçoit la même rémunération, 50% du salaire plus les subventions prévues par la loi ou l'éventuel convention collective de branche. En principe, la durée d'un accord portant sur le temps réduit des seniors est de trois ans (§ 2 alinéa 2 phrase 1 n° 1 de la loi sur le travail à temps partiel des seniors), ce qui correspond au « petit modèle bloqué ». Dans le cadre d'une convention collective, d'un accord d'entreprise reconnu ou d'un accord des églises ou autres communautés religieuses, cette durée peut être étendue à six ans, le « grand modèle bloqué ». Les deux variantes se caractérisent par le fait que le salaire est versé de façon continue, que le salarié se trouve dans la phase de travail à temps plein ou dans celle de travail zéro.

Cette variante de travail à temps partiel des seniors, qui n'est rien d'autre qu'une façon déguisée et subventionnée de partir à la retraite quelques années plus tôt que prévu, a connu un succès immédiat. Il n'est pas possible d'avoir des chiffres fiables, car les sources sont d'une part dispersées et d'autre part incomplètes. Les seniors bénéficiant de ce dispositifs n'apparaissent dans ces statistiques que lors de leur départ définitif de l'entreprise, quand les entreprises qui continuent à leur verser le salaire correspondant au travail zéro perçoivent les compensations de la part de l'Agence fédérale du Travail. Mais certains indicateurs partiels sont parlants : ainsi, les administrations publiques en Bavière (du Land et territoriales) signalent en juin 2004 que 27 684 salariés du service public bavarois étaient concernés en 2003 par le dispositif de travail à temps partiel des seniors, un chiffre en hausse de 45% (Bayerisches Landesamt für Statistik und Datenverarbeitung). Il correspond à 4,5% des 612 810 salariés du service public bavarois et à 13,9% de ses 199 055 salariés à temps partiel. La moitié d'entre eux sont des fonctionnaires et des juges ; les ouvriers ne constituent que 12,4% du total. Au regard de ces chiffres, l'estimation de l'Agence fédérale du Travail qui évalue le total des seniors bénéficiant du dispositif à environ 80 000 semble très loin du compte.

L'application de la loi sur le temps partiel des seniors doit s'appuyer sur une convention collective ou un accord d'entreprise. Mais la plupart des conventions se contentent de copier les dispositions prévues par la loi, sauf pour un élément, mais qui a son importance. La loi de 1996 offre indifféremment la possibilité à l'employeur et aux salariés d'opter pour le modèle classique, c'est à dire le travail à temps partiel d'une durée constante jusqu'à l'entrée à la retraite, ou le modèle bloqué, décrit précédemment. Or, la plupart des conventions collectives, qu'elles proviennent d'universités, de collectivités territoriales ou d'entreprises, ne prévoient expressément que le modèle bloqué. Un salarié qui souhaite travailler effectivement jusqu'au moment du départ à la retraite ne peut profiter du dispositif, sauf accord express de son employeur. Les entreprises expliquent leur préférence pour ce modèle par le fait qu'il était plus facile à organiser en interne, induisant moins de changements pratiques. Le salarié continue à travailler à temps plein comme auparavant, jusqu'au moment de son départ définitif. Elles soulignent en outre qu'il était plus facile de combler une vacance à temps plein qu'à temps partiel. La conséquence de cette politique est qu'aujourd'hui le modèle traditionnel est en voie de disparition. Il ne constitue plus qu'environ 10% des emplois à temps partiel des seniors.

La belle idée du maintien des seniors dans l'entreprise – afin de maintenir la mémoire des lieux, afin de conserver une certaine mixité par âge, afin, aussi, de transmettre des expériences qui se perdent peu à peu –, se trouve par conséquent dévoyée de son objectif initial. Le travail à temps partiel des seniors a été réduit à une simple variante de préretraite, onéreuse pour la collectivité, et pourtant inaccessible pour de nombreux salariés qui ne peuvent se permettre de renoncer à une partie importante de leur salaire antérieur, comme le montre l'exemple bavarois. S'agit-il d'un procédé imposé par les entreprises ? Procède-t-il d'une connivence entre employeurs et salariés ? Peu d'études se sont penchées sur ce phénomène[1] et les raisons pour lesquelles il s'est à ce point écarté de son but initial. Le faible nombre de bénéficiaires avant la réforme de 1996 et l'explosion de ce chiffre après tendrait à démontrer que le modèle bloqué correspond à la volonté des deux parties. Les salariés seniors aspirent à la retraite, le plus tôt étant le

---

[1] Une des rares études qui existent a été entreprise sous l'égide de la fondation Hans-Böckler. Elle compare la pratique du travail à temps partiel des seniors en Rhénanie du Nord Westphalie et en Bade-Wurtemberg. Tout en reconnaissant les latitudes laissées aux partenaires sociaux pour négocier les détails de l'accord, notamment la durée totale du temps partiel, trois ans ou cinq ans, les représentants du service du personnel des entreprises estiment qu'il s'agit pour eux surtout d'un instrument de gestion du personnel permettant de réduire le nombre de salariés seniors de façon peu douloureuse (sozialverträglich). Des stratégies de rationalisation et la réduction des coûts salariaux y jouent un rôle tout comme des conditions de travail pénibles auxquelles certains salariés seniors souhaitent échapper rapidement et si possible totalement. Ce dernier élément joue un rôle plus important en Rhénanie du Nord Westphalie où les entreprises sont globalement moins florissantes qu'au Bade-Wurtemberg. (Hans-Böckler-Stiftung, 2004).

mieux ; et les entreprises tentent, elles aussi, de se débarrasser de leurs salariés plus âgés, même si cela leur coûte cher[1].

Cette évolution est déplorée par les syndicats qui estiment que l'utilisation qui est faite de la loi ne correspond pas à son objectif initial (BLIESENER, 2003). Ils critiquent non seulement le fait que la société gâche inconsidérément cet acquis de savoir, mais aussi que le modèle bloqué auquel ont recours presque toutes les entreprises qui pratiquent le temps partiel des seniors, ne remplit pas son deuxième objectif, à savoir la baisse du chômage. Les seniors travaillant à temps plein pendant la moitié de la durée du temps dit partiel, ils ne libèrent pas assez de postes pour les plus jeunes. Afin de revenir à la vocation initiale du temps partiel des seniors, la Confédération des syndicats allemand (DGB) suggère que l'Agence fédérale du Travail augmente sa subvention de 10% pour tous les cas de véritable temps partiel des seniors, si, en même temps, l'entreprise recrute un apprenti.

CONCLUSION

Contrairement à la France, où le dispositif de travail à temps partiel des seniors, appelé « préretraite progressive » a été aboli en décembre 2004[2], le gouvernement allemand a préféré le maintenir – jusqu'en 2009 pour l'instant, mais rien ne l'empêche de le proroger –, tout en durcissant les conditions d'accès à la retraite pour les salariés.

---

[1] La tendance de ne pas vouloir employer ou recruter des salariés d'un certain âge est très répandue en Allemagne et donne lieu à de vives inquiétudes. Le taux de chômage des seniors est le plus élevé de tous les pays industrialisés. On estime que 50% des entreprises allemandes n'emploient aucun salarié de plus de 50 ans.

[2] En France, la loi portant réforme des retraites du 21 août 2003 a instauré la disparition du dispositif des préretraites progressives à dater du 1er janvier 2005. Les conventions signées avant cette date continuent toutefois à s'appliquer jusqu'à leur terme. La convention de préretaite progressive conclue entre l'Etat et l'entreprise permettait aux salariés âgés d'au moins 55 ans qui le souhaitaient de transformer leur emploi à temps plein en emploi à temps partiel et de percevoir un revenu de remplacement jusqu'à l'âge de la retraite. Comme en Allemagne, la préretraite progressive devait permettre de recruter des demandeurs d'emploi ; pour la France s'ajoutait la possibilité d'éviter ou de diminuer le nombre de licenciements pour motif économique (Liaisons sociales, 2004).

Bien qu'il s'agisse d'un dispositif onéreux et peu efficace en termes de maintien des seniors au sein de l'entreprise, selon ses détracteurs, la majorité des acteurs économiques estiment qu'il a contribué, non pas à combattre le chômage, mais au moins à l'éviter pour certains. Il est peu probable que la réforme du temps partiel des seniors mette un frein réel à son développement. Les nouveaux bénéficiaires du dispositif devront patienter jusqu'à 63 ans avant d'accéder à la retraite au lieu de 60 ans, mais la pression conjointe des salariés et de leurs employeurs pour un départ précoce, le plus précoce possible, à la retraite est telle, que le nombre de volontaires se maintiendra probablement à un niveau élevé.

S'il est difficile de qualifier le temps partiel des seniors de dispositif de maintien dans l'emploi, la loi sur la réforme du marché du travail de 2003 (Hartz I) a introduit certaines dispositions qui, elles, pourraient contribuer à rendre le marché de l'emploi des seniors plus fluide et à faciliter la réinsertion des chômeurs d'un certain âge dans l'entreprise. En considération de l'évolution démographique en Allemagne et du taux de chômage élevé des salariés seniors, le gouvernement a souhaité lever certaines barrières à leur recrutement, notamment le renchérissement du coût salarial lié à l'ancienneté et la protection accrue des seniors contre le licenciement. Aux salariés de plus de 50 ans qui acceptent un emploi moins bien rémunéré que le précédent, l'agence pour l'emploi verse, sous certaines conditions, un complément de rémunération (Entgeltsicherung) qui couvrira la moitié de la différence par rapport à leur situation précédente. Pour faciliter leur réinsertion aussi de la part des entreprises, il a été décidé que ces dernières ne verseraient pas de cotisations aux assurances chômage pour les salariés de ce groupe d'âge. En outre, il a été décidé qu'elles pourront les recruter désormais en CDD sans aucune restriction à partir de 52 ans, et ce jusqu'à l'âge de la retraite[1].

---

[1] Les dispositions régissant le recrutement en CDD permettent à une entreprise d'embaucher un salarié en CDD pour une durée maximale de deux ans. Cette possibilité, ainsi que la nouvelle réglementation des CDD pour les seniors, conduisent de fait à une situation où un salarié âgé de 50 ans peut être recruté par des contrats à durée déterminée jusqu'à l'âge de la retraite, au pire pendant 15 ans. Il va sans dire que les syndicats s'étaient fortement opposés à cette mesure. Ils

Les mesures, où plutôt les demi-mesures prises par le gouvernement allemand pour maintenir les seniors au sein de l'entreprise sont une illustration de cette incapacité qui s'est emparée de la société allemande de s'adapter à un environnement qui change de plus en plus vite. Cette attitude se caractérise par une peur de l'avenir, une peur de l'inconnu qu'apporte l'avenir. Plus de trente ans après la fin des trente glorieuses, les Allemands ont du mal à se séparer de l'illusion que la vie devrait toujours devenir plus belle, plus sûre et plus confortable. Cette envie de partir à la retraite le plus tôt possible est aussi un signe de cette fuite devant les réalités. Les seniors préfèrent une retraite, même amputée sur le plan financier, au combat pour l'emploi. Est-ce le signe d'une société vieillissante ? Est-ce une caractéristique nationale qui préfère le romantique et la « Gemütlichkeit » aux dures réalités de la vie marquée par la mondialisation ? Toujours est-il que tant le gouvernement que la société civile s'accordent à estimer que les réformes récemment entreprises constituaient un dur labeur, et qu'il convient désormais de reprendre des forces avant de continuer dans cette voie.

---

estiment que les chômeurs d'un certain âge sont certes intégrés dans l'entreprise, mais dans le cadre d'un statut précaire, alors que rien n'est prévu pour faciliter le maintien des seniors en activité.

BIBLIOGRAPHIE

BAUDET-CAILLE, Véronique et Solange DELACROIX. 2004. « Salariés de plus de 45 ans: Embauche, gestion de l'emploi, départs à la retraite ». *Liaisons sociales*, (novembre).

BLIESENER, Rainer, DGB-Landesvorsitzender. 2003. « Demografischer Wandel und Arbeitswelt ». *Statement auf der Klausur der SPD-Landtagsfraktion in Freudenstadt*, 10.9.2003, http://www/dgb-bw.de/sixcms/detail.php?id=5016

Bayerisches Landesamt für Statistik und Datenverarbeitung. 2004. *Altersteilzeit im öffentlichen Dienst in Bayern nimmt zu, Beamte überproportional beteiligt*. 25.6.2004. http://www.statistik.bayern.de/presse/076_2004.html

Bundesagentur für Arbeit. 2004. *Arbeitsmarkt 2003. Amtliche Nachrichten der Bundesagentur für Arbeit*. 52. Jahrgang, Sondernummer, Nürnberg, 15.7.2004.

Bundesagentur für Arbeit. 2004. *Gleitender Übergang in den Ruhestand, Hinweise für Arbeitgeber und Arbeitnehmer.* Gültig ab 1.7.2004, Merkblatt 14.

Bundesministerium für Wirtschaft und Arbeit. *Änderungen des Altersteilzeitgesetzes zum 1. Juli 2004.* http://www.bmwa.bund.de

GRÜNER, Hans et Gerhard DALICHAU. 1998. « Vorruhestandsgesetz, Altersteilzeitgesetz ». *Band I*, Verlag R.S, Schulz.

Institut der deutschen Wirtschaft, Köln. 2004. *Frühverrentung, zu billig weggekommen.* iwd- Informationsdienst des Instituts der deutschen Wirtschaft, Köln Nr. 2/2004.

Hans-Böckler-Stiftung. « Tarifverträge zur Altersteilzeit : NRW und Baden-Württemberg im Vergleich ». http://www.box6boeckler-boxen.de/forschung

JACKSON, Richard. 2003. « Germany and the Challenge of Global Aging ». *Center for Strategic and International Studies,* (mars 2003).

JELENSKI/WEIDINGER. « Forschungsbericht von 2001, Dokumentation Arbeitszeit-Praxisbeispiele ». Teil 2 Fallstudien.
« Vorruhestand – Gleitend in die Rente ». *Manager-Magazin*, 9/1996.
OECD. *Labour Force Statistics Database.* Online database 2003.
SCHABESTIEL/TENBROCK. 2005. Altersteilzeit. http://www.aus-innovativ.de
WILD, Gisela. 2003. « Streik ist wie Krieg, Die Zukunft der Gewerkschaften ». *Das Parlament,* 47-48/17.11.2003.

Le cas britannique : le New Labour face au problème des retraites

Carine BERBERI

En théorie, la Grande-Bretagne est moins confrontée au problème des retraites que les autres pays européens. D'une part, son système de retraites reposant sur un partenariat entre le secteur public et le secteur privé, les retraites privées jouent un rôle important dans le financement des retraites des Britanniques. Ainsi, le Royaume-Uni est le pays où le plus grand nombre de personnes disposent de plans de retraite individuels ou de plans de retraite professionnels liés à l'entreprise (environ 45% de la population). Ce système est peu coûteux pour l'Etat : ce dernier consacre seulement 5% du PIB aux retraites, ce qui est peu comparé aux autres pays européens[1]. En 1998, les dépenses de retraites obligatoires ne représentaient que 5,3% du PIB en Grande-Bretagne alors qu'elles s'élevaient à 12,8% du PIB en Italie[2].

D'autre part, la Grande-Bretagne ne subit pas les mêmes pressions que les autres pays européens, car sa population vieillit moins rapidement que celle de la plupart des autres Etats membres : la fécondité est plus haute que la moyenne (1,64 contre une moyenne européenne de 1,53), l'immigration est relativement forte et les taux d'emploi sont parmi les plus élevés d'Europe. Le Royaume-Uni ne sera donc pas confronté à une modification importante du nombre de retraités avant 2020-2030[3].

Toutefois, en pratique, les choses ne sont pas aussi roses qu'elles le paraissent. Ces dernières années, les gouvernements britanniques ont été non seulement confrontés à un accroissement des inégalités parmi les retraités, mais aussi à une remise en cause des régimes de

---

1 - W. HUTTON, "The great pensions lie", *The Observer*, 16 February 2003. (http://www.guardian.co.uk)

2 - OCDE, base de données SOCX 2002. (http://www.oecd.org)

3 - Observatoire européen de l'emploi (http://www.eu-employment-observatory.net)

retraite privés. Alors que les travaillistes comptaient sur le secteur privé pour assumer le coût futur du vieillissement de la population[1], ils ont dû reconsidérer leur politique.

Quelles mesures ont été adoptées depuis 1997 par les gouvernements travaillistes de Tony BLAIR pour faire face à cette situation peu favorable ? Quelles chances les retraités britanniques ont-ils aujourd'hui de toucher une retraite décente ? Nous essaierons de répondre à ces questions en examinant, tout d'abord, la part des retraités dans la population britannique et le fonctionnement du système de retraite britannique jusqu'aux réformes travaillistes. Puis, nous nous concentrerons sur la politique suivie par les travaillistes et nous tenterons de dresser un début de bilan.

UN VIEILLISSEMENT DE LA POPULATION QUI POSERA BIENTOT PROBLEME

Même si la Grande-Bretagne est moins confrontée à ce problème dans l'immédiat que les autres pays européens, elle devra faire face dans plusieurs années à un vieillissement important de sa population et à un nombre croissant de retraités en raison d'une espérance de vie plus longue, mais aussi de l'amélioration des niveaux de vie et du système de santé. La proportion de personnes âgées de 65 ans et plus n'a ainsi cessé de progresser, composant 13% de la population en 1971, 16% en 2003, pour certainement atteindre 23% en 2031, selon les projections de *The Office for National Statistics*. L'âge moyen a également augmenté, passant de 34,1 ans en 1971 à 38,4 ans en 2003, pour certainement atteindre 43,3 ans en 2031.

Le vieillissement de la population est particulièrement manifeste lorsque nous examinons le groupe d'âge des 85 ans et plus : représentant 0,4 millions de personnes en 1971, 0,6 millions en 1981 et 0,8 millions en 1991, ils étaient au nombre de 1,1 millions en 2001. En revanche, un certain tassement du nombre des plus de 65 ans a pu être remarqué au cours des dernières années.

---

[1] - Actuellement, les retraites sont financées à 40% par le privé et à 60% par l'Etat. Les travaillistes voulaient inverser cette tendance.

Ce vieillissement de la population s'est naturellement traduit par une augmentation de la population en âge d'être à la retraite (60 ans pour les femmes et 65 ans pour les hommes – à partir de 2010, où l'âge légal de la retraite sera de 65 ans pour tous). Ainsi, le nombre de retraités représentait 9,1 millions de personnes en 1971, 10 millions en 1981, 10,6 millions en 1991 et 10,8 millions en 2001.

	1951	1961	1971	1981	1991	2001
Population Tous âges	50 225	52 807	56 928	56 352	57 806	58 789
65-74	3 689	3 977	4 764	5 195	5 067	4 936
75-84	1 565	1 885	2 160	2 675	3 136	3 280
plus de 85 ans	224	346	485	602	896	1 124
en âge de retraite	6 828	7 747	9 123	10 031	10 597	10 810

Source : Office for National Statistics.

Il est estimé que le nombre de personnes de plus de 85 ans représentera 3,8% de la population en 2031 et 6% d'ici 2050, soit un pourcentage nettement supérieur à ceux de 2001 (1,9%) et 1991 (1,5%)[1]. Compte tenu de ces chiffres, la question des retraites est devenue un sujet de plus en plus sensible au Royaume-Uni, puisqu'elle implique que les gouvernements devront avoir pris des mesures efficaces d'ici 2020-2030.

---

1 - Office for National Statistics, "Population", *Focus on Older People*, May 2004. (http://www.statistics.gov.uk)
HM Government, *Opportunity Age*, p. 5. (http://www.dwp.org.uk)

LES PENSIONS DE RETRAITES JUSQU'AUX REFORMES DES TRAVAILLISTES

Quatre principaux types de retraite existent au Royaume-Uni : les retraites d'Etat constituées d'une pension de base et d'une retraite complémentaire, et les régimes privés constitués de plans de retraite professionnels liés à l'entreprise et des plans de retraites individuels.

La pension de base (*Basic State Pension*), instaurée en 1946, est une pension à taux uniforme, que tous les retraités peuvent percevoir sous certaines conditions. Son montant dépend de la durée des cotisations. Un employé percevra le taux plein de sa retraite s'il a cotisé pendant les neuf dixièmes de sa vie professionnelle, soit durant 44 ans pour un homme et 39 ans pour une femme. Seuls les travailleurs dont le revenu est supérieur à un certain niveau (*Lower Earnings Limit*) valident une année : ce revenu doit au moins être équivalent à 79 livres par semaine[1]. La pension de base est la principale pension publique en termes de masses de prestations versées. Son montant moyen apparaît cependant faible puisqu'il ne représente que 15% du salaire moyen[2]. Elle doit donc être associée à un régime de retraite complémentaire.

Le SERPS (*State Earnings Related Pension Scheme*) est le régime de retraite complémentaire d'Etat. Il donne droit à une pension qui varie selon le salaire et la durée des cotisations au Fonds National d'Assurance (*National Insurance Fund*). Il a été conçu par Barbara CASTLE, membre du Parti travailliste dans les années 1970, afin d'améliorer le niveau de vie des retraités qui ne bénéficiaient pas de pensions d'entreprise. Jusqu'à la loi sur la sécurité sociale de 1986 (*1986 Social Security Act*), le calcul du SERPS s'effectuait sur les vingt meilleures années de la vie professionnelle et représentait environ 25% du salaire moyen réévalué des vingt meilleures années. Depuis 1986, ce calcul porte sur les gains de toute la vie professionnelle, ce qui a réduit les prestations des individus n'ayant pas travaillé de façon régulière. En outre, le taux de calcul de la

---

[1] - DWP, *A Guide to your Pension Options*, p. 1-2. (http://www.dwp.gov.uk)

[2] - G. DUPONT, "Retraites au Royaume-Uni : contexte, enjeux, réformes", p. 7.

retraite a été réduit à 20% du salaire moyen. Grâce à ces mesures, les gouvernements conservateurs souhaitaient encourager les Britanniques à se tourner vers les systèmes de retraite privés.

Effectivement, si la pension de base est obligatoire, le SERPS ne l'est pas. Ainsi tout Britannique peut demander à quitter le SERPS (*contracting out*) pour opter pour un plan de retraite individuel ou un plan de retraite professionnel lié à l'entreprise, à partir du moment où la nouvelle retraite est au moins égale à celle qui aurait été fournie par le SERPS (*guaranteed minimum pension*). Aujourd'hui, environ un tiers des Britanniques seulement sont affiliés au SERPS, la majorité ayant choisi de souscrire à des systèmes de retraite privés.

En ce qui concerne les régimes professionnels (*occupational pension scheme*), ils sont proposés par les grandes entreprises britanniques. Celles-ci ont souvent leur propre régime complémentaire, système de retraite complémentaire par capitalisation, qu'elles mettent au profit de leurs salariés. Deux principaux types de plans existent : le régime à prestations définies (*final salary scheme / salary-related scheme*) et le régime à cotisations définies (*money purchase scheme*). Ces plans sont de nature assez différente. Le premier régime fournit aux salariés une retraite calculée d'après le salaire final, juste avant le départ à la retraite, et le nombre d'années de cotisations. Dans le second cas, il n'y a pas de lien automatique entre le salaire et le montant de la retraite car les cotisations sont investies, puis utilisées pour « acheter » une retraite au moment voulu et il est plus difficile d'estimer ce que l'on percevra. En fait, la retraite dépendra des cotisations de l'employé et de l'employeur, de la progression des cotisations investies, et du taux auquel ce fonds investi pourra être « échangé » contre une retraite lorsqu'on en a atteint l'âge[1]. Ces deux régimes ne font également pas porter le risque financier aux mêmes acteurs. Alors que dans les régimes à cotisations définies, les retraites dépendent directement du rendement des investissements, - la retraite est totalement soumise aux fluctuations boursières -, dans les régimes à prestations définies, c'est l'entreprise qui supporte le risque financier et qui doit payer une

[1] - DWP, *Occupational Pensions. Your Guide*, p. 11-12. (http://www.dwp.gov.uk)

certaine somme à ses retraités. Cela offre, en théorie, une certaine sécurité aux employés : employeurs et employés cotisent au fonds, l'argent épargné est placé en actions, mais quelques soient les vicissitudes du marché boursier, le futur retraité est normalement assuré de recevoir une pension correspondant à une fraction de son dernier salaire (normalement les deux tiers pour une retraite complète). Les régimes à prestations définies sont donc théoriquement plus sûrs et aussi plus favorables aux employés dans la mesure où ils assurent un niveau de pension prévisible. Toutefois, les salariés qui changent souvent d'entreprise sont pénalisés par ce type de régime, et il leur est plutôt recommandé de choisir un régime à cotisations définies[1]. En 2000, 10,1 millions de personnes étaient affiliées à un régime de retraite professionnel. 90% d'entre elles, soit un peu moins de 40% de l'ensemble des salariés, étaient dans un régime à prestations définies, 9% avaient souscrit à un régime à cotisations définies, et 1% à des fonds de pension hybrides[2].

Les Britanniques peuvent également choisir un plan de retraite individuel (*personal pension scheme*) qui leur permet de prendre leurs propres dispositions par rapport à leur retraite en mettant régulièrement de l'argent de côté. De tels plans sont disponibles auprès des compagnies d'assurances, par exemple, des sociétés de crédit immobilier (*building societies*), des banques ou des mutuelles (*friendly societies*). L'organisme en question investit alors l'argent d'une personne afin de constituer un fonds dont elle pourra disposer lorsqu'elle sera à la retraite. Tous les plans de retraite individuels sont proches des régimes à cotisations définies, la pension dépendant de l'épargne constituée et des rendements financiers[3]. Cependant, ils sont souvent moins favorables que les régimes d'entreprise car les particuliers ont des compétences et un pouvoir de négociation plus limités que les gestionnaires des fonds professionnels. Par ailleurs, les

[1] Direction des Relations Economiques Extérieures, *Les retraites et les fonds de pension au Royaume-Uni*, p. 13.

[2] G. DUPONT, "Retraites au Royaume-Uni : contexte, enjeux, réformes", p. 12.

[3] Office for National Statistics, *UK 2005*, p. 164.

DWP, *A Guide to your Pension Options*, p. 16-19. (http://www.dwp.gov.uk)

charges sont en général assez élevées et peu transparentes dans les plans de retraite individuels[1].

Les pensions publiques représentent la part la plus importante du revenu des ménages à la retraite. En 1999-2000, elles représentaient 57% du revenu des retraités, contre 43% pour les retraites privées. Presque la moitié des travailleurs est affiliée à un régime de retraite individuel ou professionnel. En 2000-2001, environ 45% de la population en âge de travailler était affiliée à des régimes de retraite privés. Ce sont principalement les personnes à revenus d'activité élevés qui choisissent ce type de retraites : 80% chez les personnes gagnant 20 à 30 000 livres par an et 90% chez celles gagnant plus de 50 000 livres par, an contre 20% parmi les personnes ayant un revenu d'activité inférieur à 20 000 livres par an[2].

LES RETRAITES : UNE QUESTION DE PLUS EN PLUS DELICATE

Les retraites soulèvent différents types de questions actuellement au Royaume-Uni. Compte tenu du vieillissement futur de la population, les gouvernements britanniques ont cherché à réduire la part de l'Etat dans ce domaine. Même si une faible part du PIB est consacrée aux retraites actuellement, le coût des pensions n'est pas négligeable : il représentait plus de la moitié des dépenses de sécurité sociale (52%), soit 55,8 millions de livres en 2003. Ce coût va augmenter dans les années à venir. Un rapport publié par la *Pensions Commission,* commission indépendante mise en place par le gouvernement afin d'examiner l'évolution des retraites privées et de réfléchir au problème des retraites, a ainsi révélé en octobre 2004 que la part des dépenses de retraite dans le PIB devrait augmenter de 5% d'ici 2050 pour que les retraités puissent bénéficier des mêmes conditions de vie qu'actuellement[3].

---

[1] G. DUPONT, "Retraites au Royaume-Uni : contexte, enjeux, réformes", p. 14.
[2] Ibid. , p. 11.
[3] "Harsh Choices", *The Economist,* 10 October 2004. (http://www.economist.com)

Jusqu'à présent, les gouvernements comptaient pallier le désengagement de l'Etat en encourageant les Britanniques à se tourner vers les régimes de retraites privés, mais ce secteur a été confronté à une série de scandales, tels l'affaire Maxwell, le scandale des *mis-selling* ou l'affaire *Equitable Life*[1], qui ont ébranlé la confiance des Britanniques envers les instruments privés d'épargne retraite ces dernières années. Cette perte de confiance est d'autant plus inquiétante que l'épargne était déjà peu développée parmi les bas revenus et que d'importantes inégalités existent au sein de la population des retraités britanniques. Comme le montre le tableau ci-dessous, la Grande-Bretagne a un taux de pauvreté plus élevé que la moyenne européenne parmi les plus de 65 ans.

[1] L'affaire Maxwell : peu après la mort de ce magnat de la presse britannique fin 1991, on a découvert que 450 millions de livres avaient été retirées du fonds de pension du groupe. Ce dernier fut mis en faillite. Le gouvernement dut intervenir pour protéger les pensions.
Le scandale des mis-selling : en décembre 1993, la *Securities and Investment Board* dévoila, dans un rapport, l'existence de tromperies massives de la part des fonds de pensions individuels concernant les conditions de vente de millions de plans à partir de 1988. Des enquêtes menées jusqu'à mi 2002 ont donné lieu à des milliards de livres de redressement en faveur de millions d'investisseurs.
L'affaire *Equitable Life* : cet assureur vie proposait depuis les années 1950 un produit garantissant aux souscripteurs une rente viagère à taux garanti après leur retraite. Au cours des années 1990, le taux d'inflation a fortement chuté et les taux garantis se sont trouvés être très supérieurs aux taux du marché. En 1993, la société ne pouvait plus faire face à ses engagements et décida unilatéralement de réduire les montants versés. En 2000, la justice britannique la condamna et l'obligea à respecter ses engagements.

Taux de pauvreté en 1998 (en %)

	Hommes de 65 ans ou plus	Femmes de 65 ans ou plus	Femmes et hommes de moins de 65 ans
Royaume-Uni	32	45	14
France	16	19	16
UE – 15	17	22	15

Source : Commission européenne, 2003.

Plus d'un cinquième des retraités, soit 2,7 millions de personnes vivaient ainsi sous le seuil de pauvreté en Grande-Bretagne en 1997[1].

LES MESURES PROPOSEES PAR LES GOUVERNEMENTS BLAIR (1997-2001 / 2001- 2005)

Depuis leur arrivée au pouvoir en mai 1997, les gouvernements travaillistes de Tony BLAIR ont cherché à satisfaire quatre principaux objectifs afin de tenter d'améliorer le système des retraites en Grande-Bretagne : améliorer le niveau de vie des retraités les plus pauvres, encourager les Britanniques à prendre leurs propres dispositions par rapport à la retraite, favoriser les plans de retraite professionnels liés à l'entreprise, et augmenter la participation au marché du travail. Ces objectifs devaient être remplis tout en veillant à ne pas trop augmenter les dépenses publiques.

Améliorer le niveau de vie des retraités les plus pauvres

Offrir des retraites convenables à tous les Britanniques a toujours été un objectif poursuivi par les travaillistes. Toutefois, depuis 1997, le gouvernement a décidé de concentrer son aide sur les retraités les plus pauvres. Effectivement, depuis le début des années 1980, soit depuis que les retraites sont indexées sur les prix et non plus sur les

---

[1] HM Government, *Opportunity Age,* p. xiv. (http://www.dwp.org.uk)

salaires, la pauvreté s'est fortement développée parmi les retraités britanniques. Plusieurs types de mesures ont donc été adoptés par les travaillistes, aussi bien au cours de leur premier mandat que du deuxième, pour améliorer le niveau de vie de ces personnes : « Offrir des retraites suffisantes aux personnes âgées représente un défi important pour les années à venir. Les politiques menées par les Conservateurs ont engendré une véritable pauvreté, des inégalités croissantes, et une plus grande insécurité pour les retraités d'aujourd'hui »[1].

Premièrement, la pension de base a été augmentée à plusieurs reprises. Au tout début de son premier mandat, le gouvernement travailliste s'était montré très réticent à augmenter les retraites souhaitant avant tout concentrer les dépenses publiques sur la modernisation du NHS et l'éducation. Ainsi, la pension de base n'avait été augmentée que de 75p par semaine en 2000. Toutefois, face au mécontentement des retraités, les travaillistes avaient dû changer de ligne de conduite : ils l'augmentèrent de 7,4% en 2001 et de 4,1% en 2002. En avril 2005, la pension de base s'élevait ainsi à 82,05 livres pour un célibataire et à 131,20 livres pour un couple[2], soit une hausse importante si l'on compare ces chiffres à ceux de 1997 : 62,45 livres pour un célibataire et 99,80 livres pour un couple.

Deuxièmement, un nouveau régime de retraite complémentaire d'Etat, la seconde pension d'Etat (*Additional State Pension / State Second Pension*), a été mis en place par le gouvernement depuis le 6 avril 2002 pour remplacer le SERPS. Il vise à aider les personnes touchant de bas salaires (inférieurs à 11 600 livres par an) ou des revenus modestes (compris entre 11 600 et 26 600 livres par an pour l'année 2004-2005) ainsi que celles souffrant d'une longue maladie ou d'un handicap, ou celles qui ne travaillent pas parce qu'elles ont la

---

[1] "*The provision of adequate pensions in old age is a major challenge for the future. For today's pensioners Conservative policies have created real poverty, growing inequality and widespread insecurity*".
New Labour, "Because Britain deserves better", *1997 manifesto*, p. 26.

[2] Labour Party, "What is Labour doing for older people?", 2005. (http://www.labour.org.uk)

garde d'enfants ou de personnes dépendantes[1]. Grâce à ce nouveau régime, ces individus peuvent bénéficier d'une retraite complémentaire plus généreuse qu'auparavant : par exemple, les employés gagnant moins de 11 600 livres par an peuvent toucher à peu près le double de ce que le SERPS leur aurait versé[2]. Pour les salariés gagnant plus de 26 600 livres par an, la nouvelle pension est égale à l'ancienne SERPS.

Troisièmement, le revenu minimum pour les plus de 60 ans a été l'objet de plusieurs réformes puisque l'ancien *Income support* a été remplacé par le revenu minimum garanti (*Minimum Income Guarantee* - MIG) à partir d'avril 1999 – prestation plus élevée que l'*Income support* – puis par le *Pension Credit* à partir d'octobre 2003. Ce *Pension Credit* cherche à satisfaire deux objectifs : améliorer la situation des personnes qui ont fait l'effort d'épargner au cours de leur vie et réduire le nombre de bénéficiaires de l'aide sociale, qui ne la réclament pas. Les travaillistes avaient effectivement remarqué qu'un grand nombre de bénéficiaires potentiels (entre 24 et 32% selon les sources officielles) n'avaient pas réclamé le revenu minimum garanti entre avril 1999 et octobre 2003 pour trois raisons principales : manque d'information, difficulté des démarches, et crainte de montrer qu'ils étaient dans le besoin[3]. Le *Pension Credit* est une prestation différentielle qui garantit à toute personne âgée de 60 ans et plus, un revenu minimum d'au moins 105,45 livres par semaine pour les célibataires ou 160,95 livres par semaine pour les couples mariés. Pour les retraités de 65 ans et plus ayant des revenus d'épargne ou ayant décidé de continuer à travailler après l'âge légal de départ en retraite, il garantit un revenu minimum d'au moins 15,51 livres par semaine pour les célibataires et 20,22 livres par semaine pour les couples mariés – 60% des revenus d'épargne ne sont pas pris en compte dans l'évaluation du *Pension Credit*[4]. La création de ce *Pension Credit* semble avoir été un succès puisqu'il aurait permis aux

---

[1] DWP, *A Guide to your Pension Options*, p. 5, p. 11. (http://www.dwp.gov.uk)
[2] DWP, *A Guide to your Pension Options*, p. 11. (http://www.dwp.gov.uk)
[3] G. DUPONT, "Retraites au Royaume-Uni : contexte, enjeux, réformes", p. 21-22.
[4] Voir le site du DWP: http://www.dwp.gov.uk

10% des retraités les plus pauvres de gagner en moyenne 8% de plus. En outre, il a réussi à élargir le nombre de bénéficiaires : 270 000 foyers qui n'avaient pas réclamé le MIG bénéficient actuellement du *Pension Credit*[1].

Enfin, des mesures ponctuelles ont été prises pour améliorer le niveau de vie des retraités. Ont ainsi été mis en place le *Winter Fuel Payment*, destiné à aider les personnes de plus de 60 ans à payer leurs factures de chauffage l'hiver, la gratuité des redevances audiovisuelles pour les plus de 75 ans, ou un dégrèvement de 200 livres pour aider les retraités à payer leurs impôts locaux (C*ouncil Tax Benefit*) – mesure annoncée en mars dernier[2].

Encourager les Britanniques à prendre leurs propres dispositions par rapport à la retraite

Les gouvernements travaillistes de Tony BLAIR ont également cherché à pousser les Britanniques à épargner davantage afin de leur assurer un niveau de vie suffisant, une fois à la retraite. Actuellement, un très grand nombre des salariés britanniques ont une épargne insuffisante : selon la *Pensions Commission*, 9,6 millions de personnes âgées de plus de 35 ans n'économiseraient pas assez. Au total, entre un tiers et la moitié de la population en âge de travailler serait dans une situation de sous-épargne[3]. Par conséquent, un nouveau dispositif d'épargne individuelle a été créé en avril 2001, les *Stakeholder pensions*.

Les *Stakeholder pensions* ont été mises en place par le gouvernement pour les personnes n'ayant pas accès à un bon plan de retraite professionnel (soit environ 35% des employés) ou individuel : « Trop de travailleurs, particulièrement ceux qui ont des revenus faibles et modestes et qui changent souvent d'entreprise, ne peuvent

---

[1] DWP, "Pension Credit – helping the poorest pensioners", July 2004. (http://www.dwp.gov.uk)

[2] DWP, "Winter Fuel Payments", 2005. (http://www.thepensionservice.gov.uk) "And on to the election", *The Economist*, 19 March 2005, p. 40-41.

[3] "Harsh choices", *The Economist*, 14 October 2004. (http://www.economist.com)

pas souscrire à des régimes de retraite complémentaires rentables. Les travaillistes mettront en place une nouvelle structure, les *stakeholder pensions*, pour répondre à ce besoin »[1]. Il s'agit d'un système d'épargne-retraite par capitalisation, peu coûteux, qui permet aux Britanniques de mettre de l'argent de côté. Il fonctionne comme les régimes à cotisations définies mentionnés précédemment : l'argent économisé est investi dans des valeurs mobilières par les personnes gérant le plan de retraite, et ce fonds sera ensuite utilisé pour acheter une retraite au moment voulu. Le montant de la retraite dépendra donc des versements et de la rentabilité de l'investissement[2]. Ces nouvelles retraites peuvent être offertes par des institutions financières, des syndicats ou certaines entreprises. Le gouvernement travailliste impose effectivement aux patrons qui ne sont pas exemptés d'offrir l'accès à leurs employés à de tels régimes de retraite[3]. Contrairement aux autres régimes, les *stakeholder pensions* sont très réglementées. Elles doivent répondre à un certain nombre de critères minimaux destinés à protéger les personnes qui y ont souscrit[4]. Effectivement, ces *Stakeholder pensions* visent également à redonner confiance aux Britanniques dans les dispositifs d'épargne retraite après le scandale des *mis-selling* : « Nous inciterons les Britanniques à épargner en vue de leur retraite, tout en assurant une protection appropriée à leurs économies. Nous réformerons la loi sur les services financiers de façon à ce que le scandale concernant la vente de contrats de retraite lésant les souscripteurs ne se reproduise pas : 600 000 contrats de

---

[1] "*Too many people in work, particularly those on low and modest incomes and with changing patterns of employment cannot join good-value second pension schemes. Labour will create a new framework – stakeholder pensions – to meet this need*". New Labour, "Because Britain deserves better", *1997 manifesto*, p.27.

[2] WP, *Stakeholder pensions. Your Guide*, April 2004, p. 3. (http://www.dwp.gov.uk)

[3] Ibid. , p. 4.
DWP, *Stakeholder pensions. A Guide for Employers*, p. 3. (http://www.dwp.gov.uk)
Les patrons sont exemptés dans les cas suivants : s'ils ont moins de 5 employés, s'ils offrent déjà l'accès à tous leurs employés à un plan de retraite professionnel lié à l'entreprise, ou s'ils proposent à leurs employés de contribuer pour au moins 3% de leur salaire à un plan de retraite privé (à condition que ce plan n'impose pas des pénalités aux employés qui veulent arrêter de cotiser).

[4] Voir *Stakeholder pensions. Your Guide*, p. 6-8. (http://www.dwp.gov.uk)

retraite inadaptés ont été ainsi vendus et seulement 7 000 personnes ont été indemnisées jusqu'à présent »[1].

Parallèlement, des mesures ont été prises pour améliorer l'accès à l'information en matière de retraite. Par exemple, diverses campagnes ont été menées pour insister sur l'importance de l'épargne ou pour améliorer les compétences financières des travailleurs. Par ailleurs, le site du Ministère du Travail et des Retraites (*Department of Work and Pensions* – DWP[2]) offre désormais des informations très précises sur le système de retraite et les types de régime offerts. Il a notamment mis en place en avril 2002 un nouveau service, *Pension Service*, qui permet aux Britanniques de se procurer de nombreux renseignements et même de calculer la retraite qu'ils percevront lorsqu'ils en auront atteint l'âge. Il est principalement axé sur l'aide téléphonique et les conseils en ligne[3].

Favoriser les plans de retraite professionnels liés à l'entreprise

Si les travaillistes ont cherché à favoriser les plans de retraite professionnels liés à l'entreprise, c'est que ces derniers, et notamment les régimes à prestations définies, ont été confrontés à diverses difficultés ces dernières années. Le principal problème a été la chute du prix des actions sur le marché boursier qui a accentué les pressions sur les fonds de pension. Il faut effectivement savoir que, d'une part, les actifs des fonds de pension, évalués à leur valeur du marché, sont fonction de l'évolution des marchés financiers et que, d'autre part, les entreprises ont réduit leurs contributions aux fonds de pension ces dix dernières années, comptant sur les profits faits sur le marché boursier

---

[1] "*We will encourage saving for retirement, with proper protection for savings. We will reform the Financial Services Act so that the scandal of pension mis-selling – 600,000 pensions mis-sold and only 7,000 people compensated to date – will not happen again*".
New Labour, "Because Britain deserves better", *1997 manifesto*, p.27.

[2] Créé après les élections de 2001, il réunit l'ancien ministre des Affaires Sociales et l'ancien Ministère de l'Education et de l'Emploi.

[3] Voir le site : http://www.thepensionservice.gov.uk

pour payer les souscripteurs[1]. Pendant longtemps, le niveau élevé des cours boursiers leur a permis de remplir leurs engagements. Toutefois, la crise boursière du début des années 2000 a remis cette ligne de conduite en question, et de nombreux employeurs ont dû ou bien fermer leur régime à prestations définies aux nouveaux employés, ou bien augmenter les cotisations des salariés, voire, dans un très petit nombre de cas, clore les plans existants. Selon *the National Association of Pension Funds*, le nombre d'entreprises ayant fermé leur fonds de pension à prestations définies a presque doublé en 2002. En outre, une enquête effectuée sur 255 entreprises par *the National Association of Private Pensions* en avril-mai 2003 a révélé que seulement 19% d'entre elles continuaient à offrir un régime à prestations définies à leurs nouveaux employés, et que 40% des entreprises disposant d'un tel régime n'avaient pas offert la possibilité à leurs nouveaux employés d'y souscrire au cours de l'année 2004[2]. Dans la majeure partie des cas, les entreprises justifiaient cette politique par le coût excessif de ces régimes occasionné par la faiblesse des rendements des placements boursiers, les changements de régulation et la hausse de l'espérance de vie[3]. En revanche, les régimes à cotisations définies se sont développés ces dernières années, régimes d'autant moins coûteux pour les entreprises qu'elles ont diminué leurs cotisations : en règle générale, le taux moyen de cotisation des employeurs dans les fonds à prestations définies était de 16,1 contre 8,5 points dans les fonds à cotisations définies[4].

Pour faire face au désengagement des entreprises, les travaillistes ont pris des mesures destinées à protéger les salariés des mésaventures mentionnées précédemment et à réduire le coût des retraites pour les entreprises qui font l'effort d'en offrir à leurs employés. Ces mesures présentées, dès juin 2003, dans le document *Simplicity, security and choice: Working and saving for retirement – action on occupational*

---

[1] Selon les statistiques officielles, les entreprises auraient ainsi économisé quelques 18,5 milliards de livres entre 1987-88 et 2000-01.

[2] Office for National Statistics, *UK 2004*, p. 12.

[3] G. DUPONT, "Retraites au Royaume-Uni : contexte, enjeux, réformes", p. 17-18.

[4] Ibid, p. 18.

pensions, puis dans le *Pensions Act* de février 2004, ont donné lieu à la création de deux nouveaux organismes : un fonds de protection des retraites (*Pension Protection Fund*) et une instance de régulation des fonds de pension (*Pensions Regulator*), tous deux opérationnels à partir d'avril 2005.

Le *Pension Protection Fund* (PPF) - Fonds de Protection des Retraites - a pour mission de garantir un niveau minimum de pensions quand l'employeur devient insolvable :

« La loi sur les retraites mettra en place le Fonds de Protection des Retraites destiné à protéger les personnes ayant souscrit à des régimes privés à prestations définies, dont les employeurs sont devenus insolvables et dont le fonds de pension s'avère insuffisant. Ces personnes peuvent être rassurées, elles continueront à percevoir la majeure partie des allocations auxquelles elles ont droit »[1].

Comme l'indique cette citation, les entreprises en faillite ne sont pas toujours en mesure d'honorer leurs engagements en matière de retraite. Si elles ont suffisamment cotisé aux fonds de pension par le passé, elles le pourront. Toutefois, la plupart du temps, les entreprises réduisent leurs cotisations lorsqu'elles sont en difficulté, et le fonds peut s'avérer insuffisant pour remplir leurs engagements. Désormais, lorsque cela sera le cas, le PPF paiera jusqu'à 100% des pensions déjà liquidées et jusqu'à 90% des futures pensions des personnes encore en activité. Le financement de ces indemnités sera assuré grâce aux actifs des fonds de pension de l'employeur insolvable et grâce à une taxe imposée sur tous les régimes à prestations définies. Notons que le gouvernement a également pris des dispositions pour aider les travailleurs qui avaient déjà perdu leur retraite avant la mise en place du PPF : dans un amendement à la *Pensions Act*, il a annoncé, en mai

---

[1] *The Pension Bill will establish the Pension Protection Fund to protect members of private sector defined benefit schemes whose firms become insolvent with insufficient funds in their pension scheme so they can be reassured they will still receive most of the benefits which they were expecting.*
Andrew SMITH (Secretary of State for Work and Pensions), 12 February 2004. (http://www.thepensionservice.gov.uk)

2004, la mise en place d'un fonds de 400 millions de livres afin de prêter assistance à ces personnes[1].

L'instance de régulation des fonds de pension (*Pensions Regulator*), qui remplace l'ancien Opra (*Occupational Pensions Regulatory Authority*)[2], dispose également de nouveaux pouvoirs afin de mieux protéger les salariés détenteurs d'un plan de retraite professionnel et de lutter efficacement contre le sous-financement, la fraude et la mauvaise gestion qui peuvent menacer leurs allocations :

« Notre démarche dans la loi sur les retraites vise à créer une instance de régulation des fonds de pension, capable de déterminer et de se concentrer sur les zones les plus risquées, et de mieux protéger les personnes ayant souscrit à des régimes d'entreprise. Nous voulons changer notre démarche pour qu'elle soit davantage concentrée sur les risques et qu'elle prenne des mesures en conséquence ».[3]

Elle vise également à aider les entreprises à gérer leurs plans de retraite, tout en veillant à ne pas imposer de règles trop contraignantes aux régimes bien gérés : « En ciblant les régimes mal gérés et les plus risqués, l'instance de régulation des fonds de pensions laissera les régimes sûrs et bien gérés à l'abri de toute nouvelle règle superflue »[4].

En ce qui concerne les mesures visant à réduire les coûts des entreprises, le gouvernement s'est surtout efforcé de réduire les contraintes réglementaires. Premièrement, les contraintes d'indexation ont été allégées depuis avril 2005 : supprimées pour les fonds à

---

[1] Office for National Statistics, *UK 2005*, p. 165.
Dans ce cas, le *Financial Assistance Scheme* (FSA) sera chargé d'aider les personnes en difficulté.

[2] Créée par la *Pensions Act* de 1995, elle avait pour fonction de protéger les membres de régimes professionnels.

[3] *The aim of our approach in the Pensions Bill is to create a Pensions Regulator that is able to identify and focus on the areas of greatest risk, and provide better protection to members of work-based pension schemes. We want to change our approach to ensure that it is more risk-focused and pro-active*
DWP, *The Pensions Regulator*, (http://www.dwp.gov.uk)

[4] "*By targeting the badly run and highest-risk schemes the Pensions regulator will enable well-administered and secure schemes to continue without unnecessary regulatory burden*".
Ibid.

cotisations définies, elles ont été relâchées pour les fonds à prestations définies. Jusqu'à présent, ces derniers devaient revaloriser les pensions versées en fonction de l'évolution des prix, mais l'indexation pouvait se limiter à 5% lorsque l'inflation dépassait ce seuil. Désormais la limite sera de 2,5%[1]. Deuxièmement, la réglementation des fonds de pension à prestations définies a été simplifiée, en supprimant notamment la norme légale définissant le ratio d'actifs sur les engagements (*Minimum Funding Requirement*), introduite par la *Pensions Act* de 1995. Cette norme, qui était jugée trop rigide, obligeait les régimes de retraite à prendre en compte les conditions de court terme sur les marchés financiers, alors que les promesses de retraites sont des engagements à long terme. Le gouvernement a donc décidé de laisser davantage de marge de manœuvre aux parties concernées – employeurs et *trustees*[2] -, plus de liberté leur est donnée dans le choix d'une stratégie de financement :

« Au sein de cette structure... les régimes auront davantage de flexibilité. Ils pourront prendre en compte des facteurs spécifiques (comme la politique d'investissement, l'âge des membres, la rotation du personnel, et les augmentations possibles de salaire) lorsque sera déterminée la stratégie de financement la plus appropriée pour un plan spécifique ».[3]

---

[1] DWP, *Guide to the Pensions Act 2004*, p. 6. (http://www.dwp.gov.uk)

[2] Les entreprises ne gèrent pas directement les régimes de retraite, mais délèguent cette responsabilité à une entité juridique distincte (*trust*). Ses membres (*trustees*), nommés par l'entreprise, ont la responsabilité de gérer les fonds dans l'intérêt exclusif des assurés.

[3] *Within this framework schemes will have more flexibility to take into account scheme-specific factors (such as the scheme's investment policy, the age profile of members, staff turnover and likely future salary increases) when determining the most appropriate funding strategy for their particular scheme.*
DWP, *Guide to the Pensions Act 2004*, p. 5. (http://www.dwp.gov.uk)

Repousser le départ à la retraite

Selon *the Office for National Statistics*, 3,9% des hommes et 6,6% des femmes seulement travaillent aujourd'hui après 65 ans[1]. Au printemps 2004, 995 000 personnes en âge d'être à la retraite continuaient ainsi à travailler, dont 660 000 femmes. Ces chiffres n'ont pas cessé de baisser depuis 1970 : alors que 30% des hommes âgés entre 65 et 69 ans travaillaient en 1971, ils n'étaient plus que 13% en 2001[2]. Le gouvernement souhaiterait renverser cette tendance[3]. S'il a décidé de maintenir l'âge légal de la retraite à 65 ans, il encourage les Britanniques à travailler plus longtemps, et donc à repousser le moment où ils font valoir leur droit à la retraite :

« (Le gouvernement) espère donner la possibilité aux personnes âgées de s'assurer une meilleure retraite en travaillant plus longtemps. L'âge légal de départ en retraite restera fixé à 65 ans, donc personne n'est obligé de travailler au-delà. Cependant, en s'attaquant à la discrimination par l'âge et en offrant aux gens la liberté de travailler à temps partiel tout en touchant leur retraite, il espère rendre plus attrayant le report du départ à la retraite »[4].

Premièrement, diverses incitations financières ont été mises en place pour motiver les Britanniques à travailler au-delà de l'âge légal de la retraite. Jusqu'à présent, les pensions de l'Etat étaient augmentées de 1% pour chaque période de sept semaines travaillées au-delà de l'âge légal de la retraite, soit 7,5% par an. Depuis avril 2005, l'augmentation est de 1% pour cinq semaines, soit 10,4% par

---

[1] Office for National Statistics, "Older people - Labour Market", 21 March 2005. (http://www.statistics.gov.uk)

[2] D. SMEATON, S. McKAY, "Working after State Pension Age: Quantitative Analysis", DWP, *Research Report N°182*, 2003, p. 6. (http://www.dwp.gov.uk)

[3] Office for National Statistics, *UK 2005*, p. 144.

[4] *(The government) hopes to empower older people to improve their retirement prospects by keeping active for longer. The State Pension age will stay at 65, so no-one is forced to work beyond that. But, by tackling age discrimination and freeing people to work part-time while drawing a pension, it hopes to make working longer more attractive.*
DWP, "Pension reform - Introduce new retirement options", 2005. (http://www.dwp.gov.uk)

an. Les personnes qui continuent à travailler peuvent dorénavant décider de percevoir une somme forfaitaire unique lorsqu'elles partent à la retraite, somme pouvant atteindre plus de 30 000 livres après cinq années de travail supplémentaire, ou plus de 77 000 livres après 10 années de report[1]. Auparavant, les personnes qui avaient repoussé leur départ en retraite ne pouvaient bénéficier que d'une augmentation de leur retraite : au lieu de percevoir 82 livres par semaine, elles touchaient par exemple 99,12 livres après deux années de travail supplémentaires ou 124,72 livres après cinq années de travail supplémentaires. Par ailleurs, le gouvernement a décidé de supprimer toute limite au nombre d'années pendant lesquelles les Britanniques peuvent continuer de travailler après l'âge légal de la retraite. Le temps limite, qui avait été fixé à 5 années, a disparu depuis avril 2005[2].

Deuxièmement, après avoir publié en 1999 un code de conduite sur la diversité des âges dans l'emploi (*Code of Practice on Age Diversity in Employment*), le gouvernement a lancé une grande campagne afin de favoriser l'emploi des seniors et de lutter contre la discrimination par l'âge dans les entreprises. Cette campagne, intitulée *Age Positive*, englobe des guides pratiques pour les entreprises, de la publicité dans les journaux, des conférences ou des initiatives locales récompensant les entreprises ayant des pratiques en faveur de la diversité des âges. Cette campagne vise également à aider les employeurs à se préparer à une échéance future : octobre 2006. A partir de cette date, les travaillistes comptent transposer la directive européenne en faveur de l'égalité de traitement en matière d'emploi et de travail (*Employment Directive on Equal Treatment*) en une loi contre la discrimination par l'âge dans l'emploi et la formation, loi qui interdira, par exemple, aux employeurs de forcer leurs employés à partir en retraite avant 65 ans si aucune raison ne le justifie, et

---

1 DWP, "Flexible retirement - state pension deferral", 2 February 2005. (http://www.dwp.gov.uk)
2 Ibid.

d'effectuer des recrutements ou des formations en fonction de l'âge[1]. En outre, cette loi devrait rendre illégale l'existence d'un âge de retraite obligatoire au Royaume-Uni[2].

Enfin, les règles de fonctionnement des régimes privés liés à l'entreprise vont être modifiées. A partir d'avril 2006, les Britanniques pourront continuer à travailler chez leur employeur (y compris à temps partiel) tout en percevant leur retraite d'entreprise. L'âge auquel ils pourront commencer à toucher leur retraite complémentaire sera également augmenté dans les années à venir. Il passera de 50 à 55 ans d'ici 2010[3].

BILAN ET PERSPECTIVES

Qu'en est-il aujourd'hui ? Est-ce que les mesures prises par les travaillistes ont été efficaces ? Est-ce que les Britanniques épargnent aujourd'hui davantage ? Est-ce qu'ils peuvent espérer toucher une retraite plus décente ? Même s'il est beaucoup trop tôt pour pouvoir véritablement évaluer le succès de leur politique, nous pouvons tout de même établir une amorce de bilan.

En ce qui concerne, tout d'abord, le revenu des retraités, il semblerait que ceux-ci vivent mieux depuis quelques années. Depuis 1997, leur revenu a augmenté de façon non négligeable. Selon les travaillistes, 3,2 millions de retraités percevraient ainsi, en moyenne, 1 350 livres de plus chaque année, voire 1 750 livres pour les foyers les plus modestes[4]. De même, 1,8 millions de retraités ne vivraient plus dans la pauvreté absolue. Les chiffres de l'ONS témoignent de cette évolution : entre 1999-2000 et 2002-2003, leur revenu a

---

[1] DWP, "Flexible working – Age Positive for Individuals". (http://www.agepositive.gov.uk)
HM Government, *Opportunity Age*, p. 19-21.
[2] DWP, "Andrew Smith's Pension Speech : more options and flexibility to work longer", 21 January 2003. (http://www.agepositive.gov.uk)
[3] HM Government, *Opportunity Age*, p. 21. (http://www.dwp.org.uk)
[4] Labour Party, "What is Labour doing for.... older people?", 2005. (http://www.labour.org.uk)

augmenté de 13%[1]. Toutefois, les Britanniques sont encore assez réticents à épargner. Si les *stakeholder pensions* ont connu un certain succès lors de leur lancement (environ 815 000 personnes y avaient souscrit entre le 6 avril 2001 et le 1er avril 2002, selon *the association of British insurers*[2]), le nombre d'adhérents est resté relativement limité : s'élevant à 1 470 en avril 2004, il n'était plus estimé qu'à 1 320 en octobre 2004[3]. La majeure partie des Britanniques continuerait donc à ne pas épargner assez en vue de la retraite. Nous pouvons d'ailleurs nous demander si la création du *Pension Credit* ne dissuade pas les salariés d'épargner. Cela est plutôt inquiétant compte tenu du développement des régimes à cotisations définies, moins coûteux et moins risqués pour les employeurs que les régimes à prestations définies, mais moins avantageux pour les salariés.

Le système de retraite britannique est devenu encore plus complexe à la suite de toutes ces réformes. Le gouvernement souhaiterait que le système suivant se mette en place. Le minimum vieillesse est destiné aux revenus les plus faibles. Les autres percevraient la pension de base et une pension complémentaire. Si le salarié travaille dans une entreprise proposant une affiliation à un régime professionnel, il a tout intérêt à y adhérer. En l'absence de régime professionnel, il vaut mieux choisir la seconde pension publique, notamment si l'on a des revenus d'activité inférieurs à 40 ou 50% de la rémunération moyenne. Si l'on a des revenus plus élevés, il est par contre conseillé de souscrire à un régime de retraite individuel. Dans ce cas, ou bien on opte pour un fonds individuel agréé standard, ou bien on opte pour une *stakeholder pension*, notamment si on a des revenus inférieurs au revenu moyen. Rien ne laisse bien sûr prévoir que le comportement des Britanniques sera conforme à ce schéma, d'autant plus qu'il est difficile pour les Britanniques d'avoir une vision claire de l'ensemble vu qu'il change souvent.

---

[1] Office for National Statistics, "Pensioner Income", *Focus on Older People*, May 2004. (http://www.statistics.gov.uk)

[2] Office for National Statistics, *UK 2003*, p. 145.

[3] Inland Revenue, "Stakeholder Pensions for Individuals", 2005. (http://www.inlandrevenue.gov.uk)

Notons que, dans la perspective des prochaines élections législatives, de nouvelles propositions ont été faites comme la mise en place d'une retraite pour les citoyens (*citizen's pension*). Cette dernière impliquerait que la pension de base ne serait plus calculée d'après la durée des cotisations, mais d'après le nombre d'années pendant lesquelles on a résidé au Royaume-Uni. Cette idée, d'abord suggérée par les Libéraux-Démocrates avant d'avoir le soutien des travaillistes, vise à aider ceux qui ne travaillent pas à temps plein ainsi que les aides à domicile. Le nouveau système leur permettra d'avoir accès plus facilement à la pension publique[1].

Toutefois, en règle générale, le gouvernement préfère rester relativement prudent et il ne prendra certainement aucune décision importante tant que les prochaines élections n'auront pas eu lieu. Cela est d'autant plus probable qu'il attend la publication prochaine du rapport final de la *Pensions Commission*, pour décider de nouvelles mesures. Tout laisse donc à prévoir que des réformes continueront à être menées dans ce domaine au cours des prochaines années[2].

En attendant, les travaillistes multiplient leurs efforts visant à mieux informer les Britanniques dans ce domaine. Ils continuent ainsi à prévoir la mise en place de nouveaux outils, à préparer de nouvelles publications pour mieux préparer les Britanniques à cette échéance, qu'il s'agisse d'améliorer leurs compétences financières, de leur faire prendre davantage conscience des différents régimes de retraite existants, de les pousser à épargner davantage ou de veiller à ce que les bénéficiaires potentiels réclament bien les allocations auxquelles ils ont droit[3]. En outre, il encourage un partenariat entre les différents acteurs concernés (patrons, syndicats, secteur des services financiers et secteur associatif). Ainsi, il travaille actuellement en collaboration avec les patrons pour encourager les employés à économiser

---

[1] Dans le système actuel, on ne peut pas percevoir de retraite tant qu'on n'a pas cotisé pendant au moins 10 ans.
PWINTOUR, M. WHITE, "Citizens' pension plan to lift nearly million out of poverty", *The Guardian*, 29 January 2005. (http://www.guardian.co.uk)
[2] HM Government, *Opportunity Age*, p. 9. (http://www.dwp.gov.uk)
[3] HM Government, *Opportunity Age*, p. 22. (http://www.dwp.gov.uk)

davantage et plus longtemps. Selon le gouvernement, les patrons ont un rôle essentiel à jouer en termes d'information :

« Les patrons ont un rôle important à jouer dans le partenariat sur les retraites en offrant l'accès, les informations et les cotisations nécessaires à leurs employés en matière de retraite. Le lieu de travail est un cadre favorable aux retraites, grâce auquel les salariés peuvent mettre de l'argent de côté. La gestion est effectivement plus efficace, et les patrons comme les employés peuvent profiter d'avantages fiscaux. Il y a également d'autres avantages pour les employeurs : offrir de bons régimes de retraite permet plus facilement d'embaucher, de fidéliser et de motiver le personnel »[1].

Par ailleurs, le gouvernement a stimulé la création de groupes de travail incluant les patrons et les organismes prestataires de retraites afin de développer davantage les régimes d'entreprise par l'intermédiaire du lieu de travail. La possibilité d'une technique de souscription obligatoire à un régime de retraite quand on est embauché (*automatic enrolment)* a par exemple été envisagée. Il serait néanmoins toujours possible pour un employé de sortir de ce plan s'il le souhaitait après avoir été embauché[2].

---

[1] *Employers have a major role to play in the pensions partnership by providing access, information and contributions to pensions for their employees. The workplace is an effective environment through which people can save - administration is more efficient and there are tax advantages for the employer and the employee. There are also other benefits for the employer - good pension provision helps staff recruitment, retention and motivation*
DWP, "Pension reform - build and strengthen partnerships", 2005. (http://www.dwp.gov.uk)

[2] DWP, "Pension reform - encourage financial planning for retirement", 2005. (http://www.dwp.gov.uk)

BIBLIOGRAPHIE

Ouvrages

LOWE, Jonquil. 1994. *The Which ? Guide to Pensions.* London : Penguin, 2nd ed., 251p.

Articles

DUPONT, Gaël. 2003. « Retraites au Royaume-Uni : contexte, enjeux, réformes ». *Conseil d'orientation des retraites.* Séance plénière du13 novembre 2003, 35p.

JAOUI-PYLYPIW, Eliane. 1998. « L'Etat-providence sous le gouvernement conservateur : le cas des personnes âgées ». *Revue française de Civilisation britannique.* 9 (4), (avril 1998), p. 37-50.

Publications

Department for Work and Pensions. 2001. *Opportunity for all - Making Progress.* Third Annual Report, 260p.

Department for Work and Pensions. 2002. *Opportunity for all.* Fourth Annual Report, (September 2002), 199p.

Department for Work and Pensions. 2004. *Guide to the Pensions Act 2004.* 8p.

Department for Work and Pensions. 2004. *A Guide to your Pension Options.* (April 2004), 36p.

Department for Work and Pensions. 2004. *Occupational Pensions. Your Guide*. (April 2004), 32p.

Department for Work and Pensions. 2004. *Personal Pensions. Your Guide*. (April 2004), 40p.

Department for Work and Pensions. 2004. *Stakeholder pensions. Your Guide*. (April 2004), 44p.

Department for Work and Pensions. 2004. *Stakeholder pensions. A Guide for Employers.* (April 2004), 16p.

Direction des Relations Economiques Extérieures. 1994. *Les retraites et les fonds de pension au Royaume-Uni.* Paris : Centre Français du Commerce Extérieur, 87p.

HM Government. 2005. *Opportunity Age. Meeting the challenges of ageing in the 21st century*. (March 2005), 106p.

New Labour. 1997. « Because Britain deserves better ». *1997 Manifesto*. 40p.

Office for National Statistics. 2002. *UK 2003, The Official Yearbook of the United Kingdom of Great Britain and Northern Ireland.* 514p.

Office for National Statistics. 2003. *UK 2004. The Official Yearbook of the United Kingdom of Great Britain and Northern Ireland.* 522p.

Office for National Statistics. 2004. *UK 2005, The Official Yearbook of the United Kingdom of Great Britain and Northern Ireland.* 527p.

L'emploi des seniors au Danemark : un modèle difficilement exportable.

Dominique REDOR

Les réussites du pays du prince Hamlet en matière d'emploi et de lutte contre le chômage font l'objet depuis quelques années d'un grand intérêt. Ces succès sont d'autant plus remarquables, qu'ils s'accompagnent d'un fort taux d'emploi des travailleurs âgés de 55 à 64 ans. Ceci prouve, s'il en était besoin, que les travailleurs âgés n'occupent pas des emplois qui devraient être laissés aux plus jeunes. Au Danemark, toutes les classes d'âge ont un fort taux d'emploi, et un faible taux de chômage.

Dès lors il est important de décrypter les secrets du « modèle danois », d'essayer d'en comprendre les rouages, et si possible, d'en tirer les enseignements pour les pays qui connaissent des difficultés récurrentes, comme la France.

Dans la présente contribution, nous montrons tout d'abord que la situation des seniors sur le marché du travail n'a pas toujours été bonne (section 1), et que l'amélioration intervenue depuis le milieu des années 90 est avant tout le produit d'un consensus et de plans concertés entre l'Etat et les partenaires sociaux (section 2). Ensuite la « flexsécurité » résulte non seulement de la négociation collective, mais aussi d'un fonctionnement du marché du travail et d'un mode de gestion des ressources humaines qui est fondamentalement différent de ce qui existe en France (section 3). Finalement, à la question, « L'expérience du Danemark peut-elle être ou ne pas être un modèle applicable à d'autres pays européens, et notamment la France? », nous concluons par la négative.

LA SITUATION DE L'EMPLOI DES SENIORS AU DANEMARK.

Le Danemark est un des pays européens où traditionnellement l'emploi des seniors est le plus élevé. Après une grave crise de l'emploi qui a touché l'ensemble des salariés au début des années 90, y compris ceux qui étaient âgés de plus de 55 ans, leur situation en terme de taux d'emploi s'est bien rétablie (voir tableau 1). Le taux de chômage global particulièrement bas dans ce pays (depuis la fin des années 90, il avoisine les 5%) et les pénuries de main d'œuvre ont poussé l'Etat, les syndicats et le patronat à créer les conditions d'un accroissement de l'emploi des travailleurs seniors. Les changements sont très graduels, et visent à conserver le consensus et le rôle traditionnel et fondamental de la négociation sociale collective dans ce pays (REDOR, 2003).

Tableau 1 : Taux d'emploi et d'activité des seniors âgés de 55 à 64 ans au Danemark et en France.

	1983	1990	1995	2000	2001	2002	2003
Danemark							
Taux d'emploi moyen	50,9	53,6	50,1	54,6	56,5	57,3	60,7
Hommes	63,1	65,6	63,2	61,9	63,0	64,2	68,0
Femmes	39,1	42,4	36,1	46,2	49,8	49,9	53,1
Taux d'activité moyen	54,4	57,1	54,1	56,9	58,9	60,1	63,1
Hommes	67,2	69,2	67,9	64,5	65,6	67,6	70,8
Femmes	41,7	45,8	40,1	48,2	51,9	52,1	55,2
France							
Taux d'emploi moyen	39,6	35,6	33,6	34,3	36,5	39,3	
Hommes	50,4	43,0	38,4	38,4	41,4	44,2	
Femmes	30,4	28,8	28,9	30,2	31,8	34,6	
Taux d'activité moyen	43,9	38,1	36,7	37,3	38,8	41,7	
Hommes	53,6	45,8	41,5	41,6	43,8	47,0	
Femmes	32,7	31,1	30,9	32,9	34,1	36,6	

Source : OCDE, Employment outlook, disponible sur le site, www.oecd.org
Taux d'emploi = nombre de personnes ayant un emploi de 55 à 64 ans / effectif total de cette classe d'âge.
Taux d'activité : nombre de personnes actives de 55 à 64 ans / effectif total de cette classe d'âge.
Taux d'emploi et d'activité moyens : sur la totalité des hommes et des femmes.

Les années 90.

L'analyse de la situation générale du marché du travail fait ressortir une très forte augmentation du chômage au début des années 90, avec un maximum de 12,4% en 1993-1994, suivi d'une décroissance régulière qui aboutit à un taux de 5,4% en 2000. Depuis cette date, le taux moyen de chômage reste voisin de 5%.

Parallèlement, les seniors ont connu une nette détérioration de leur situation sur le marché du travail au moment où la crise de l'emploi atteignait son apogée. C'est en effet au milieu des années 90 que les taux d'emploi et d'activité des personnes âgées de 54 à 65 ans ont atteint leur minimum (tableau 1).

Il n'est pas douteux que le consensus social qui s'est développé à partir de la fin des années 70 et qui consistait à faciliter les départs en préretraites, qui étaient supposés être remplacés par des embauches de jeunes, a joué au Danemark, comme dans la plupart des pays européens, un rôle important dans la baisse de l'activité et de l'emploi des seniors jusqu'au milieu des années 90. Cette baisse concerne, en longue période, essentiellement la classe d'âge des 60-66 ans (l'âge légal de la retraite est de 67 ans au Danemark). Pour la classe d'âge 55-59 ans, cette influence est beaucoup moins sensible, ce qui est normal puisque la préretraite commence ordinairement à 60 ans. Cependant, dans la période de crise aiguë (1990-1995), certaines sorties d'activité furent autorisées dès cette classe d'âge (pour les chômeurs de longue durée). Ces dispositions ont eu une influence non négligeable sur l'activité et l'emploi de cette classe d'âge.

Enfin, les pensions d'invalidité qui, il faut le noter, étaient attribuées par les municipalités, mais financées par l'Etat au cours de la période considérée, ont été distribuées de façon généreuse dans les années 80, et jusqu'au début des années 90 (P.H.JENSEN, 2002, p 61-62). Pour les personnes âgées de 50 à 67 ans, ces pensions pouvaient être attribuées pour des raisons non médicales, en raison de difficultés sérieuses pour trouver un emploi, étant donnée la situation du marché du travail. Au début des années 90, sur 25000 nouvelles pensions d'invalidité attribuées, 8000 l'étaient sur critères exclusivement sociaux.

Le caractère extensif des préretraites et des pensions d'invalidité au cours de la période considérée explique, pour une large part, la baisse de l'activité chez les hommes de la classe d'âge 55-59 ans, et même de la classe d'âge 50-54 ans.

L'amélioration récente de la situation du marché du travail, y compris pour les seniors.

Le taux de chômage de l'ensemble de la population active qui atteignait 12,4% en 1994 est progressivement descendu à 5% environ. Le taux de chômage des seniors (classe d'âge 55-64 ans) est lui-même descendu en dessous de ce seuil, et ceci malgré les mesures de prolongation de l'activité des seniors qui ont été prises depuis 1995. Un autre indice de l'amélioration de la position des seniors sur le marché du travail est l'augmentation à partir de 1995 des taux d'activité et d'emploi de la classe d'âge 55-59 ans pour les hommes, et encore davantage pour les femmes (tableau 1).

LES ACTEURS SOCIAUX ET L'EMPLOI DES SENIORS

L'Etat a un rôle modeste dans la définition et la conduite de la politique de l'emploi des seniors.

Au début de l'année 1993, un changement politique important est intervenu lorsque le nouveau gouvernement social-démocrate est arrivé au pouvoir. Il était confronté à un taux de chômage inégalé depuis la seconde guerre mondiale. La politique macroéconomique redevint en partie keynésienne, et la réforme de la politique de l'emploi s'appuya sur les partenaires sociaux, dont les pouvoirs furent renforcés à tous les niveaux dans la définition et la gestion des politiques de l'emploi, et du Workfare.

Au Danemark, la promotion du Workfare a signifié « l'activation » de la politique de l'emploi qui s'est traduite tout d'abord par une restriction des droits des chômeurs, l'objectif étant de créer une incitation plus forte aux chômeurs pour retrouver un emploi (JOERGENSEN et ALII, 2000, pp 164-165). A partir de 1995, on a institué les plans personnalisés *(handlings plan)*. Il s'agit d'un contrat passé entre le service public de l'emploi et les personnes sans emploi. Le non-respect de ce contrat peut entraîner pour la personne concernée la perte des allocations de chômage.

La politique d'activation s'est également appliquée aux chômeurs âgés. Tout d'abord, les possibilités de préretraites établies pour les personnes de plus de 55 ans au chômage depuis plus d'un an ont été supprimées en 1996. De façon générale, les agences de l'emploi (AF) ont pris en charge une partie de la politique de l'emploi à l'égard des travailleurs âgés. L'objectif est dans ce domaine, comme dans les autres, de traiter les seniors de la même façon que les autres travailleurs (HANSEN, 2000, p 193-194). Ceux-ci bénéficient jusqu'à 60 ans de sessions de formation-requalification adaptées.

Dès 1995, ces mesures actives du marché du travail bénéficiaient à 255000 personnes (JOERGENSEN et ALII, 2000, p. 167) pour un total de 350000 chômeurs. A partir de cette date, et jusqu'à la fin des années 90, ce sont plus de 6% du PIB qui furent consacrés aux politiques de l'emploi, dont 2% environ pour les mesures actives (formation, placement, emplois subventionnés), et 4% pour les mesures passives (indemnisation et préretraites). Il doit être clair que le redressement de la situation de l'emploi en général, et plus particulièrement de l'emploi des seniors au Danemark, a eu un coût financier très élevé.

Enfin, depuis 1999, comme nous allons le montrer à présent, les préretraites auxquelles le gouvernement a eu largement recours pour surmonter les difficultés de l'emploi dans les années 80 et au début des années 90, ont été réformées et réduites de façon drastique. C'est en fait toute la politique à l'égard des seniors qui, à partir du milieu des années 90, a été imprégnée par l'objectif de maintenir, voire de développer, l'offre de main-d'œuvre pour faire face à la nouvelle situation créée par les pénuries de main-d'œuvre. Le but de l'exposé qui suit est de montrer comment l'Etat et les partenaires sociaux ont procédé pour s'adapter à cette nouvelle situation.

Le rôle de la négociation entre partenaires sociaux.

Il existe des facteurs anciens qui peuvent expliquer les taux d'activité relativement élevés des seniors au Danemark. Ils tiennent aux systèmes de pension, tels qu'ils ont été conçus après la seconde guerre mondiale, mais aussi aux systèmes de formation première et continue, et finalement aux relations professionnelles, qui, au Danemark, modèlent les institutions et les règles qui régissent les rapports de travail au niveau national, régional, et jusqu'à l'intérieur des entreprises. Il va être montré comment l'Etat et les partenaires sociaux ont fait face, à partir de la fin des années 90 et du début des années 2000, à la pénurie grandissante de main-d'œuvre et au vieillissement de la population dont les effets se font de plus en plus sentir sur le marché du travail. Enfin seront analysées les mesures « préventives » qui concernent l'ensemble du cycle de vie des salariés et qui contribuent ainsi à l'amélioration des capacités de travail des seniors.

L'objectif d'allongement de la vie professionnelle au Danemark est devenu la priorité depuis le milieu des années 90. Il n'y a pas eu de révolution dans ce domaine, mais une inflexion des principaux dispositifs existants. Les dispositions concernant les préretraites ont été rendus plus « flexibles ». Ici encore, la priorité a été donnée à l'incitation à retarder l'âge de départ en retraite, plutôt qu'à la réglementation ou la contrainte.

Pour ce qui est des préretraites, la tradition incitative du Danemark a été respectée : la réglementation concernant le cumul emploi–préretraite a été rendue de plus en plus souple, et de véritables primes au report de l'âge de la préretraite ont été instituées. Tout d'abord, pour bénéficier de la préretraite à partir de 60 ans, il faut avoir cotisé à l'assurance chômage pendant 30 ans (contre 25 ans précédemment, voir tableau 2). Auparavant, les préretraités, s'ils voulaient conserver leurs droits, ne pouvaient travailler que 200 heures par an. A présent, les préretraités ont le droit de travailler jusqu'à 29,7 heures par semaine. Les indemnités de préretraite sont réduites en proportion de la durée effective du travail (par exemple quelqu'un qui travaille à mi-temps a une réduction de 50% de son indemnité de préretraite). De plus, un avantage fiscal est consenti jusqu'à 65 ans aux personnes qui satisfont aux conditions pour bénéficier de la préretraite, mais conservent un emploi. Cette prime fiscale est égale à 50% du revenu salarial d'un ouvrier non qualifié (103200 couronnes danoises par an, soit 13870 euros). Cette dernière disposition montre bien que ce sont les travailleurs les moins qualifiés que les politiques veulent inciter à travailler jusqu'à 65 ans, les cadres prennent en effet déjà, pour la plupart, leur retraite à cet âge (BINGLEY, GUPTA, PETERSEN, 2002, pp 17-18, et PERH.JENSEN, 2002).

Le caractère « flexible » de cette réforme se situe bien dans la perspective du système qui s'est mis progressivement en place dans les années 90 au Danemark. Néanmoins, sur certains points, il constitue une dégradation de la situation antérieure. En réalité, comme toujours dans ce genre de dispositif, ceux qui perdent au changement sont ceux qui ne veulent, ou ne peuvent pas, pour un vaste ensemble de raisons possibles (maladie, incapacités, difficultés de trouver un emploi) poursuivre leur activité au-delà de 60 ans. C'est pourquoi, cette réforme, qui n'a pas fait l'objet d'une large consultation, a suscité une très forte opposition de certains travailleurs et particulièrement des cols bleus.

Tableau 2 : Les systèmes de préretraite
avant et après la réforme de 1999.

Avant Juillet 1999	Après Juillet 1999
Conditions d'éligibilité : durée de cotisation au chômage de 20 ans au cours des 30 dernières années.	Conditions d'éligibilité : durée de cotisation au chômage de 25 ans au cours des 30 dernières années. À partir de 1999 est créée une contribution supplémentaire pour la préretraite (parallèlement au chômage) à la charge des salariés.
Indemnité perçue : 100% de l'indemnité de chômage maximale (143520 couronnes danoises par an)* pendant 2,5 années, 82% les années suivantes	Indemnité perçue : 91% de l'indemnité de chômage maximale (143520 couronnes danoises par an) pendant toute la durée de la préretraite, 100% pour ceux qui partent après 62 ans.
Préretraite complète Interdiction de travailler plus de 200 heures par an. *Retraite partielle* Nombre d'heures hebdomadaires travaillées devant être compris entre 12 et 27,5 heures par semaine	Liberté totale pour le préretraité de fixer son temps de travail au jour le jour. Une déduction automatique de la préretraite est faite en fonction du temps de travail effectif (une demi-semaine de travail donne lieu à une réduction de 50% de la pension hebdomadaire). Au dessus de 29, 6 heures de travail par semaine les indemnités de préretraite sont supprimées.

*Source : PER H. JENSEN. (2002) p 12-13, * 143520 couronnes = 19290 euros*

Dans le domaine des pensions (Finansministeriet, 1999, p. 8), aucune réforme radicale n'est envisagée ; l'objectif est de faire une plus grande part aux pensions d'entreprises, professionnelles et privées à cotisations définies. Il est remarquable cependant, que le système de sécurité sociale publique à prestations définies demeure le plus important à l'horizon 2045, selon les plans qui ont été établis (tableau 3).

Le changement très graduel se fera par une réduction des crédits budgétaires affectés à la pension par répartition qui est très égalitaire, et son remplacement partiel par un système de pension assis sur les cotisations salariales des entreprises et des salariés qui repose sur le principe de la capitalisation, géré par le secteur public. De plus, les pensions professionnelles et privées sont appelées à prendre de l'ampleur.

Tableau 3 : Revenu moyen des personnes à la retraite en 1997 et en 2045

	1997		2045	
	En couronnes danoises*	En %	En couronnes danoises	En %
Pension publique, système de répartition (OAP)	76000	55	67000	41
Pension publique, système de capitalisation (ATP et SP)	5000	4	25000	15
Pensions professionnelles et privées	34000	25	61000	37
Autres revenus	23000	17	13000	8
Revenu total avant impots	137000	100	165000	100

*Source : Finansministeriet, 1999, p. 8, * 1 euro= 7,44 couronnes danoises.*

Les syndicats

Tout d'abord, il convient de rappeler que l'ensemble des dispositions qui régissent les relations de travail fait l'objet d'une négociation collective du niveau centralisé et au niveau de l'entreprise, grâce à la structuration des organisations syndicales et patronales au niveau local, régional et central. Cette négociation collective est également facilitée par le fait qu'une seule confédération de syndicats de salariés regroupe une forte proportion de ceux-ci (LO : Confédération danoise des syndicats), de même que l'essentiel des entreprises est regroupé dans la Confédération des employeurs danois (DA, initiales de la dénomination danoise).

Néanmoins, l'Etat joue un rôle non négligeable dans la définition du cadre juridique de la négociation collective. Son rôle est en fait actif, tant en ce qui concerne la politique économique orientée vers le plein emploi, que la politique de l'emploi qui, nous l'avons vu, joue sur de multiples registres.

Les principaux axes d'action des syndicats dans la négociation collective concernent les conditions de travail et la formation tout au long de la vie (LO, 2001). La situation et l'emploi des seniors n'apparaissent donc pas comme un axe d'action prioritaire en tant que tel. Pourtant il faudrait se garder de penser que les syndicats se désintéressent de l'âge de cessation d'activité des seniors. Tout d'abord, ils tiennent à maintenir des dispositions qui sont relativement plus favorables aux cols bleus qu'aux cols blancs, par souci d'équité (voir leur opposition au moment de la réforme des préretraites qui était surtout préjudiciables aux cols bleus). Ensuite, ils contribuent activement au consensus danois selon lequel l'emploi des seniors doit être traité, autant que possible, sur un pied d'égalité avec celui des autres catégories de travailleurs. Dans cette perspective, il est clair qu'améliorer les conditions de travail pour l'ensemble des salariés, et mieux les adapter à leurs besoins et possibilités d'une part, et pratiquer la formation tout au long de la vie d'autre part, contribuent à accroître l'emploi des travailleurs seniors, et influent donc sur leurs décisions de cessation d'activité.

Un responsable de la confédération danoise des Employeurs danois (DA), M.SIMONSEN, nous a déclaré à ce sujet[1] :

« Les entreprises se prépareraient mieux à accueillir les seniors si les personnes concernées étaient réellement motivées. Néanmoins, il est certain que les entreprises pourraient faire davantage. La situation est en fait très inégale, certaines ne s'adaptent pas du tout à la perspective d'employer des personnes jusqu'à 65 ans, d'autres ont

---

[1] Il s'agit d'une série d'entretiens réalisés par D.REDOR et V.DELTEIL (2003), effectués dans le cadre d'une étude réalisée pour la DARES du Ministère du travail.

déjà introduit beaucoup de changements dans la gestion des ressources humaines.
En fait c'est un problème de société qui concerne tout le monde : les entreprises, les politiques, les municipalités, et les salariés. Les entreprises à elles seules ne peuvent pas faire grand-chose... »

Par ailleurs, une enquête menée en 1997 auprès de 914 entreprises et organisations (PER H.JENSEN 2002, pp.67-68) révèle qu'une politique active en faveur des seniors est menée dans 60% des entreprises et 85% des organismes publiques. Parmi ces politiques actives on trouve la retraite partielle, les emplois adaptés et transitoires entre l'activité et la retraite, les entretiens d'évaluation spécifiques pour les seniors, les cours et formations spécialement adaptés. Mais l'auteur fait remarquer que la question porte simplement sur l'existence ou non d'une politique spécifique en faveur des seniors. La question de la formation est donc éludée. De plus il n'est pas demandé aux entreprises si toutes les catégories de travailleurs sont concernées ou non par ces mesures. Or l'auteur estime que de telles politiques sont beaucoup plus faciles à mener en faveur des cols blancs qualifiés que pour les cols bleus, et que la plupart de ces derniers continuent à quitter les entreprises danoises à 59 ou 60 ans.

LA « FLEXSECURITE » DU MARCHE DU TRAVAIL AU DANEMARK ET L'EMPLOI DES SENIORS

Beaucoup de spécialistes danois attribuent les succès du modèle danois à la politique de l'emploi analysée ci-dessus, mais aussi aux particularités du marché du travail externe danois sur lequel la main-d'œuvre est traditionnellement mobile. En effet, le niveau de protection de l'emploi des travailleurs, quelle que soit la classe d'âge à laquelle ils appartiennent, est faible au Danemark. ANDERSEN (2002, p12) estime même qu'il est aussi peu développé qu'au Royaume-Uni. De ce fait, la mobilité de la main-d'œuvre sur le marché du travail est forte, et l'ancienneté de la main-d'œuvre à l'intérieur des entreprises peu élevée, par rapport aux autres pays d'Europe continentale.

Une personne du Ministère du travail (T.M.JORGENSEN), chargée du service public de l'emploi, nous a déclaré à ce sujet[1] :

« Il n'existe pas de protection spécifique de l'emploi des seniors. Une telle mesure n'est pas envisagée, et n'est d'ailleurs pas réclamée par les syndicats. Elle serait contraire au caractère non-interventionniste de l'Etat dans les affaires sociales au Danemark. Par ailleurs, il est remarquable que les accords collectifs de branches ne prévoient jamais une protection spéciale de l'emploi des seniors (à la différence de l'Allemagne, par exemple).

D'une manière générale, les licenciements sont aisés et peu coûteux pour les entreprises, quelles que soient les catégories de personnel concernées.

La contrepartie est que les embauches sont également nombreuses, la rotation de la main-d'œuvre sur le marché du travail est donc élevée. Le Danemark se distingue par le fait qu'il existe de nombreuses mesures positives incitatrices, et pas de mesures négatives, prohibitives. Le système d'indemnisation du chômage est généreux (particulièrement en ce qui concerne la durée d'indemnisation), ce qui incite les salariés à prendre le risque de changer facilement d'entreprise pour améliorer leur situation professionnelle. »

Les passages par le chômage sont relativement fréquents, mais de courte durée (HANSEN, 2002, p 15). Ceci a des conséquences importantes pour l'emploi des seniors. Tout d'abord, le chômage de longue durée est peu répandu, y compris pour les plus âgés, et ceux-ci ont une probabilité de retrouver un emploi, s'ils sont au chômage, qui est relativement élevée (par rapport aux autres pays européens). De plus, l'ancienneté moyenne, dans les entreprises danoises, est faible, et les rémunérations sont peu liées à l'âge. Ce dernier point peut également jouer en faveur de l'emploi des seniors, car les entreprises sont moins incitées que dans les pays où la rémunération à

[1] Entretien réalisé par D.REDOR et V.DELTEIL dans le cadre de l'étude cité ci-dessus : V.DELTEIL, D.REDOR, 2003.

l'ancienneté est développée, à écourter leur vie professionnelle (au moyen de préretraites ou de licenciements en cas de restructurations).

Mais le haut niveau d'activité et d'emploi des seniors au Danemark par rapport à la moyenne européenne ne s'explique pas seulement par les mesures d'adaptation à la situation du marché du travail. Il résulte aussi de dispositifs issus de l'histoire socio-économique danoise. Nous aborderons successivement la question de la formation continue, et des conditions de travail. En effet la formation continue est largement répandue, jusqu'à 60 ans.

Tableau 4 : Taux de participation à la formation professionnelle continue par groupe d'âge de la population active.

Groupe d'âge	40-44	45-49	50-54	55-59	60-64	65-69
Taux de participation (en %)	81	79	77	65	61	39

Source : Hansen, 2000, p 189

Les agences de l'emploi (AF), outre leur mission générale (voir ci-dessus 1), ont aussi en charge une partie de la politique de l'emploi à l'égard des seniors. Par exemple, elles placent les chômeurs de plus de 48 ans dans des administrations territoriales qui recherchent du personnel ; en contrepartie, ces employeurs publics reçoivent une subvention annuelle importante (100000 couronnes danoises, soit 13400 euros).

Par ailleurs, le ministère du travail a lancé un programme en 1998 (Finansministeriet, 1999, pp 4-5) pour aider les entreprises à intégrer les seniors dans leur organisation. En effet, les entreprises peuvent obtenir, grâce à un financement du ministère, les services de sociétés de conseils spécialisés pour améliorer l'adaptation des conditions de travail des seniors. Il faut remarquer à cet égard que, d'un point de vue général, le Danemark est, selon l'enquête de la Fondation Européenne pour les Conditions de Vie et de Travail, le pays d'Europe où la pénibilité du travail, mesurée par les contraintes physiques ou les tâches répétitives, est la moins élevée. De même c'est le pays où les travailleurs âgés ont les possibilités les plus importantes de choisir leurs méthodes et rythmes de travail.

Finalement, les politiques en faveur de l'emploi des seniors dans les années de chômage élevé ont reposé essentiellement sur des incitations, et non pas sur la protection des emplois des seniors dans les entreprises. Une telle protection légale ou contractuelle, rappelons-le, n'existe pas. Du côté des salariés, les incitations sont devenues plus actives et ont exercé une pression importante sur les chômeurs jusqu'à 55 ans, en les obligeant à accepter les offres qui leur étaient faites. Cette mesure s'est appliquée aux seniors au-delà de 55 ans à partir de 1996. La même année, les restrictions apportées aux préretraites allaient dans le même sens. Les nouveaux changements introduits depuis 1996, ont été suivis de réalisations ou de projets qui vont encore plus loin dans les incitations qui visent à prolonger l'activité des seniors.

QUELS ENSEIGNEMENTS POUR LA FRANCE ?

Le modèle danois d'emploi des seniors apparaît comme original par rapport aux autres pays scandinaves, et a fortiori, par rapport aux autres pays européens. Tout d'abord, il est clair que l'Etat, mais aussi les partenaires sociaux, évitent de traiter la question de l'âge de cessation d'activité des seniors séparément des questions concernant les politiques de l'emploi et de gestion de l'ensemble des travailleurs. Ils préfèrent les traiter globalement avec la question de la lutte contre le chômage, de l'aménagement des conditions de travail et de la formation tout au long de la vie. C'est la raison pour laquelle les décisions qui sont prises peuvent donner l'impression fausse que les pouvoirs publics et partenaires sociaux ne s'intéressent pas à l'emploi des seniors. Une telle stratégie, qui s'inscrit nécessairement dans le long terme, repose sur l'idée qu'il ne faut pas opérer de discrimination aussi bien positive que négative à l'égard des seniors. En effet toute mesure spécifique, même positive, peut avoir pour effet de « stigmatiser » ces derniers, et donc se retourner contre le but poursuivi.

De plus, le modèle danois allie deux caractéristiques qui sont rarement réunies dans un même pays. Tout d'abord, le marché du travail est flexible en ce sens que la protection des emplois, y compris pour les seniors, est très faible. Les licenciements et départs volontaires sont fréquents, de même que les embauches. En d'autres termes, la mobilité sur le marché externe de la main-d'œuvre est forte. Pour autant, le fonctionnement du marché du travail ne peut être qualifié de libéral. En effet si les emplois sont peu protégés, les travailleurs le sont, en ce sens que les allocations de chômage sont relativement longues et généreuses (surtout pour les travailleurs peu qualifiés). Les sessions de formation qui sont offertes aux actifs salariés ou aux chômeurs sont aussi diversifiées. Cette forte garantie sociale favorise aussi la mobilité sur le marché du travail. Le retour à l'emploi pour les chômeurs, et notamment les chômeurs seniors, repose sur un système d'activation et d'incitation à reprendre un travail.

D'une manière générale les mesures de contraintes et de sanctions juridiques ou financières sont inexistantes ou très peu développées, aussi bien pour les actifs que pour les firmes. La récente réforme des préretraites qui repose entièrement sur l'incitation financière à prolonger la vie professionnelle, même si elle a été insuffisamment préparée, et de ce fait mal accueillie par les partenaires sociaux, est une illustration de ces propos.

Le haut degré de cohérence des différents éléments qui constituent le système d'emploi tout au long de la vie au Danemark provient tout d'abord du consensus social sur lequel il s'appuie. La coopération qui s'est établie de longue date entre l'Etat et les partenaires sociaux a été largement soulignée dans notre exposé. Elle est aussi organisationnelle, et plusieurs réformes ont été menées ces dernières années (BARBIER, 2005) pour créer un « guichet unique » au niveau local des aides et conseils à l'emploi.

Il résulte de la cohérence qui vient d'être analysée que le modèle danois n'est pas transposable, pas plus dans son intégralité, que partiellement. Le modèle n'est pas transposable dans son intégralité car les éléments qui constituent cet ensemble sont très variés, et sont le produit de l'histoire politique, sociale et économique du Danemark.

De plus, certains éléments, pris isolément, du système danois ne peuvent être transposés, car précisément la nécessaire cohérence des systèmes d'emplois ne peut s'accommoder d'éléments disparates provenant d'expériences aussi éloignées que celles du Danemark et de la France, par exemple.

De ce fait les enseignements que l'on peut tirer de cette expérience, sont très généraux et portent davantage sur les procédures à utiliser plutôt que sur des moyens qui conduiraient à des recettes miracles. Dans cette perspective, deux enseignements peuvent être retenus, à notre sens.

Le souci de mise en cohérence des différents éléments du système d'emploi de seniors est primordial. Ceci inclut la protection sociale, et notamment la protection contre le chômage, le système des pensions de retraite, le système fiscal, et aussi du côté des entreprises, le mode de gestion des ressources humaines. Pour parvenir à une telle cohérence, une condition nécessaire, mais certes non suffisante, est que les différentes parties de la société soient d'accord sur les objectifs de la politique de l'emploi des seniors. Il est clair, qu'en France, par exemple, encore aujourd'hui, l'Etat et les partenaires sociaux ne sont pas nécessairement d'accord sur l'étendue et la portée de l'objectif de prolongation de la vie active des salariés.

Sur la procédure, le niveau local et le niveau de l'entreprise sont déterminants. Une large autonomie doit leur être laissée pour appliquer et adapter, au cas par cas, des accords ou règlements nationaux suffisamment flexibles. De ce point de vue, le modèle danois de décision en matière d'emploi n'est ni centralisé (à la manière française), ni décentralisé (à la manière britannique). Il définit clairement les responsabilités de chaque niveau de décision, en laissant aux niveaux locaux et décentralisés une capacité d'action et de décision qui leur laisse une large autonomie et une grande initiative.

BIBLIOGRAPHIE

ANDERSEN-ESPING, Gosta. 2002. « Destandardisation of the life course in the context of a Scandinavian Welfare Model : the case of Denmark ». Paper prepared for Seminar : *Recomposing the stages of life course*. Paris : Maison des Sciences de l'Homme, (Juin).

BARBIER, Jean Claude. 2005. « Apprendre vraiment du Danemark ». *Connaissance de l'emploi.* Centre d'Etudes de l'emploi, n°18, (Juillet).

BINGLEY, Paul, Nabanita Datta GUPTA et Peder PETERSEN. 2002. « The effects of pension programme incentives on retirement behaviour in Denmark ». Center for Labour market and social research. (March), WP 01-08, Aarhus School of Economics.

DELTEIL, Violaine et Dominique REDOR. 2003. *L'emploi des salariés de plus de 55 ans en Europe du nord.* Etude du GIP MIS réalisée pour la DARES (Ministère de l'emploi et de la solidarité), disponible sur le site : www.gouv.travail.fr

Finansministeriet Denmark. 1999. « Policy implication of aging ». *Conference on : Maintaining prosperity in an aging society.* OECD.

HANSEN, Hans. 2002. « Active strategies for older workers in Denmark ». In JEPSEN, Maria, David FODEN et Martin HUTSEBAUT (ed). *Active strategies for older workers.* European trade union institute.

JENSEN, Per H. 2002. « Aging and work : from early exit to late exit in Denmark ». In VROOM, Bert, Tony MALTBY et Maria Luisa MIRABILE (ed). *Age arrangement at the end of the working life,* Ashgate.

JOERGENSEN, Henning, Flemming LARSEN, Morten LASSEN et Jorgen STAMHUS. 2000. « La politique active du marché du travail au Danemark : réforme du marché et décentralisation ». In BARBIER Jean-Claude et Jérôme GAUTIE (ed). *La politique de l'emploi en Europe et aux Etats-Unis*, Cahier du centre d'études de l'Emploi.

REDOR, Dominique. 2003. « Comparaison des politiques d'incitation à l'emploi des salariés âgés au Danemark, en Finlande et en Suède ». *Revue française des Affaires Sociales,* n°4, (Oct-Déc), Pp 251-273.

La gestion de l'emploi des seniors en Espagne

Josette CHANEL-TISSEAU des ESCOTAIS

INTRODUCTION

Un symposium, tenu à Valence (Espagne) sur les plus de 55 ans, a établi qu'ils constituent le lien reliant les jeunes générations aux anciennes du point de vue des valeurs : grâce à « une plus grande disponibilité de temps, l'expérience, la patience, la générosité et la solidarité, des qualités indispensables pour une société en mal de prévoyance et de pondération », les seniors, forts de « l'assurance morale que leur confèrent la maturité, le fait de savoir ce qu'ils veulent, le meilleur discernement entre le bien et le mal, ajoutés à un plus haut degré de sécurité économique, renforcent l'indépendance intellectuelle et le désintéressement de ce secteur, tout comme son ascendant sur l'ensemble de la société »[1]. Ces conclusions formulées en 1997 sont toujours d'actualité. Mais quelle place réserve-t-on à cette catégorie d'individus dans la société espagnole de ce début du XXIe siècle, et notamment dans le monde du travail ?

GENERALITES

La pyramide des âges établie en 2000 par le très espagnol Institut National des Statistiques (INE) et figurant en annexe I de la présente étude, fait apparaître que les 45-65 ans constituaient 1/5 de la population espagnole avec 8.714.200 personnes et représentaient le groupe le plus dense grâce au petit « baby-boom » provoqué par la politique franquiste (près de 14 millions de naissance entre 1957-1977).

Les projections en 2020 et 2040, conçues par le même organisme officiel, mettent en évidence le vieillissement imparable d'un pays

---

[1] *Encuentro en Valencia : La Edad Dorada. ¿Coste o beneficio?* p. 2, voir Bibliographie.

dont le taux de natalité ne cesse de baisser depuis 25 ans au point d'être un des plus bas du monde, puisqu'il ne dépasse pas 1,2 enfant par femme depuis 1999. A cause de l'insuffisance des naissances, l'échafaudage prend progressivement la forme d'un champignon caractérisé par un rétrécissement à sa base ; il croîtra et deviendra de plus en plus tubulaire au fil des années à venir.

La relève que devraient assurer les futures générations pose donc problème : selon les prévisions officielles, elle deviendra déficitaire à partir de 2006 lorsque la courbe sinusoïdale des arrivées et des départs de la population en âge de travailler s'infléchira négativement pour atteindre son minimum en 2036-2038 (voir annexe II). On notera que l'important quota d'immigrants, licites ou non et issus d'Amérique[1], mais aussi d'Afrique et d'Europe de l'Est, qui afflue actuellement en Espagne, devrait compenser en partie le phénomène, sans que ses effets soient chiffrés, du moins publiquement.

Toujours est-il que le groupe des seniors prend une importance inusitée, d'autant que la pérennité croissante de ses représentants engendrera un financement prolongé des futures pensions de retraite : la longévité moyenne des Espagnols, seulement dépassée par celle des Français en Europe, progressera bien au-delà des actuels 79 ans déterminés par les scientifiques. En effet, ils jouissent généralement d'une bonne condition physique grâce aux présentes conditions de vie, comme le démontre le tableau suivant établi à partir des données de l'INE :

---

[1] L'immigration hispano-américaine est massive : dernièrement, le flux équatorien a supplanté le colombien. Si, tous les jours et en fonction du quota accordé, arrive à l'aéroport madrilène une moyenne de 500 personnes en provenance de Bogota, pour affaires, d'après le consul mandaté, 132.628 Equatoriens auraient débarqué entre le 1er janvier et le 30 juin 2002, selon l'Association Rumiñahui qui les regroupe, alors que l'Espagne ne veut en régulariser que 124.000 pour toute l'année concernée (seuls 12.900 l'avaient été en 1999) : *ABC.es,* article du 14/11/2002, signé par Isabel GALLEGO et intitulé « El visado a los colombianos ha reducido un 70 % su entrada en España », voir Bibliographie.

Etat de santé de la population espagnole âgée de 45 à 64 ans en 2002

Très bonne	Bonne	Moyenne	Mauvaise
8,0 %	53,9 %	27,3 %	9,5 %

La très grande majorité des seniors peut donc prétendre à une vie active normale et à une réelle participation au monde du travail.

BILAN

Pourtant, cette catégorie sociale est fondamentalement défavorisée dans les entreprises espagnoles et trop souvent sujette à l'exclusion. Selon le principe de la culture en vigueur dans le monde du travail situant la vieillesse à la quarantaine, on lui attribue une rentabilité insuffisante et on a recours au système de la préretraite, instauré lors du Pacte de Tolède (6/4/95), pour évincer au maximum les seniors : près de 700.000 en 1999. Depuis, des entreprises l'imposent unilatéralement en vue de rajeunir leur personnel, alors que cette mesure, envisagée en son temps comme une avancée sociale, avait été instituée afin de lutter contre le chômage affectant près de 25 % de la population active. Elle a sanctionné injustement des gens aptes à la vie professionnelle et non motivés par la cessation d'activité, et a lésé ceux qui ne justifiaient pas des 30 annuités de cotisations exigées pour prétendre ensuite à une retraite complète, lesquelles viennent d'être portées à 35 ans[1].

Par ailleurs, l'Espagne est le pays de l'UE qui concède le moins de formations aux 50 ans et plus, considérés comme trop âgés et donc incapables de progresser intellectuellement. Enfin, les possibilités d'embauche pour les représentants de ce groupe sont minimes et trop

[1] Le franquisme n'a institué que très tardivement des mesures sociales généralisées à l'ensemble de la population espagnole, en particulier en ce qui concernait la Sécurité Sociale et la retraite : certaines catégories de travailleurs n'auraient donc pas pu, auparavant, bénéficier d'une retraite intégrale, faute d'avoir pu atteindre un nombre plus important d'annuités.

souvent précaires. Les syndicats dénoncent ces faits[1], même lorsqu'ils soutiennent encore le système des préretraites.

MESURES GOUVERNEMENTALES ACTUELLES

Pour remédier à cette discrimination et pour respecter les exigences de la Constitution Européenne[2] complétée par le Traité d'Amsterdam en 1997, le Gouvernement a institué dès cette date, c'est-à-dire depuis la fin de la crise la plus récessive concernant l'emploi en Espagne, des mesures valorisant les plus de 45 ans. Parmi elles, figurent :

- une baisse des cotisations patronales avec une réduction des coûts salariaux lors du maintien de seniors dans leur emploi ;
- une incitation à la création de CDI à leur intention, notamment pour les chômeurs de plus de 52 ans ; est alors compatible l'encaissement d'une allocation de chômage avec un travail salarié, ponctuel ou à temps partiel ;
- la mise en place dans les entreprises de programmes comportant une participation prioritaire ou exclusive des aînés.

Bien qu'insuffisantes, ces mesures ont porté quelques fruits : le taux d'emploi des plus de 55 ans a gagné 5 points depuis cette date, de sorte que la proportion de seniors en activité dépasse désormais 43%[3].

Moins tangibles, bien qu'efficientes, sont les modifications des modalités de l'Enquête sur la Population Active (EPA) auxquelles a procédé le Ministère du Travail en 2001, année marquée par une réforme sur l'emploi malgré un ralentissement de la croissance économique ; elles avaient pour objectif de déterminer les disfonctionnements concernant certaines catégories sociales.

---

[1] En février 2002, alors que l'Espagne présidait l'Union Européenne, les syndicats, comme la UGT (Union Générale des Travailleurs), ont notamment dénoncé cette situation dans les publications ou lors de manifestations : voir *UGT* dans la Bibliographie.

[2] Elles apparaissent dans *España y la Constitución Europea*, voir Bibliographie.

[3] *Jubilo.es – Empleo* : voir Bibliographie ; article du 2/3/2005 intitulé « El Ministerio de Trabajo apuesta por los mayores de 45 años ».

Désormais plus conscient de la situation des seniors, le Gouvernement a décidé de prendre de nouvelles mesures. Les dernières, de fin novembre 2004, prendront effet lors de l'exercice 2005. Catégorielles[1], il serait fastidieux de toutes les énumérer, mais, à titre d'exemple, on peut mentionner la revalorisation annuelle des bases de cotisations versées par les entreprises pour leurs préretraités de 55 à 61 ans[2]. De même, une loi votée le 27/12/2004 institue des aides additionnelles afférentes aux CDI créés pour les seniors ; ainsi, quand une entreprise embauche définitivement et à temps plein une personne de 60 ans déjà employée chez elle en CDD ou à temps partiel, elle obtient des bonifications de 50 à 100 % sur la quote-part versée à la Sécurité Sociale, à savoir :

- 50 %, si, en 2005, l'intéressé travaille en son sein déjà depuis 5 ans ;
- 60 %, si la condition est remplie depuis 2004 ;
- 70 %, s'il s'agit de 2003 ;
- 80 % pour 2002 ;
- enfin, ces pourcentages augmentent de 10 % lors de chacun des exercices suivants, jusqu'à concurrence de 100 %.

Ces dernières dispositions démontrent que l'Espagne doit puiser dans un groupe précédemment rejeté, pour couvrir ses besoins de main-d'œuvre.

RESULTATS

Ces dispositions ont pu être prises grâce à l'impulsion donnée par le Conseil Européen de Stockholm (2001) en vue d'une politique de plein emploi programmé pour l'horizon 2010, et au nouvel ensemble

---

[1] Parmi les seniors, on distingue en effet les hommes, les femmes, les valides, les handicapés, les chômeurs de longue durée, ceux au RMI, les travailleurs pourvus d'un CDI à temps complet, ceux employés à temps partiel, ceux en attente d'un renouvellement de CDD, etc.

[2] *Consumer.es – Eroski – Noticias*, v. Bibliographie : article du 27/11/2004, intitulé « Trabajo anuncia que los prejubilados mayores de 55 años verán aumentadas sus bases de cotizaciones cada año hasta los … ».

d'objectifs et d'indicateurs encore plus affinés, préconisé par le récent Conseil Européen de Barcelone afin de traiter quasiment le cas par cas : voilà bien qui stimule le marché du travail et la création de CDI ! Et les derniers résultats publiés le démontrent : le taux d'emploi des travailleurs espagnols de 55 à 64 ans se rapproche de celui de l'UE (39,7 % contre 40,1 % dans l'ensemble de la Communauté)[1]. Le tableau ci-dessous met en évidence les différentes étapes de la régression du chômage jusqu'en 2000 chez les seniors, tant dans leur globalité qu'en fonction du sexe, puis la reprise du phénomène un an plus tard :

Taux de chômage chez les seniors de 55 ans et plus, de 1998 à 2003 (pourcentages par rapport à la population active[2])

Année	1998	1999	2000	2001	2002	2003
Totalité	9,8	9,2	9,0	6,0	6,7	7,1
Hommes	9,2	8,8	8,2	5,3	5,8	6,0
Femmes	11,4	10,2	10,8	7,7	9,0	9,7

L'histogramme qui en découle, fait apparaître que la moindre croissance actuelle de l'emploi affecte plus le groupe des femmes que celui des hommes, un fait récurrent développé dans un précédent colloque à l'Université de Cergy-Pontoise et qui résulte de l'univers trop souvent sexiste du travail.

[1] Cf. *Cuadernos de información sindical*, p.23 - voir Bibliographie.
[2] Voir *Anuario El País 2004*, p. 398 - voir Bibliographie.

Schéma du taux de chômage chez les seniors à partir de 55 ans, par rapport à la population active, de 1998 à 2003

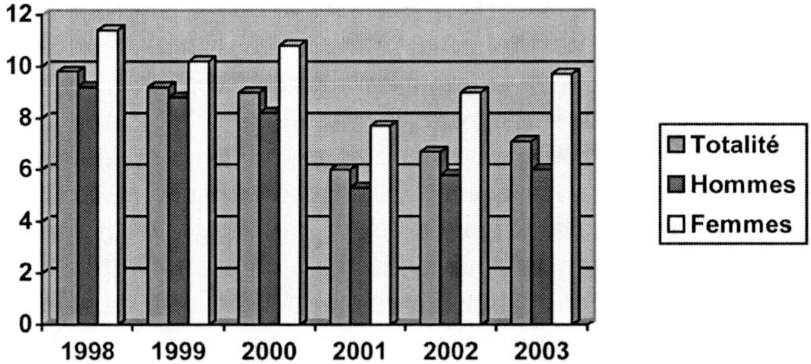

Enfin, selon les résultats communiqués par chaque Autonomie, Madrid enregistre le taux d'emploi le plus élevé pour les seniors (46, 89 %), alors que la moyenne nationale est de 41,21 %. Leur taux de chômage est moitié moindre que dans le reste du pays en 2004 : 3,17 % contre 7,08 %[1].

Au total, ce groupe social est en train d'acquérir une importance inusitée au regard des instances officielles qui tentent de limiter les mises en préretraite motivée par le chômage. Mais sa réhabilitation permettra-telle de combler le déficit annoncé de travailleurs ?

LES PLUS DE 65 ANS

On se tourne donc aussi vers les plus de 65 ans, car leur nombre a été multiplié par 7 au cours du XXe siècle, alors que celui, global, de la population espagnole a seulement doublé. Ils représentent actuellement près de 18 % de la population espagnole avec 6.672.400 d'individus ; leur proportion atteindra 21,1 % en 2020, puis 25,4 % en 2030 selon les évaluations réalisées par les organismes officiels[2]. Notons cependant qu'à partir de 2006 et pendant quelques années, il

[1] *Tu Trabajo –Noticias y Novedades* - voir Bibliographie : article du 2/3/04 « Madrid tiene la tasa de empleo más alta de España en personas mayores de 55 años ».
[2] voir note ci-dessus.

va décroître à cause du faible taux de fécondité lors de la Guerre Civile (1936-1939) ; ensuite, il progressera à nouveau très vite comme il apparaît dans l'annexe III. A présent, 30.600 Espagnols basculent chaque mois dans ce groupe et, d'après les calculs prévisionnels, 47.500 « baby-boomers » le feront dans les années 2020[1].

Malgré un indice d'espérance de vie de 79,1 ans pour les personnes nés en 2001, calculé à partir de la combinaison d'une mortalité à un âge plus avancé que précédemment et de l'actuelle chute de la natalité, la plupart de ceux que nous désignerons par le terme de vétérans, optent pour la retraite à 65 ans lorsqu'ils en ont la possibilité, sans qu'une relative bonne santé, évidente dans le tableau suivant, justifie leur décision :

Quantification et état de santé des vétérans de 65 ans et plus en 2002 (données communiquées par l'INE) :

Nombre de vétérans	Santé très bonne	Bonne	Moyenne	Mauvaise
6.672.400	2,8%	31,1%	40,1%	21,5%

Le montant moyen de la pension de retraite qu'ils touchent, pourtant supérieur à celui déterminé pour l'ensemble de l'UE (voir annexe IV), est relativement bas, comme il apparaît ci-dessous :

Nombre de retraités affiliés au régime général de Sécurité Sociale et pension moyenne touchée, en 2002[2] :

	Ensemble	Régime général
Nombre de retraités	4.575.300	2.449.600
Pension moyenne	588, 35 €	737,91 €

[1] *INE – Anuario Estadístico de España 2004* - Panel de Hogares de la Unión Europea, p. 329 - voir Bibliographie.
[2] Chiffres mentionnés dans *Anuario de Estadísticas Laborales y de Asuntos Sociales* – voir Bibliographie.

Pour cette raison, même si cette pension est plus élevée que dans bien d'autres pays européens, un petit nombre d'individus (près de 118.500), très majoritairement des hommes de moins de 70 ans, s'active encore. Ils se consacrent principalement à l'agriculture, mais 6,5 % d'entre eux travaillent dans l'industrie et près de 2% dans la construction, des secteurs d'activités qu'ils abandonnent plus vite que le premier mentionné. Près des 2/3 opèrent pour leur compte, notamment comme chefs d'entreprise sans salarié (à proportion de 38,3%), ou en tant que travailleurs indépendants (15,7%) ; très peu poursuivent leur occupation professionnelle au-delà de 70 ans. Le dernier tiers restant (38 %) est salarié, principalement dans le privé : il arrête sa participation à la vie laborieuse plus rapidement que les deux autres.

Quant aux femmes, quasiment toujours salariées, elles se cantonnent presque exclusivement dans le tertiaire[1].

En résumé, parmi les vétérans existe un groupe qui ne se différencie des seniors de moins de 65 ans que par l'âge, puisqu'il continue à exercer un métier. Le profil professionnel varie selon le sexe et on remarque un décalage important entre le groupe des hommes, détenteurs de fonctions qualifiées et valorisantes qui impliquent des responsabilités, et celui, plus restreint, des femmes aux emplois peu professionnalisés et mal rémunérés qui les démotivent ; aussi les délaissent-elles plus vite, comme l'indique l'annexe V ; une aubaine pour les employeurs enclins à renouveler leur personnel en puisant dans la jeune génération sans formation spécifique ni prétentions salariales.

---

[1] PÉREZ ORTIZ (Lourdes) mentionne ces évaluations réalisées par les Nations Unies dans *Envejecer en España*, « Condiciones de vida : vivienda, trabajo y situación económica », chapitre 14. V. Bibliographie.

EVOLUTION EN COURS

Alors qu'en 2001, les vétérans poursuivant une activité professionnelle au-delà de l'âge de la retraite, représentaient seulement 1,6 % de la population active, leur nombre croît et leur profil risque d'évoluer, d'autant plus que la tranche d'âge des jeunes de 19 ans et moins, disparaît du monde du travail[1]. Cette nouvelle configuration va modifier les donnes et, tout comme la dénatalité déjà évoquée, provoquer dès 2005 le solde négatif des arrivées sur le marché de l'emploi par rapport aux départs[2].

Par ailleurs, l'augmentation de l'indice du vieillissement de la population espagnole a un impact psychologique, et la présence de personnes travaillant au-delà du terme normal choque moins. Aussi, le Gouvernement, pourtant socialiste mais désireux de conserver sa force de travail la plus intacte possible, en profite-t-il pour légiférer dans le but de retarder l'âge des mises à la retraite en contrecarrant les effets des conventions collectives qui favorisent les départs prématurés (âge moyen actuel de la retraite : 62 ans ½), voire de maintenir les volontaires en activité au-delà des fatidiques 65 ans. Pour cette raison, le schéma classique du taux d'emploi de la population des vétérans dans l'UE, lequel place l'Espagne parmi les pays encore les plus enclins à condamner ces personnes à l'inactivité professionnelle, risque de devenir caduque, même si le modèle islandais ne représente pas encore l'objectif du moment (voir annexe VI).

Ainsi, depuis peu, les travailleurs contraints de partir à cause d'un contrat stipulant un âge butoir au terme duquel ils ne peuvent plus rester dans l'entreprise qui les emploie, sont autorisés à cumuler une occupation rémunérée à temps partiel et un temps de repos compensé par une retraite en proportion. Cette nouvelle disposition leur permet de majorer les points destinés à financer une retraite plus tardive et de bénéficier pendant un temps de revenus plus élevés que la seule rente

---

[1] Elle disparaîtra progressivement du monde de l'entreprise faute d'une natalité suffisante et à cause du prolongement des études.

[2] *Envejecer en España* : « Las Personas Mayores. Características Generales », p. 8 - V. Bibliographie.

versée après une cessation totale du travail, ou encore de compléter les 35 annuités de travail désormais exigées pour pouvoir percevoir une pension intégrale.

Le Ministère du Travail freine aussi les mises à la retraite imposées lors de l'âge butoir stipulé dans les contrats de travail, mais non consenties par les intéressés, en contraignant les employeurs à repourvoir l'emploi libérable, impérativement conservé sous sa même forme, avec un nouveau travailleur engagé obligatoirement sur la base d'un CDI et aussi qualifié que son prédécesseur[1].

Depuis septembre 2004, on a également décidé des réductions sur les cotisations sociales que doivent verser les entreprises pour leurs vétérans. Cette mesure est possible grâce à une Sécurité Sociale excédentaire[2] dans une Espagne leader en création d'emplois en 2003 et 2004[3].

Parallèlement, le *Tribunal Supremo*, l'instance juridique espagnole la plus élevée[4], vient d'infirmer, par une sentence énoncée en mars 2004, l'application des mises à la retraite forcée à 65 ans ou à l'âge fixé par les conventions collectives, un système institué en 1995 lorsque le chômage avait presque atteint son point culminant[5]. Dès lors, ce jugement fait jurisprudence pour les multiples recours intentés

---

[1] *E & E, Recursos humanos – Indices laborales* – voir Bibliographie : article du 9/9/2004, intitulé « El Gobierno cambia la jubilación en los convenios por empleo estable » : 65 ans correspondent en principe à l'âge butoir, même si la pénibilité de certains emplois engendre une mise à la retraite légale plus précoce.

[2] *E & E – Recursos humanos-Jubilación* - voir Bibliographie ; article du 28 mai 2004, intitulé « El envejecimiento de la población presiona el sistema de reformas ». Contrairement à ce qui se passe en France, la Sécurité Sociale espagnole est excédentaire grâce à un nombre important de cotisants (plus de 17 millions).

[3] Il s'agit d'un classement au sein de l'Union Européenne publié le 10/7/2004 dans un article de *E & E – Recursos humanos – Indices laborales* (voir Bibliographie), intitulé « España continúa líder en creación de empleo ». Selon la publication, au premier trimestre 2004, l'Espagne a généré 55 % des nouveaux emplois créés en Europe.

[4] Son équivalent français est la Cour Suprême.

[5] *E & E – Opinión – Mercado laboral* - voir Bibliographie : articles du 26/3/2004, intitulés « Consecuencias del fin de la jubilación forzosa » et du 28/5/2004 « Pensiones seguras ». Si en 1995, le chômage affectait plus de 20 % de la population active, il a progressé jusqu'à plus de 24%.

par ceux qui refusent de se soumettre à l'inflexibilité d'une mise à la retraite imposée sans leur consentement.

Au total, ces dispositions vont bien évidemment inciter ceux en âge de cesser leur activité professionnelle à ne pas abandonner un emploi plus rémunérateur qu'une pension de vieillesse, et qu'ils apprécient parce qu'il leur permet de se sentir encore socialement utiles. Discrètement, on s'achemine vers une flexibilisation des cessations d'activité, telle qu'elle existe en Islande où quelques 35 % des vétérans conservaient en 2000 une occupation professionnelle, intégrale ou partielle (selon l'annexe VI, 50 % des hommes et plus de 20 % des femmes), une tendance approuvée dès 1995 par les Espagnols (72 %), même si, à l'époque, ils s'opposaient très majoritairement (70 %) à ce que l'âge légal de la retraite fût fixé au-delà de 65 ans[1].

CONCLUSION

Ainsi, suite au vieillissement de l'Espagne, les seniors prennent une importance inusitée, tant à cause de leur nombre croissant, que par la composition plus souple et élargie du groupe qu'ils constituent : la tranche d'âge qui l'a défini durant une bonne génération, relativement floue puisque seulement délimitée en aval par le moment du départ à la retraite, mais sans repère précis en amont, prend de l'ampleur en empiétant désormais au-delà des 65 ans. Le pays est en train de réhabiliter cette catégorie longtemps dépréciée et privée d'audience, en freinant les préretraites et en flexibilisant l'âge de la cessation de l'activité professionnelle : dans l'attente d'une relève aléatoire, les seniors pourront donc continuer à gérer les moteurs économiques, administratifs, intellectuels et sociaux qui régissent le devenir du pays.

[1] Cf. étude réalisée en 1996 par *La Caixa* et intitulée « La opinión pública española ante la reforma del sístema público de pensiones », p. 110 – voir Bibliographie.

BIBLIOGRAPHIE

Publications imprimées

Anuario El País 2004. Ed. El País.

Anuario de Estadísticas Laborales y de Asuntos Sociales. 2004. Ed. Ministerio de Trabajo y Asuntos Sociales.

INE – Anuario Estadístico de España. 2004. Ed. INE.

Publications parues sur Internet

Consumer.es – Eroski : www.consumer.es/web/es/noticias/instituciones_y_legislación/2004

Cuadernos de información sindical : www.cje.org/actividades.nsf/ef2e05c02233e9fdc125692f00480008/2bcd7cc256726040c1256cc4d0039333f/$file/Ratos%20Empleo%20Cumbre%20Barcelona.

Encuentro en Valencia : La Edad Dorada. ¿Coste o beneficio? : www.union-web.com/edaddora.htm.

Envejecer en España : www.imsersomayores.csic.es/documentos/documentos/imserso-envej.

España y la Constitución Europea : www.es.ue.org/Documentos/Ficha%20econom%C3%Ada%20y%20empleos1.

E & E : www.expansionyempleo.com/edicion/noticia.

Jubilo.es : www.jubilo.es/asp.

La Caixa – Comunicaciones : « La opinión pública española ante la reforma del sístema público de pensiones » : www.pdFs.lacaixa.comunicaciones.com/webes/wppp0pdfp.nsf/vico/ee04_c5_rsp.pdf/$file/ce04-c5_esp.

Programa de Fomento del Empleo : www.mtas.es/Empleo/misep/misep03Htm/contenido/FomentoEmpleo04.htm.

Programa de Fomento del Empleo para el año 2005 : Ley 2/2004, de 27 de diciembre, de presupuestos generales del Estado – Disposición adicional cuadragésima séptima :

www.mtas.es/infpuntual/Incentivos2005/incentivos.htm.
Servicio Regional de Empleo (Para entidades - Contratación de trabajadores) :
www.madrid.org/servicio_regional_empleo/html/03_04_02.htm.
Tu Trabajo : www.portal-local.com/tutr_not_notasp.
UGT : Presidencia Española de la UE :
www.ugt.es/presidencia/mayores.htm.

Auteurs

ABELLÁN GARCÍA, Antonio. *Indicadores Demográficos – CSIC* :
www.imsersomayores.csic/estadisticas/documentos/informe2002
GALLEGO, Isabel. 14/11/2002. « El visado a los colombianos ha reducido un 70 % su entrada en España ». In *ABC.es – Nacional* :
www.abc.es/servicios_2002
PÉREZ ORTIZ, Lourdes. « Condiciones de vida : vivienda, trabajo y situación económica ». In *Envejecer en España* :
www.imsersomayores.csic.es/documentos/documentos/imserso-envescapitul4-01

ANNEXE I

POPULATION en fonction du sexe et de l'âge, en 2000, 2020 et 2040

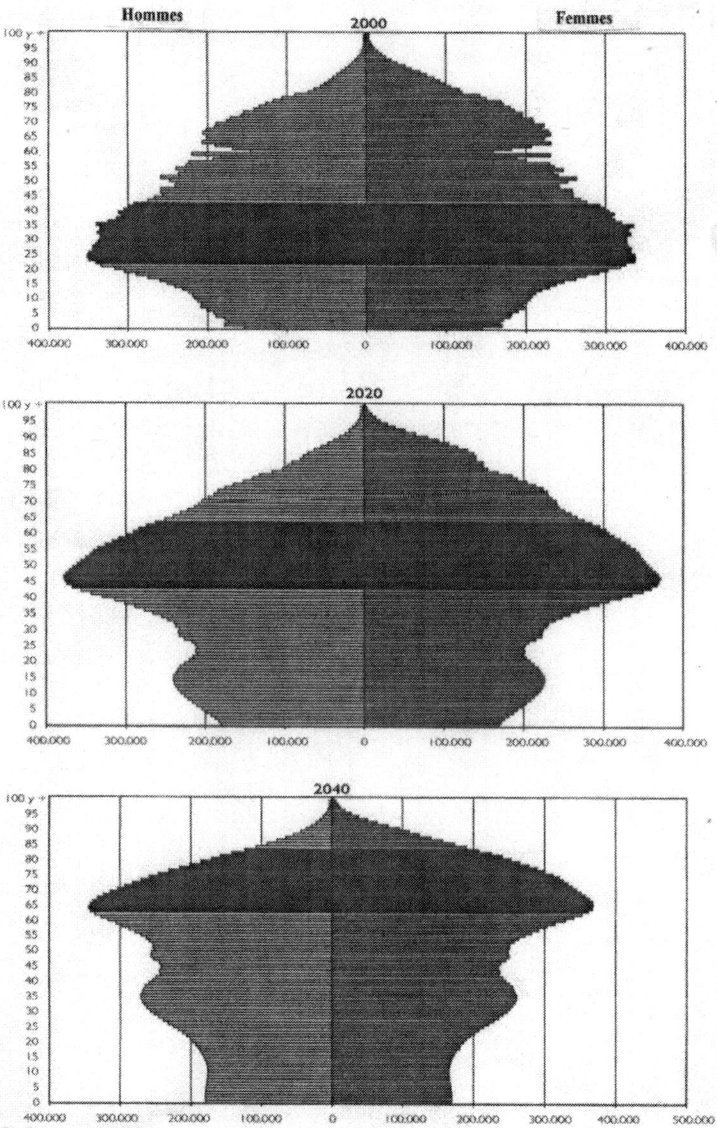

Source : INE: INEBASE: *Padrón municipal 2000; Proyecciones de población a 2050.*

ANNEXE II

Etat des arrivées et des départs de la population en âge de travailler (2000-2050)

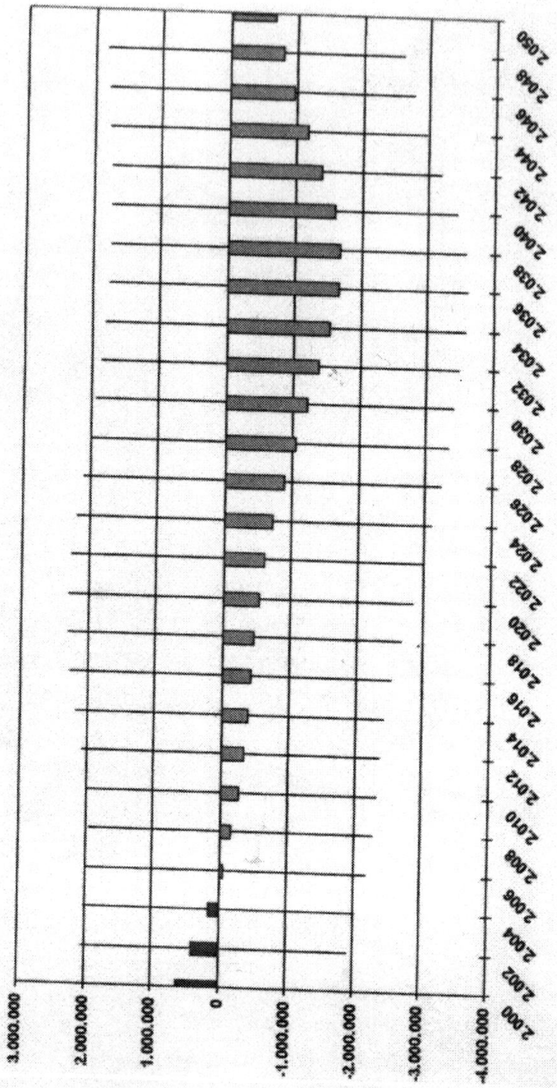

Sources : INE, Proyecciones de la población de España. La base de données Tempus a servi à actualiser le total national.

ANNEXE III

Evolution de la population âgée, en Espagne entre 1900 et 2050
(estimations à partir de 2010)

Années	TOTAL Espagne	65 ans et plus		75 ans et plus		80 ans et plus	
	total	total	%	total	%	total	%
1900	18 618 086	967 754	5,2	264 023	1,4	115 365	0,6
1910	19 995 686	1 105 569	5,5	292 062	1,5	132 615	0,7
1920	21 389 842	1 216 693	5,7	329 196	1,5	143 014	0,7
1930	23 677 794	1 440 739	6,1	411 330	1,7	177 113	0,7
1940	25 877 971	1 690 388	6,5	512 902	2,0	222 498	0,9
1950	27 976 755	2 022 523	7,2	629 186	2,2	272 478	1,0
1960	30 528 539	2 505 165	8,2	815 433	2,7	368 975	1,2
1970	34 040 657	3 290 673	9,7	1 109 128	3,3	523 656	1,5
1981	37 683 363	4 236 724	11,2	1 577 311	4,2	725 131	1,9
1991	38 872 268	5 370 252	13,8	2 200 571	5,7	1 147 868	3,0
2000	40 499 790	6 842 143	16,9	2 933 184	7,2	1 545 994	3,8
2010	42 359 314	7 577 036	17,9	3 867 933	9,1	2 205 449	5,2
2020	43 378 337	8 622 336	19,9	4 140 298	9,5	2 471 835	5,7
2030	43 369 945	10 406 389	24,0	4 795 891	11,1	2 820 780	6,5
2040	42 744 320	12 443 311	29,1	5 915 505	13,8	3 389 895	7,9
2050	41 199 961	12 819 889	31,1	6 996 060	17,0	4 141 449	10,1

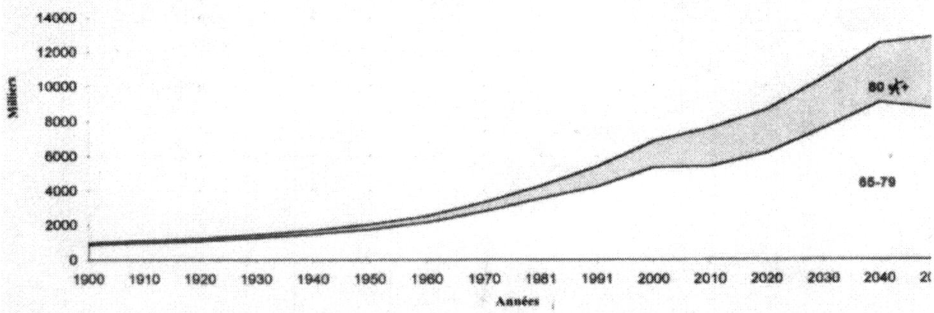

Reproduction du tableau 1.1 et la courbe 1.1 réalisés par Antonio ABELLÁN GARCÍA dans *Indicadores Demográficos* (voir Bibliographie) - pages non numérotées. Les données de 1900 à 2000 sont réelles ; de 2010 à 2050, il s'agit de projections. Elles ont été publiées par l'INE et l'INEBASE en 2002 dans différentes études (*Censo de Población ; Revisión del Padrón municipal de habitantes a 1 de enero de 2000 ; Proyecciones de la población de España calculadas a partir del Censo de Población a 31 de diciembre de 1991*) et par la Confédération des Cajas de Ahorro (=Caisses d'Epargne) dans *Estadísticas básicas de España*.

ANNEXE IV

ANNEXE IV

Pourcentage des prestations de protection sociale pour les personnes âgées en Espagne et dans l'ensemble des pays de la zone Euro moins la Grèce (1980-1999)

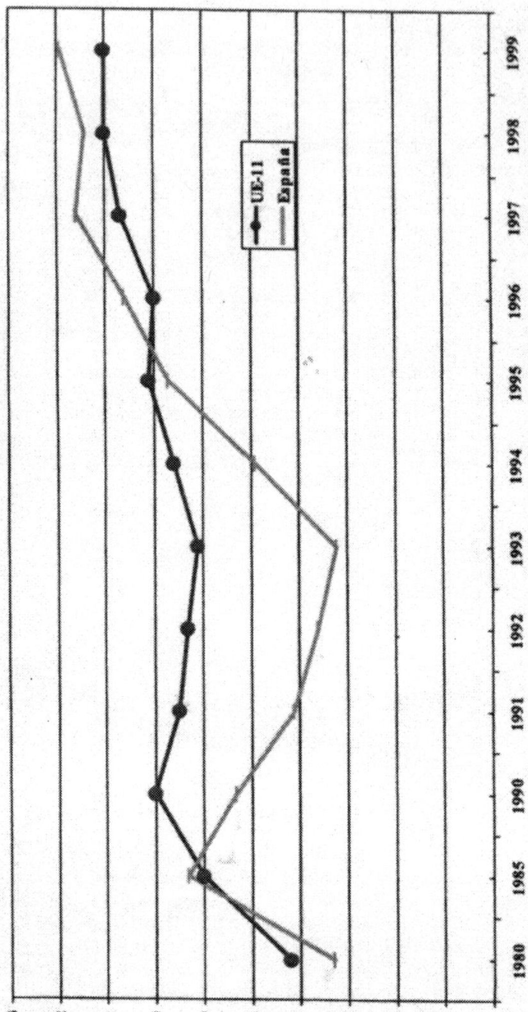

Source: EUROSTAT (2002): *Social Protection Expenditure and Receipts, 1980-1999.* Luxemburgo.

ANNEXE V

Vétérans de 65 ans et plus classés par sexe et situation professionnelle
(4e trimestres 2001)

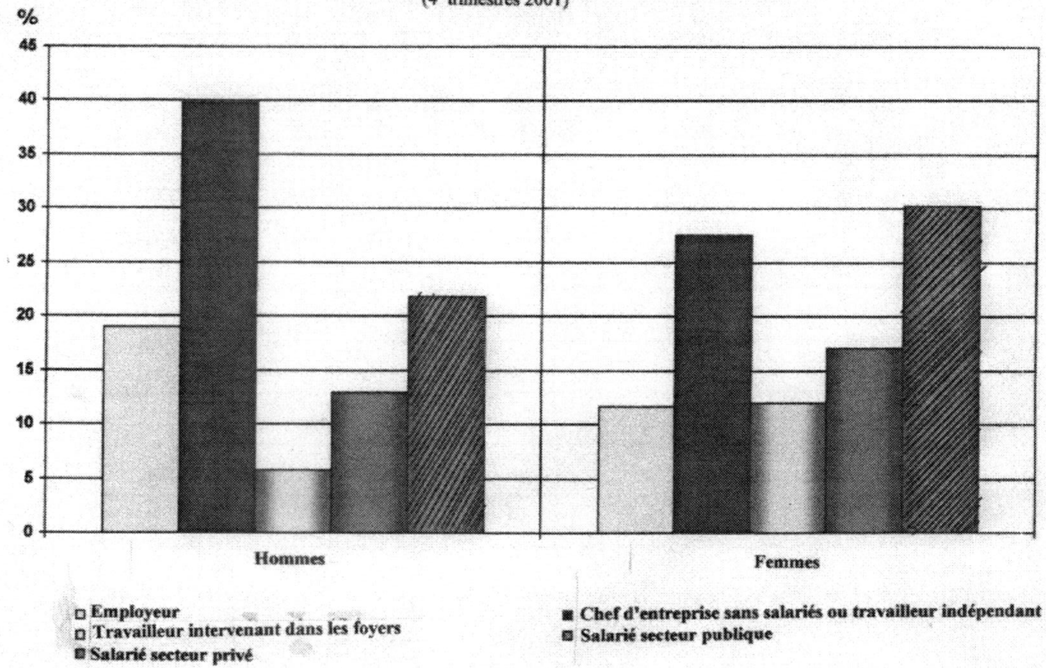

Source : INE: *Encuesta de Población Activa*, IV trimestre 2001.

ANNEXE VI

Taux d'emploi de la population des 65 ans et plus, selon le sexe en 2000, dans l'U.E. et 3 pays de plus

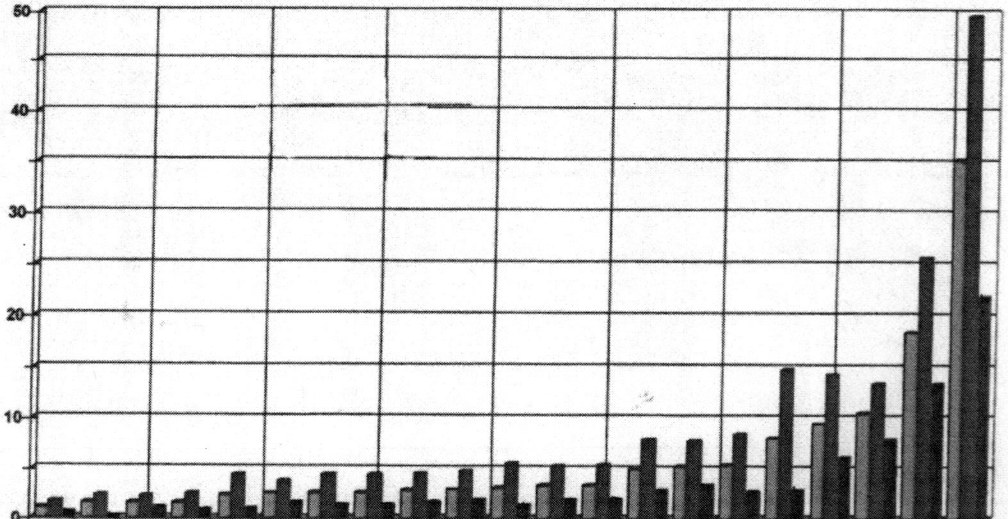

	F	L	B	E	Fi	D	A	PB	UE-11	Au	I	UE-15	EEE	S	RU	G	Ir	Sz	N	P	Is
Total	1,1	1,6	1,6	1,6	2,3	2,5	2,6	2,6	2,8	2,9	3,1	3,3	3,3	4,9	5,2	5,3	8	9,4	10,5	18,4	35,3
Hommes	1,7	2,3	2,2	2,5	4,3	3,7	4,3	4,3	4,5	4,7	5,5	6,2	5,3	7,8	7,7	8,3	14,7	14,3	13,4	25,7	49,6
Femmes	0,6	-	1,1	0,9	1	1,6	1,4	1,4	1,6	1,8	1,3	1,9	1,9	2,8	3,4	2,7	2,9	6,1	7,9	13,4	21,9

Source : EUROSTAT, *Labour Force Survey, Results 2000.*

Les politiques de retour à l'emploi des seniors en Espagne et en France

Emmanuelle CAYADO

INTRODUCTION

La question de l'âge apparaît, aujourd'hui, déterminante dans le débat social et politique. C'est en effet, l'âge dans une perspective d'allongement de la durée du travail qui est choisi pour répondre au problème du vieillissement démographique, de la diminution prévue de la population active et de ses diverses conséquences, notamment sur le financement du système de Sécurité sociale.

Parmi les pays rencontrant des difficultés particulières face à l'emploi de leurs salariés âgés, la situation de l'Espagne et de la France est particulièrement inquiétante. Pour ces deux pays, le taux d'emploi des travailleurs de 55 à 64 ans se situe en 2002 en dessous de la moyenne européenne avec des taux respectifs de 39,7 et 34,8%, alors que le taux moyen au niveau des 15 pays de l'Union européenne est de 40,1%.

Pourtant, au-delà de cette analogie « statistique », il semble que pour tenter d'inverser cette tendance, chacun des deux pays déploie des logiques différentes. En effet, l'Espagne, contrairement à la France, porte une attention particulière à la situation des travailleurs âgés et à leur intégration au marché du travail. Dès le début des années 70, un certain nombre de mesures en faveur des travailleurs de plus de 40 ans a ainsi été adopté afin de protéger leur emploi ou de favoriser financièrement leur embauche. Plus récemment, l'Espagne s'est distinguée par la mise en place de nouvelles mesures facilitant l'insertion professionnelle des seniors. La France qui a longtemps traité la question de l'emploi des seniors en terme limité de sortie

[1]Sujet de recherche : Les politiques d'emploi comme moyen de lutte contre l'exclusion professionnelle des jeunes et des travailleurs âgés. Recherche comparative Espagne/France.

précoce du marché du travail comme instrument permettant de calmer les tensions liées à la montée du chômage, se mobilise également pour l'emploi des travailleurs âgés. Malgré tout, on constate une réelle faiblesse des mesures exclusives et réelles de retour à l'emploi des seniors.

Il semble donc que cette nécessité d'accroître le taux d'emploi des travailleurs âgés soit intégrée différemment dans les politiques nationales espagnole et française de réinsertion professionnelle des seniors. Ce constat nous incite à centrer notre communication sur la thématique de l'emploi des seniors sous l'angle comparatif des dispositifs de retour à l'emploi des travailleurs âgés mis en place en Espagne et en France. Pour ce faire, nous traiterons de l'évolution historique des dispositifs mis en œuvre en faveur des seniors (I) avant de présenter les logiques actuelles (II).

DES EVOLUTIONS HISTORIQUES CONTRASTEES

En Espagne comme en France, on peut associer l'existence des politiques d'emploi à la crise économique du début des années 70. C'est en effet à partir du moment où les conséquences de la crise sont envisagées sur le long terme et qu'il est admis que les problèmes de l'emploi nécessitent des interventions publiques permanentes que l'on peut réellement parler de « politiques d'emploi ».

D'une manière que l'on considère significative, les politiques d'emploi se sont construites en réponse à des besoins spécifiques de publics demandeurs d'emploi éprouvant des difficultés particulières d'insertion ou de réinsertion sur le marché du travail. C'est ainsi que dans les premiers temps de la mise en œuvre de ces dispositifs de politique d'emploi, on constate que la sélection des publics visés s'est faite sur le critère de l'âge. Pour faire face à la crise de l'emploi et à la montée du chômage, qui affecte principalement les jeunes, la majorité des pays européens ont développé des politiques de retrait de l'activité, permettant de concilier les restructurations des industries en difficulté, la prise en compte de la pénibilité de certaines activités et l'objectif de privilégier l'accès à l'emploi des travailleurs plus jeunes. La France comme l'Espagne ont adopté cette logique. Toutefois, parallèlement, l'Espagne contrairement à la France a instauré un certain nombre de mesures en faveur des travailleurs de plus de 40 ans.

La logique française de régulation des sorties précoces du marché du travail

Au cours des années 70[1], le contexte de crise, le ralentissement de la croissance, la montée du chômage sont considérés comme des problèmes conjoncturels. Les pouvoirs publics répondent donc à cette situation par des simples mesures de relance. En ce sens, la politique de l'emploi mise en œuvre se focalise sur quatre grands axes : accompagnement du redéploiement de l'industrie, réduction de la population active, modifications du système d'indemnisation chômage et insertion professionnelle des jeunes, dont la portée est fortement conjoncturelle. Cette vision se concrétise logiquement pour les seniors en des mesures de préretraite.

Panel de mesures de préretraite

Les différents programmes de préretraite qui se sont multipliés jusque dans les années 80 ont représenté un choix politique pour faire face au problème du chômage. La politique d'accompagnement des restructurations dont l'objectif est de limiter l'ampleur des conséquences des licenciements économiques qui touchent en grande partie les travailleurs âgés se trouve concrétisée par la mise en œuvre de nombreuses mesures de préretraite.

A partir du début des années 80, la crise est enfin perçue comme cyclique et durable, les pouvoirs publics axent donc leurs actions sur une démarche plus structurelle. Pourtant les mesures en faveur des seniors évoluent peu ; dorénavant, il s'agit d'un pacte entre générations où on fait le choix des départs anticipés des seniors pour protéger, favoriser l'emploi des plus jeunes.

---

[1] DARES, *40 ans de politique d'emploi*, La documentation française, Paris, 1996, p.27.

- Elargir les mesures de préretraite

Les mesures de cessation anticipée d'activité existaient déjà dans les années 50 et 60. A cette époque où s'amorce une politique de modernisation et de reconversion de l'activité industrielle, ces mesures avaient pour but d'assurer un revenu aux salariés âgés licenciés à la suite d'une reconversion industrielle et pour lesquels les possibilités de réembauche étaient limitées. Ainsi le FNE (Fond National de l'Emploi) crée en 1963 généralise cette politique d'accompagnement des restructurations avec l'institution d'une « allocation spéciale » destinée à certains salariés âgés de plus de 60 ans affectés par un licenciement collectif, et sans espoir de reclassement et présents dans des secteurs en restructuration ou des régions en difficultés.

A partir du début des années 70, avec la montée des déséquilibres sur le marché du travail et la montée du chômage, les dispositifs de sortie précoce d'activité prennent une proportion nouvelle. En effet, ces dispositifs sortent de la seule logique de l'axe « accompagnement du redéploiement de l'industrie » en s'ouvrant sur celui de la « réduction de la population active » et des « modifications du système d'indemnisation chômage ». La sortie précoce du marché du travail devient un instrument permettant de calmer les tensions liées à la montée du chômage.

Dans un contexte de crise économique qui engendre un climat social conflictuel, l'indemnisation chômage devient un « canalisateur » permettant de protéger les travailleurs âgés licenciés, notamment vis à vis des tensions provoquées par les licenciements massifs.

Ainsi, dans l'objectif de protéger les travailleurs âgés licenciés et de mettre fin au climat d'insécurité qui entoure la fin de carrière, mais aussi et surtout de gérer les réductions d'effectifs et les chiffres du chômage (les allocataires de ces mesures ne sont plus comptabilisés comme demandeurs d'emploi), l'Etat s'engage dans une politique de renforcement de la couverture chômage des travailleurs âgés par la mise en œuvre de trois mesures :

La première qui prend le nom de « Garantie de ressources licenciement » (GRL) est issue de l'accord interprofessionnel du 27 mars 1972 confirmé par la loi du 5 juillet 1972. Cette mesure a pour objectif d'améliorer l'indemnisation des licenciés de plus de 60 ans et d'organiser leur sortie du marché du travail en contrepartie d'une indemnisation égale à 70% de leur salaire antérieur jusqu'à 65 ans et 3 mois. L'accord interprofessionnel du 13 juin 1977 et la convention du 27 mars 1979 amplifièrent le recours à la GRL en ouvrant le bénéfice de cette prestation sous certaines conditions à des travailleurs licenciés avant 60 ans. De plus, il est prévu que tout salarié licencié à partir de 56 ans et 2 mois peut percevoir des allocations chômage jusqu'à 60 ans, âge à partir duquel il peut bénéficier de la GRL sans qu'il remplisse les autres conditions prévues par l'accord. Cette disposition permet donc de manière indirecte d'organiser des retraits d'activité avant 60 ans. Ce dispositif est repris et pérennisé par la loi du 16 janvier 1979 relative à l'aide aux travailleurs privés d'emploi.

La deuxième mesure dans ce sens est crée en 1979 ; il s'agit de la nouvelle formule d'« allocation spéciale du FNE ». Alors que les allocations conventionnelles du FNE créées dès 1963 étaient jusque là peu utilisées, cette allocation spéciale a connu un succès considérable. Elle permet le versement de 70% de leur ancien salaire aux personnes licenciées pour motif économique âgées de 56 ans et 2 mois (55 ans sur dérogation) et non susceptible de reclassement compte tenue de la situation de l'emploi, de la profession ou de la région. A partir de 60 ans, les travailleurs âgés passent dans le régime de la GRL.

La troisième mesure mise en œuvre ne concerne spécifiquement que les travailleurs âgés du secteur de la sidérurgie. Il s'agit du même dispositif de « Garantie de ressources licenciement » qui a été ouvert aux ressortissants de la Convention de protection sociale de la sidérurgie en 1977. La convention générale de protection sociale (CGPS) prévoit une allocation de remplacement de 75% pour les 50-55 ans et de 70% pour les plus de 55 ans. Enfin la convention sociale de la sidérurgie de 1979 prévoit une mesure d'accompagnement des plans de redressement d'un secteur industriel en difficulté qui permet aux travailleurs âgés effectuant des taches particulièrement pénibles ou après avis d'une commission médicale de bénéficier dès 50 ans d'une dispense d'activité qui leur permet de recevoir une allocation égale à 79% de leur ancien salaire jusqu'à ce que les personnes concernées atteignent l'âge leur permettant d'accéder à d'autres types de cessation anticipée d'activité.

Les cessations volontaires d'activité deviennent également un instrument visant à canaliser les pressions du marché du travail. Dans ce sens, l'accord interprofessionnel du 13 juin 1977 met en œuvre la « Garantie de ressource démission » qui étend le champ de la garantie ressources-licenciement en offrant la possibilité d'une cessation anticipée d'activité pour les salariés démissionnaires âgés de plus de 60 ans avec maintien d'un revenu de remplacement relativement élevé jusqu'à leur retraite (70% de leur précédente rémunération). Cette mesure qui va être prolongée en mars 1979 et mars 1981 donna lieu à une véritable explosion des préretraites.

- Instaurer une forme acceptée de partage de l'emploi : les contrats solidarité

La politique de l'emploi menée par le premier gouvernement socialiste (le gouvernement de Pierre MAUROY) se veut volontariste et les mesures mises en œuvre par le précédent gouvernement sont redéfinies dans un esprit de solidarité intergénérationnelle.

Ainsi, une nouvelle mesure est instaurée par l'ordonnance du 13 janvier 1982 ; il s'agit des Contrats de solidarité conclus entre l'Etat et les entreprises ou les collectivités locales dans l'objectif de dégager des emplois pour les chômeurs. Ces contrats peuvent prendre trois formes :

La préretraite démission, il s'agit d'un départ en préretraite volontaire des salariés âgés de moins de 60 ans (éventuellement à partir de 55 ans), à condition que l'employeur s'engage à remplacer le travailleur démissionnaire et à maintenir ces effectifs pendant au moins 1 an.

La préretraite progressive qui vise une mise en préretraite à mi-temps de salariés volontaires âgés de moins de 60 ans (éventuellement à partir de 55 ans) avec remplacement par des embauches équivalentes en temps de travail. Les intéressés reçoivent, pour le mi-temps non effectué, un revenu de remplacement équivalent à 30% de leur ancien salaire brut.

La réduction du temps de travail par la mise en œuvre d'une aide temporaire aux entreprises qui procèdent à une forte baisse de la durée de travail pour créer des emplois.

La première mesure fut celle qui eut le plus de succès est particulièrement innovante, puisqu'elle pose une condition de remplacement de l'emploi dégagé. Il ne s'agit plus ici seulement de faciliter l'opération de délestage et l'amélioration de la prise en charge des chômeurs âgés, mais aussi de dégager des emplois pour les jeunes sans emploi. En effet, elle vise à inciter les travailleurs âgés à cesser leur activité de plein gré en étant remplacé par un jeune.

Plus précisément, cette mesure vise sur la base du volontariat à favoriser la démission ou le passage à mi-temps de travailleurs dès l'âge de 55 ans, ainsi l'emploi libéré permettra l'embauche d'un jeune. La perte de revenu du travailleur âgé est ici partiellement compensée et l'entreprise à l'obligation d'embaucher un jeune en contrepartie du départ du travailleur âgé et de maintenir ses effectifs pendant un an minimum. Cette clause de maintien des effectifs rend cette mesure plus contraignante pour l'entreprise que les autres formes de retraite anticipée, cependant en contrepartie, elle est moins coûteuse puisque l'Etat prend totalement en charge l'allocation versée au préretraité.

Cependant très rapidement, le contexte économique de rigueur conduit à une politique de maîtrise des dépenses d'indemnisation du chômage et des préretraites, ce qui explique en partie le changement radical d'orientation qui se produit dans la manière de traiter la question de l'emploi des seniors. Dans la réalité ce changement d'orientation ne se traduira que par une simple modération des pratiques existantes.

Déplacement des préoccupations face au chômage des travailleurs âgés

Face au succès « inattendu » des préretraites qui se révèlera très coûteux, les pouvoirs publics marquent leur volonté de restreindre les voies de sortie précoce du marché du travail. Malgré cette volonté de fait et certaines mesures réelles, les voies de sortie précoce du marché du travail, loin de disparaître, prennent d'autres formes.

- Modération des mesures de préretraite

A compter du 1er avril 1983, la réforme visant à abaisser l'âge de la retraite à 60 ans au lieu de 65 ans, entre en application. Il s'en suit la suppression d'un certain nombre de mesures de préretraite. D'une part, la possibilité d'entrée directe en garantie de ressource est supprimée : le 1er avril 1983 pour la Garantie Ressource Démission et le 8 juillet pour la Garantie Ressource Licenciement. D'autre part, fin 1983, les Contrats solidarité préretraite démission sont également retirés. Il ne subsiste donc que peu de mesures de préretraites :

Dans le cadre des préretraites à temps plein, hormis des dispositifs spécifiques comme celui de la sidérurgie reconduit jusqu'en 1990, celui des travailleurs de l'amiante ou de certains travailleurs salariés, il ne reste que l'allocation spéciale du Fond National de l'Emploi qui permet aux salariés âgés de 56 à 65 ans, licenciés pour motif économique, de quitter l'entreprise sous certaines conditions avec 65% du salaire brut au lieu des allocations de chômage dont le montant est inférieur.

La mesure de préretraite progressive créée en 1982 permet aux salariés d'au moins 55 ans, qui acceptent la transformation de leur emploi à plein temps en emploi à mi-temps, de percevoir une allocation ASSEDIC qui s'ajoute au salaire à mi-temps. L'aspect intéressant de cette mesure est qu'en principe, l'employeur est contraint de maintenir l'effectif de son entreprise en embauchant corrélativement à un départ en préretraite un demandeur d'emploi prioritaire.

- Nouvelles formes de retrait précoce

Cette volonté de restreindre l'usage par les entreprises des voies de sortie précoce est très contradictoire puisqu'on constate que des mesures dérivées sont introduites.

<u>Utilisation du dispositif de protection chômage comme palliatif :</u> dans un premier temps, il s'agit de combler les conséquences de cette diminution du nombre des mesures de préretraite par le système d'assurance chômage.

Cette politique de suppression des préretraites eut des conséquences fortes sur l'augmentation des licenciements de travailleurs âgés ; aussi, pour compenser cette augmentation du nombre de chômeurs âgés, il est introduit une mesure de Dispense de recherche d'emploi pour les chômeurs de plus de 55 ans. Cette mesure consiste à permettre aux chômeurs les plus âgés de percevoir des indemnités chômage tout en étant dispensés de rechercher activement un emploi. Cette possibilité est introduite en mars 1984 pour les chômeurs indemnisés par le régime de solidarité et, en juillet 1985, pour les bénéficiaires d'une allocation d'assurance chômage. Cette mesure de dispense de recherche d'emploi aura l'avantage d'avoir pour effet de compenser d'une certaine manière la disparition de nombreux dispositifs de préretraite sans avoir de conséquences statistiques importantes puisque les bénéficiaires de ces dispositifs n'apparaissent pas dans les statistiques des demandeurs d'emploi.

A partir de l'accord du 6 septembre 1995, l'ensemble des partenaires sociaux entérine la création de l'Allocation de Remplacement pour l'Emploi (ARPE). L'idée est la même que pour les Contrats de solidarité de 1982, c'est à dire, mettre en place un système de préretraite contre embauche. Ce dispositif permet aux salariés âgés, ayant cotisé 40 ans et plus au système d'assurance vieillesse de cesser leur activité sans attendre l'âge de la retraite tout en percevant une allocation de remplacement. Cette allocation de remplacement dont le montant s'élève à 65% du salaire antérieur est servie par le Fonds paritaire d'intervention pour l'emploi crée au sein de l'UNEDIC est alimentée par les cotisations d'assurance chômage et par une participation financière de l'employeur. L'employeur qui doit donner son accord, s'engage à compenser les départs en préretraite et à maintenir le volume d'heures travaillées par une ou plusieurs embauches. Ce dispositif, initialement ouvert que jusqu'au 31 décembre 1996, fut plusieurs fois prolongé ; cependant, son application fut totalement éteinte fin 2003.

Enfin comme autres mesures en faveur des chômeurs âgés, on peut citer l'Allocation pour chômeurs âgés (ACA) et l'Allocation Spécifique d'Attente (ASA). L'ACA crée par la convention du 1er janvier 1997 relative à l'assurance chômage concerne les salariés privés d'emploi âgés de moins de 60 ans et justifiant de 40 ans ou plus de cotisations à l'assurance vieillesse. L'allocation versée jusqu'à l'âge de la retraite qui correspond à l'allocation unique dégressive permet aux chômeurs âgés de bénéficier d'une prolongation de leur indemnisation sans dégressivité. Ce dispositif est étendu au 1er juin 1998 aux chômeurs âgés percevant soit l'allocation de solidarité spécifique (ASS)[1] soit le revenu minimum d'insertion (RMI). L'ASA qui concerne les chômeurs de moins de 60 ans, justifiant de 40 annuités ou plus à l'assurance vieillesse, a pour but de maintenir un revenu de remplacement minimal à ces salariés âgés jusqu'à l'âge de la retraite. Il n'est cependant plus admis de nouveaux bénéficiaires pouvant prétendre à ces mesures depuis le 1er janvier 2002.

Elargir les voies de préretraite progressive : des formes similaires de Contrats solidarité de préretraite progressive sont mises en œuvre, d'une part dans la Fonction publique et d'autre part dans le cadre du dispositif du FNE. Une préretraite à mi-temps est instaurée en 1987 pour les travailleurs âgés d'au moins 56 ans et deux mois, menacés de licenciement. Ici le financement de la mesure repose à la fois sur l'Etat, l'Unedic et l'entreprise signataire.

La préretraite progressive créée en 1983 dans le cadre des contrats de solidarité a connu des modifications en 1992 et 1993, afin d'assouplir le dispositif et de favoriser son usage. Ainsi, il est mis fin à la clause de maintien des effectifs, l'obligation de l'entreprise d'assurer des embauches compensatrices peut être remplacée par une contribution financière si l'entreprise préfère ne pas recruter. D'autre part, un tiers seulement des embauches doit être réalisé au sein des publics prioritaires. Enfin, le temps de travail peut être annualisé sur l'ensemble de la durée de la retraite progressive. Ce dispositif de préretraite progressive est cependant également remis en cause par la loi du 21 août 2003 réformant les retraites, puisque la suppression du dispositif est prévue à partir du 1er janvier 2005 ; en tout état de cause, les conventions conclues antérieurement continueront à produire leurs effets jusqu'à terme.

---

[1] L'ASS peut être attribuée aux bénéficiaires de l'allocation d'assurance chômage âgés de 50 ans au moins qui remplissent certaines conditions d'activité antérieure et de ressources et qui optent pour la perception de cette allocation plutôt que de l'allocation d'assurance.

Cette suppression, tout comme celles des mesures de préretraite chômage va dans le sens de l'orientation politique actuelle qui vise à favoriser le maintien en activité des travailleurs âgés. A ce sujet, nous vous renvoyons au second chapitre.

La juxtaposition de logiques duales en Espagne

A la mort de Franco, le 20 novembre 1975, l'Espagne se trouve dans une situation politique économique et sociale particulièrement délicate. Puisque à l'incertitude politique liée à la période de transition démocratique s'ajoute une incertitude économique liée à la crise économique internationale de 1973. C'est sûrement ce contexte qui explique que le premier gouvernement démocratique espagnol - le gouvernement centriste UCD - (Adolfo Suarez, de 1977 à 1981 et Calvo Sotelo, de 1981 à 1982) ne se soit que très peu préoccupé des seniors. Malgré tout, dans l'objectif de se démarquer du régime précédant, les nouveaux gouvernements démocratiques mettent en place une nouvelle politique de l'emploi qui se caractérise à la fois par le fait qu'elle pose les bases de nouveaux principes généraux et d'autre part par une volonté de casser la rigidité du marché du travail. C'est ce qui explique qu'en Espagne, les travailleurs âgés bénéficient de politiques qui se juxtaposent et répondent à des logiques différentes.

Politiques spécifiques de retrait du marché du travail

Alors que l'emploi des travailleurs âgés était une préoccupation forte du régime franquiste face au problème de reconversion industrielle, le gouvernement centriste a préféré porter son action sur le problème de l'emploi des jeunes, et ce n'est qu'à la fin de son mandat que ce gouvernement d'UCD a prévu des mesures spécifiques aux travailleurs âgés.

- Simple mesure de retraites anticipées

Paradoxalement, durant la quasi-totalité de la période de transition politique, aucun texte n'a été adopté en faveur des travailleurs âgés. En réalité le seul texte faisant référence à ce type de travailleurs est l'Accord national sur l'emploi de juin 1981 qui traite de la possibilité de la retraite anticipée. La logique développée ici est d'anticiper le départ à la retraite d'un travailleur en échange de l'embauche d'un jeune ou d'un travailleur percepteur de l'allocation chômage. La voie envisagée ici pour lutter contre le phénomène du chômage s'appuie sur le principe d'une meilleure répartition du travail.

Cette idée a été reprise par le décret-loi n°14 du 20 août 1981 qui reconnaît le droit à un travailleur de prendre sa retraite à 64 ans au lieu de 65 ans dans les mêmes conditions, si l'entreprise à laquelle il appartient s'est engagée à remplacer son départ par l'embauche d'un autre travailleur bénéficiaire de l'allocation chômage ou d'un jeune à la recherche de son premier emploi.

- Logique de retrait du marché du travail envisagé sous l'angle de la solidarité

La loi n°32 du 2 août 1984 modifiant le Statut des travailleurs repose quant à elle le problème de l'emploi des travailleurs âgés sous la logique de la répartition du temps de travail, comme l'avait fait auparavant l'Accord national sur l'emploi de juin 1981 et le décret-loi n°14 du 20 août 1981. Ainsi est introduite à l'article 12-5, la nouvelle figure du contrat de relève. Il cumule deux objectifs, l'un visant à améliorer le bien-être social des travailleurs proche de la retraite et l'autre à faciliter l'accès à l'emploi des travailleurs à la recherche d'un emploi. L'idée est de diviser un contrat à temps plein en deux contrats à temps partiel. En accord avec l'entreprise, un travailleur à 3 ans de la retraite qui réunit les conditions d'ouverture des droits à la retraite sauf celui de l'âge peut, à sa demande, bénéficier d'un contrat à temps partiel (diminution de 50% de son temps de travail et de son salaire, perte de salaire qui sera compensé par l'ouverture de son droit à la retraite) ; en échange, l'entreprise devra simultanément embaucher un travailleur au chômage.

Alors que la loi de base sur l'emploi n°52 du 8 octobre1980[1] limitait le bénéfice de l'indemnisation chômage aux individus chargés de famille et aux travailleurs rentrant de l'étranger, la réforme du système de protection chômage introduite par la loi n°31 du 2 août 1984 ouvre le bénéfice du niveau d'assistance chômage à d'autres collectifs dont les personnes de plus de 55 ans ayant cotisé au moins 6 mois au cours de leur vie professionnelle et remplissant toutes les conditions pour bénéficier de la pension retraite sauf celui de l'âge. Dans ce cadre le travailleur de plus de 55 ans pourra bénéficier de l'allocation chômage jusqu'à ce qu'il atteigne l'âge légal de départ à la retraite.

Enfin, le décret-loi n°3 du 31 mars 1989, dans le souci de protéger les chômeurs de longue durée de plus de 45 ans, étend de telle manière la couverture du risque chômage pour ces personnes que l'on peut parler de « véritables antichambres de la retraites »[2]. Ainsi ce décret-loi prévoit la possibilité de percevoir l'indemnité chômage jusqu'à l'âge légal de la retraite pour les personnes de plus de 52 ans (et non plus 55) réunissant toutes les conditions pour bénéficier de la pension retraite, sauf celui de l'âge. D'autre part, les chômeurs âgés de plus de 45 ans bénéficieront eux aussi d'une extension de leur droit à indemnisation soit par la reconnaissance d'une nouvelle allocation de 6 mois pour les chômeurs de longue durée âgés de plus de 45 ans, soit par l'extension de 6 mois de la durée maximum de l'indemnité offerte aux chômeurs de longue durée, âgés de plus de 45 ans et chargés de famille.

---

[1] Ley 51/1980, de 8 octubre, BOE 17 octubre 1980, núm. 250, [pág. 23133], Básica de Empleo.

[2] ESCUDERO R., « L'indemnisation du chômage : enjeux et limites », in GUITTON C., MARUANI M., REYNAUD E., *L'emploi en Espagne. Marchés du travail et relations professionnelles*, Paris, Syros/Alternatives, 1991, p.87.

Mesures générales d'emplois intégrant les seniors

Bien que le régime franquiste ait en réalité proposé très peu d'actions pour l'emploi, il est intéressant de noter qu'il portait une préoccupation particulière à la situation des travailleurs âgés. En effet, au début des années 70, un certain nombre de mesures en faveur des travailleurs de plus de 40 ans a été adopté, comme le décret n°1293 du 30 avril 1970, ou le décret n°1377 du 12 juin 1975, visant à protéger l'emploi des travailleurs de plus de 40 ans où à établir des avantages financiers à l'embauche de ce type de travailleurs.

Cette tendance semble avoir été maintenue par les gouvernements démocratiques ultérieurs, puisqu'on constate l'existence de mesures répondant à la logique de retour sur le marché du travail.

- Mesures d'emplois temporaires intégrant les seniors

L'analyse conjoncturelle de la crise explique que les pouvoirs publics espagnols instaurent différentes mesures temporaires qui concernent les seniors, parmi d'autres publics cibles.

Ainsi, le Statut des travailleurs[1] dans son article 15 relatif à la durée du contrat du travail, inscrit une circonstance exceptionnelle autorisant l'utilisation du contrat à durée déterminée qui concerne les seniors. Il s'agit de la cinquième circonstance (article 15.d) qui nous renvoie au paragraphe 3 de l'article 17 définissant le contrat à titre temporaire d'aide à l'emploi (contrato temporal de fomento del empleo) pour une durée minimum de 3 mois et un maximum de 3 ans en faveur de certaines catégories de travailleurs reconnues vulnérables tels que les travailleurs âgés, souffrant d'une incapacité partielle, privés de leur emploi (ou les primo demandeurs d'emploi). Cette mesure s'accompagne de subventions ou de tout autre type d'aide visant à favoriser l'emploi de ces catégories de travailleurs.

Enfin, l'article 2 de la loi de base sur l'emploi instaure des programmes spécifiques destinés à favoriser l'embauche de travailleurs rencontrant des difficultés d'insertion dans le marché du

[1] Ley 8/1980, de 10 marzo, BOE 14 marzo 1980, núm. 64, [pág. 5799], ESTATUTO DE LOS TRABAJADORES.

travail. Ces programmes spécifiques sont définis comme des programmes nationaux, périodiques et temporaires pour l'emploi en faveur de certaines zones géographiques, secteurs économiques ou types de population (article 4 et 5). Les populations concernées par ces programmes sont celles rencontrant des difficultés d'insertion sur le marché du travail ; il s'agit notamment de travailleurs de plus de 45 ans (de jeunes à la recherche de leur premier emploi, de travailleurs percevant l'allocation chômage, de femmes chargées de famille, et de personnes handicapées). Les entreprises utilisant ces programmes bénéficieront à la fois d'une série d'avantages financiers, mais pourront également faire profiter leurs salariés ainsi embauchés d'actions de formation qui sont octroyées gratuitement (article 7 et 10.2).

- Nouvelle logique de retour à l'emploi stable

Le gouvernement socialiste dirigé par Felipe GONZALEZ, qui accède au pouvoir en octobre 1982 a, dans un premier temps de sa législature, poursuivi et accentué la logique de flexibilité lancée par le gouvernement UCD de transition. Cependant, la période témoigne également de l'arrivée à maturité d'une politique spécifique de l'emploi fondée pour l'essentiel sur des mécanismes classiques d'incitation sélective à l'embauche de catégories de travailleurs rencontrant des difficultés d'insertion sur le marché du travail. C'est ce qui explique l'offre de mesures qui s'attachent à favoriser l'emploi stable et qui concernent particulièrement les travailleurs âgés.

Ainsi, le décret n°3239 du 28 décembre 1983 propose une mesure en faveur des travailleurs âgés de plus de 45 ans, dont l'objectif est fort différent des mesures précédentes. Cette fois la mesure concerne l'embauche à durée indéterminée de travailleurs de plus de 45 ans. L'embauche par une entreprise ou une société coopérative de ces travailleurs de plus de 45 ans, inscrits depuis au moins un an à l'office de l'emploi, entraîne une série d'avantages pour l'employeur (subvention de 400 000 pesetas (2 410 euros) pour chaque travailleur employé, réduction de 50% des cotisations patronales à la Sécurité sociale pendant deux ans, formation professionnelle gratuite et prioritaire pour le travailleur sur demande de l'entreprise). En échange de ces avantages, l'employeur est soumis à un certain nombre d'obligations, la principale d'entre elles étant que l'embauche doit se faire à durée indéterminée et à temps complet, sans diminution du nombre de salariés ou d'associés pendant au moins 3 ans.

La loi n°22 du 30 juillet 1992 qui reprend l'idée de favoriser l'emploi par l'embauche à durée indéterminée pour une plus grande catégorie de travailleurs chômeurs précise que pour l'embauche de travailleurs de plus de 45 ans, l'employeur bénéficiera d'une subvention de 500 000 pesetas et d'une réduction de 50 % des cotisations patronales à la Sécurité sociale.

Cette perspective historique nous permet d'identifier une logique commune à l'Espagne et à la France, qui repose sur l'idée de réguler la sortie précoce du marché du travail des travailleurs âgés. Toutefois, on constate une différence entre ces deux pays, puisqu'en Espagne, à ces mesures de sortie de l'emploi se juxtaposent des dispositifs de retour à l'emploi, dont est totalement dépourvu la France.

Malgré tout, il semble que l'évolution récente de l'emploi et les conséquences de cette politique soit à l'origine d'un rapprochement des logiques espagnoles et françaises en faveur d'un retour à l'emploi des seniors.

LA REINSERTION PROFESSIONNELLE DES SENIORS, UNE NECESSITE INTEGREE DIVERSEMENT DANS LES POLITIQUES NATIONALES

En France, comme en Espagne, les dispositifs de retrait anticipé du marché du travail des travailleurs âgés sont devenus un phénomène massif. L'ampleur de ces dispositifs s'explique notamment par le consensus social qui s'est institué autour de leur mise en œuvre par les différents acteurs : gouvernants, partenaires sociaux, opinion publique et parfois les intéressés eux-mêmes. Cependant, conscients du danger du système des préretraites, les pouvoirs publics vont tenter de rompre cet engrenage.

La volonté commune de rompre avec la tendance au raccourcissement de la vie professionnelle

On assiste à une progressive prise de conscience des conséquences potentielles du vieillissement entraînant une révision de la position des pouvoirs publics. Les perspectives de l'accélération du vieillissement de la population, avec le départ à la retraite des enfants du « baby-boom », pose le problème d'un rééquilibrage financier des systèmes de retraite. Dans ce contexte, les coûts engendrés par les systèmes de préretraite pèsent plus lourdement et sont remis en cause. L'enjeu des pouvoirs publics, tant européens que nationaux, est maintenant d'allonger la vie active en favorisant l'emploi des seniors.

L'Injonction européenne en faveur de l'emploi des seniors

L'Union européenne a pris récemment conscience de la nécessité d'intervenir en matière d'emploi des travailleurs âgés. Depuis l'adoption du nouveau titre VIII du traité d'Amsterdam et le lancement du processus de Luxembourg (décembre 1997), la Commission européenne soumet chaque année au Conseil une stratégie européenne pour l'emploi. Or, dans le cadre de sa réflexion sur le vieillissement, la direction générale Emploi et Affaires sociales défend l'idée d'un « vieillissement actif ».

Signe de l'importance qu'elle attache à ce thème, la Commission lui consacre pour la première fois une ligne directrice spécifique dans sa stratégie pour l'emploi pour 2001 : elle demande ainsi aux Etats membres de mettre au point une « politique visant à prolonger la vie active » (ligne directrice 3).

Ainsi, les lignes directrices pour l'emploi qui constituent un ensemble d'objectifs fixés au niveau européen ont toujours prévu pour les États membres l'élaboration et la mise en œuvre de mesures actives et préventives en faveur des chômeurs et des inactifs. La fixation d'objectifs au niveau européen va dans le même sens : un taux d'emploi des 55 – 64 ans devant atteindre 50 % d'ici 2010 (résolution du Conseil européen de Stockholm de mars 2001), un relèvement progressif d'environ cinq ans de l'âge moyen de sortie de l'activité au même horizon (Conseil européen de Barcelone de mars 2002).

Le Sommet européen de Barcelone des 15 et 16 mars 2002 a particulièrement insisté sur le problème de l'emploi des travailleurs âgés en considérant qu'« il convient de réduire les incitations individuelles à la retraite anticipée et la mise en place par les entreprises de systèmes de préretraite, et d'intensifier les efforts destinés à offrir aux travailleurs âgés davantage de possibilités de rester sur le marché du travail [...]. Il faudrait chercher d'ici à 2010 à augmenter progressivement d'environ cinq ans l'âge moyen effectif auquel cesse, dans l'Union européenne, l'activité professionnelle. ».

Concrètement, cela suppose que les Etats membres favorisent le maintien en activité des plus âgés, à la fois dans le souci de préserver la croissance et de sauvegarder la viabilité des régimes de retraite. Quatre champs d'action prioritaires sont indiqués : la sensibilisation des employeurs, l'accès à la formation, l'introduction de formules de fin d'activité plus souples et la révision des systèmes d'imposition et de protection sociale de manière à supprimer les effets dissuasifs et à créer des mécanismes d'incitation. Ce faisant, la Commission s'adresse à l'ensemble des acteurs concernés (Etat, partenaires sociaux, entreprises et salariés). De plus, elle préconise une stratégie globale qui dépasse le strict champ des politiques de l'emploi, pour envisager la réforme des systèmes de protection sociale.

La tendance au rallongement de la vie active

En Espagne, comme en France, la volonté politique actuelle n'est donc plus de favoriser le retrait de la vie active des travailleurs âgés sous diverses formes (préretraite, chômage, invalidité), mais de rallonger la durée de la vie active par diverses techniques. Nous en retiendrons principalement deux.

- Reculer l'âge de la retraite

En France, la loi du 21 août 2003 réformant les retraites va dans le sens de l'orientation politique actuelle qui vise à favoriser le maintien en activité des travailleurs âgés.

L'idée est de répondre à cette question d'équilibre financier des régimes de retraite par un allongement des périodes d'activité, ce qui entraîne le versement des cotisations de retraite sur une durée plus longue et donc le paiement des pensions de retraite sur une période plus courte et ce, en allongeant la durée de cotisation pour bénéficier d'une retraite de la Sécurité sociale à taux plein, en incitant à travailler plus longtemps, et en rendant plus difficile les départs en retraite anticipés (revenant donc ainsi sur nos modèles de préretraite, cette loi supprime les mesures de préretraites progressives, tout comme celles de préretraites chômage).

En Espagne, l'âge légal de la retraite étant de 65 ans, cette volonté politique de reculer l'âge de la retraite se concrétise de manière différente. Ce changement de logique se retrouve dans la loi n°35 du 12 juillet 2002[1] concernant la mise en œuvre d'un système de retraite graduelle et flexible. L'objectif est clairement de rallonger la durée de l'activité professionnelle et d'obtenir une plus grande permanence dans l'activité.

Pour ce faire, l'une des principales mesures de la réforme espagnole est la possibilité désormais ouverte aux actifs de travailler au-delà de l'âge légal de la retraite, c'est à dire après 65 ans. Le texte autorise donc le maintien d'une activité après 65 ans, conjugué avec la

---

[1] Ley 35/2002, de 12 julio, BOE 13 julio 2002, núm. 167, [pág. 25633], Medidas para el establecimiento de un sistema de jubilación gradual y flexible.

perception d'une retraite partielle. Ainsi, pour favoriser le maintien en activité des personnes en droit de percevoir une retraite, il est prévu l'exonération du paiement des cotisations sociales à la Sécurité sociale du travailleur et de l'employeur.

D'autre part, les conditions d'ouverture du droit à une retraite anticipée sont restreintes. Les conditions d'accès se font donc plus strictes. Dorénavant, pour y avoir accès le travailleur doit avoir atteint 61 ans, être inscrit comme demandeurs d'emploi depuis au moins 6 mois, avoir cotisé un minimum de 30 ans et enfin n'être pas à l'origine de la rupture du précédent contrat. Dans le même temps, les réductions offertes aux employeurs se réduisent.

- Maintenir les travailleurs âgés dans l'emploi.

Cette tendance au maintien des travailleurs âgés dans l'emploi se traduit en France comme en Espagne par la mise en œuvre de plusieurs mesures (en limitant les cessations anticipées d'activité, en favorisant l'employabilité par un meilleur accès à la formation professionnelle, en améliorant les conditions de travail...).

Dans ce sens, il existe en France, depuis 1987, la contribution Delalande. Cette taxe instaurée à titre préventif vise à dissuader les entreprises de licencier des travailleurs de plus de 50 ans. Cependant, la contribution Delalande fait l'objet de critiques récurrentes. Il lui est reproché d'entraîner des effets pervers en termes d'embauche des salariés au seuil de 50 ans. C'est ce qui explique l'annonce de sa suppression par le nouveau gouvernement de Dominique DE VILLEPIN.

La loi du 21 août 2003 va également dans ce sens puisqu'elle institue un système de négociation, au niveau interprofessionnel et à l'échelon des branches et des entreprises, portant sur la pénibilité du travail et sur l'accès à l'emploi et à la formation professionnelle des salariés âgés, visant à leur maintien en activité le plus longtemps possible.

En Espagne, la loi n°12 du 9 juillet 2001 réformant le Statut des travailleurs tend à prolonger la durée d'activité des travailleurs âgés. Ainsi elle introduit des modifications au régime juridique du contrat de relève afin de favoriser son utilisation par plusieurs moyens : en flexibilisant la répartition temps de travail/temps de retraite, en ouvrant la possibilité de ce contrat aux travailleurs en âge de percevoir leur droit à la retraite et, enfin, en ouvrant la durée de ce type de contrat. D'autre part, cette nouvelle loi déroge à la disposition additionnelle 10 du Statut des travailleurs qui instaurait une série de mesures favorisant la retraite forcée des travailleurs âgés, faisant ainsi de leur retrait du marché du travail un instrument de la politique de l'emploi.

D'autre part, la loi n°35 du 12 juillet 2002 fixe dans son article 14 des incitations financières au maintien dans l'emploi des travailleurs de plus de 60 ans. Ainsi le maintien dans l'emploi (en contrat à durée indéterminée), des travailleurs de 60 ans ou plus avec cinq ans ou plus d'ancienneté dans l'entreprise permettra à l'employeur de bénéficier d'avantages financiers dans les termes prévus chaque année par la loi de Budget Général l'État[1].

Les divergences de pratiques de retour à l'emploi

Il semble donc qu'on assiste à un changement radical de logique dans la manière de traiter le problème de l'emploi des travailleurs âgés. Si cette logique semble réellement et communément mise en œuvre en Espagne et en France par des politiques de maintien dans l'emploi et de rallongement de l'activité, on constate une différence entre l'Espagne et la France dans la mise en œuvre de mesures de retour à l'emploi pour les chômeurs âgés. Il semble en effet, que dans le champ des pratiques de retour à l'emploi, il y ait un déséquilibre entre les mesures appliquées en France et en Espagne.

[1] Cette année, il s'agit de la Ley 2/2004 de 27 de diciembre, de Presupuestos Generales del Estado para el año 2005 (Disposición adicional cuadragésima séptima) (B.O.E. De 28 de diciembre).

Absence de mesures de retour à l'emploi spécifiques aux seniors en France

Paradoxalement, il n'existe en France aucune mesure visant directement et spécifiquement la réinsertion des travailleurs âgés sur le marché du travail. Seules certaines mesures s'adressant à l'ensemble de la population concernent également les travailleurs âgés. C'est donc dans le champ des mesures globales que se joue l'emploi des seniors.

- Mesures d'assistance

Antérieurement à la loi de 1988, un certain nombre de municipalités et départements s'était engagé dans la mise en œuvre de politiques locales offrant des compléments de ressources aux personnes en grande difficulté. Ce sont ces initiatives qui ont déclenché l'intervention du législateur qui adopta le 1er décembre 1988 la loi instituant le RMI[1], alliant la garantie d'un minimum de ressources permettant de faire face à des besoins essentiels à un droit à l'insertion sociale et professionnelle et à des droits sociaux. Au titre de ce dispositif et depuis la réforme de 2003, les chômeurs âgés non indemnisés peuvent bénéficier du CI-RMA (Contrat d'insertion-Revenu minimum d'activité).

- Mesure du secteur marchand

Dans le cadre du secteur marchand, on peut retenir un seul type de mesure dont l'objectif est d'inciter l'embauche de chômeurs avec une référence aux seniors par une réduction des coûts patronaux ; il s'agit du contrat initiative emploi qui succède au Contrat de retour à l'emploi de 1989.

Le contrat initiative emploi (CIE), résultant de la loi du 4 août 1995, a pour but de favoriser l'embauche de publics en difficulté. Publics identifiés à l'origine comme chômeurs de longue durée, mais élargie ensuite formellement aux jeunes de moins de 26 ans

[1] Cette loi de 1988 sera révisée par la loi du 29 juillet 1992 dans le cadre plus général de la lutte contre l'exclusion sociale et professionnelle.

rencontrant des problèmes particuliers d'accès à l'emploi, non indemnisés et sans diplômes (décret du 22 mai et circulaire du 18 juin 1996), et aux chômeurs de plus de 50 ans inscrits comme demandeurs d'emploi depuis au moins 12 mois dans les 18 derniers mois. Cette mesure destinée à favoriser l'accès à un emploi durable dans le secteur marchand prend la forme d'un contrat qui peut être à durée indéterminée ou à durée déterminée comprise entre 12 et 24 mois, à temps plein ou à temps partiel, et dont la rémunération ne peut être inférieure au SMIC. L'employeur bénéficie d'une aide forfaitaire pour les catégories de bénéficiaires rencontrant les difficultés d'accès à l'emploi les plus graves et une série d'exonérations patronales d'assurances sociales, d'accident du travail et d'allocations familiales à hauteur du SMIC, et pour une durée maximale de 24 mois. Une aide à la formation et au tutorat peut également être accordée.

- Mesures du secteur non marchand

Dans le cadre du secteur non marchand, il existe deux types de contrats aidés qui concernent les seniors, il s'agit des contrats emploi solidarité (CES) et des contrats emploi consolidé (CEC).

Le contrat emploi solidarité (CES) créé par la loi du 19 décembre 1989 a pour objectif de faciliter l'insertion des personnes rencontrant des difficultés d'accès à l'emploi au titre d'activité répondant à des besoins collectifs non satisfaits. Dans ce cadre, les demandeurs d'emploi âgés de 50 ans ou plus, qui ne peuvent prétendre à une autre solution professionnelle, font partie des publics visés. De manière plus précise, il s'agit de seniors rencontrant des difficultés particulières d'insertion, l'objet de cette mesure est de favoriser l'insertion professionnelle de ses bénéficiaires par le développement d'activités répondant à des besoins collectifs non satisfaits. Le CES est donc conclu avec un employeur qui ne fait pas partie du secteur marchand : personnes morales chargées de la gestion d'un service public, établissements publics, organismes à but non lucratif, collectivités territoriales qui se voient bénéficier d'un certain nombre d'avantages : exonération à 100% des charges patronales sur la base du SMIC et prise en charge par l'Etat de 65% à 95% du salaire. Ce dispositif prend la forme d'un contrat à durée déterminée de 3 mois minimum à 12 mois maximum (renouvelable jusqu'à 24 mois dans des conditions précises), en principe à temps partiel, puisque la durée moyenne est de 20 heures par semaine mais elle peut s'étendre jusqu'à 35 heures et dont la rémunération se fait sur la base du SMIC. Enfin pour assurer cet objectif d'insertion il est aussi prévu pour le bénéficiaire du contrat la mise en place d'actions de suivis professionnel et social, de formation et de tutorat favorisant l'acquisition de compétences et de savoirs-faire.

Le contrat emploi consolidé (CEC) instauré par la loi du 29 juillet 1992 est similaire au CES en de nombreux points. Le public visé, les employeurs potentiels et les avantages pour les employeurs sont les mêmes. Ainsi les demandeurs de 50 ans et plus sont visés par cette mesure. L'objectif est légèrement différent puisqu'il s'agit de favoriser l'insertion professionnelle des personnes rencontrant des difficultés particulières d'insertion et de permettre la réalisation de leur projet professionnel. La forme du contrat est moins restreinte, puisqu'il peut s'agir d'un contrat à durée indéterminée ou d'un contrat à durée déterminée de 12 mois (renouvelable jusqu'à 60 mois dans des conditions précises), à temps plein ou à temps partiel (minimum de 30 heures par semaine) et dont la rémunération se fait sur la base du SMIC. L'objet du CEC est de permettre l'embauche de personnes ne pouvant trouver un emploi ou une formation en raison de leur âge ou de leur situation personnelle, notamment à l'issue d'un CES ; il s'accompagne donc d'actions d'orientation professionnelle et de validation des acquis, d'élaboration d'un projet professionnel, de bilan de compétences et de formation.

A ce jour, bien que les plus de 50 ans semblent être une priorité du gouvernement, les dernières mesures CI-RMA (Contrat d'insertion-Revenu minimum d'activité), CIE (Contrat initiative emploi), CAE (Contrat d'accompagnement dans l'emploi), CA (Contrat d'activité) instaurées par la loi de programmation pour la cohésion sociale du 18 janvier 2005[1] pour « briser le cercle vicieux de l'exclusion, du chômage et des discriminations » semblent contredire cette déclaration de principe. En effet, alors que les 50 et plus étaient un public listé et

[1] Loi n°2005-32 du 18 janvier 2005.

privilégié des anciens contrats aidés, aujourd'hui ce sont plus généralement les personnes sans emploi rencontrant des difficultés sociales et professionnelles particulières d'accès à l'emploi ou les bénéficiaires du RMI (Revenu minimum d'insertion), de l'ASS (Allocation spécifique de solidarité) et de l'API (Allocation de parent isolé) qui sont visés.

Le paradoxe de cette logique est qu'il s'agit de mettre en place des mesures visant à freiner les cessations d'activités « anticipées » liées à l'âge et à encourager le maintien dans l'emploi des travailleurs âgés, sans envisager la question préalable du retour à l'emploi des travailleurs âgés sans emploi.

Personnalisation de mesures d'emploi en direction des seniors en Espagne

L'Espagne est à un niveau de mise en pratique de mesures de retour à l'emploi des chômeurs âgés bien plus avancé que la France. Les pouvoirs publics proposent en effet un panel de mesures que l'on peut ranger en deux catégories, les mesures générales d'emploi auxquelles les seniors sont intégrées et les mesures spécifiques dont bénéficient exclusivement les seniors.

- Mesures générales

Cette intégration des seniors comme public prioritaire des mesures générales se fait à deux titres. D'une part au titre de la lutte contre le chômage, ainsi, les mesures adoptées en faveur des chômeurs se font généralisantes, englobant et visant de manière spécifique les chômeurs âgés. D'autre part au titre de la promotion de la stabilité de l'emploi puisque les mesures allant dans ce sens concernent de manière prioritaire les seniors.

C'est avec l'objectif de répondre aux exigences européennes visant à favoriser l'employabilité et l'insertion professionnelle des chômeurs que le décret n°282 du 2 février 1999[1] a été adopté créant les Ateliers-emploi (Talleres de empleo). Les objectifs, conditions et

[1] Real Decreto 282/1999, de 22 febrero, BOE 23 febrero 1999, núm. 46, [pág. 7456], TALLERES DE EMPLEO. Establece el programa.

finalités de ces programmes d'Ateliers-emploi seront précisés par les Ordres ministériels du 9 mars 1999[1] et du 14 novembre 2001[2] qui de plus établissent les conditions de concessions des subventions publiques pour les programmes dont les projets ont été acceptés.

L'objectif de cette mesure inspirée des programmes d'Ecoles-ateliers (Escuelas taller) et Maisons des métiers (Casas de oficio) en faveur des jeunes est de combiner des actions alternant formation et emploi d'intérêt général et social au sein d'entités publiques ou privées sans but lucratif en faveur des chômeurs âgés de 25 ans ou plus. Les bénéficiaires de ces programmes d'Ateliers-emploi bénéficieront en alternance d'une formation professionnelle et d'une expérience professionnelle leur permettant d'obtenir une qualification professionnelle facilitant leur future insertion sur le marché du travail. Pour se faire, les programmes d'Ateliers-emploi devront répondre aux demandes du marché du travail pour favoriser le développement local et ainsi créer des postes de travail d'artisans ou d'entrepreneurs. Ce programme qui concerne de manière générique les chômeurs demandeurs d'emploi âgés de 25 ans ou plus, vise de manière plus spécifique les chômeurs rencontrant des difficultés particulières d'insertion dans le marché du travail. Les chômeurs âgés de plus de 45 ans au même titre que les chômeurs de longue durée, les femmes et les personnes handicapées sont donc un public cible de ce dispositif.

On retrouve cette nouvelle logique généralisante et globalisante avec l'adoption de la loi n°12 du 9 juillet 2001 qui réforme pour la troisième fois le Statut des travailleurs et introduit de nouvelles mesures. Ainsi une modification importante est apportée au contrat pour la formation dans le sens d'une ouverture du champ des collectifs

[1] Orden de 9 marzo 1999, BOE 23 marzo 1999, núm. 70, [pág. 11252], TALLERES DE EMPLEO. Desarrolla el Real Decreto 282/1999, de 22-2-1999 (RCL 1999\495), que establece el programa y bases reguladoras de la concesión de subvenciones públicas a dicho programa.

[2] Orden, de 14 noviembre 2001, BOE 21 noviembre 2001, núm. 279, [pág. 42580], rect. BOE 30 noviembre 2001, núm. 287 [pág. 44095], TALLERES DE EMPLEO. Desarrolla el Real Decreto 282/1999, de 22-2-1999 (RCL 1999\495), que establece el programa y bases reguladoras de la concesión de subvenciones públicas a dicho programa.

bénéficiaires de ce contrat. Cette modalité contractuelle pour la formation réservée jusqu'alors aux jeunes de 16 à 21 ans s'ouvre à d'autres collectifs[1] dont les chômeurs intégrés dans les programmes d'Ecoles-ateliers, Maisons des métiers et Ateliers-emploi. A ce titre, les chômeurs de plus de 45 ans sont également un public prioritaire de ce contrat pour la formation.

La réforme réalisée par le gouvernement du Parti populaire en faveur de l'emploi stable est introduite par la loi n°63 du 26 décembre 1997[2]. L'objectif de cette loi réformant le Statut des travailleurs est d'améliorer le marché du travail et de favoriser l'emploi stable par l'embauche à durée indéterminée. Dans ce cadre, un certain nombre de mesures spécifiques dont l'une concerne particulièrement les seniors sont mises en oeuvre. Il s'agit du contrat de développement de l'emploi stable (Contrato para el fomento de la contratación indefinida). Cette nouvelle formule est introduite pour favoriser l'emploi stable des chômeurs. De manière prioritaire, les chômeurs de plus de 45 ans (au même titre que les jeunes de 16 à 30 ans, les femmes embauchées dans des secteurs à faible présence féminine, les chômeurs inscrits comme demandeurs d'emploi depuis au moins 6 mois, les travailleurs handicapés et des travailleurs affectés par l'emploi précaire) bénéficient de cette mesure par le bais du contrat de travail à durée indéterminée pour les travailleurs de plus de 45 ans. Dans cette logique, chaque année, ce dispositif visant à faciliter l'accès des travailleurs âgés à des emplois stables s'accompagne de réductions des charges patronales de Sécurité sociale[3].

---

[1] Les personnes handicapées, les travailleurs immigrés durant les 2 premières années de leur contrat de travail (sauf s'ils possèdent déjà les qualifications professionnelles nécessaires à la réalisation de leur travail), les personnes sans activité professionnelle depuis 3 ans, ainsi que les personnes se trouvant en situation d'exclusion sociale (selon les services sociaux) sont également concernées.

[2] Ley 63/1997, de 26 diciembre, BOE 30 diciembre 1997, núm. 312, [pág. 38245], Medidas urgentes para la mejora del mercado de trabajo y el fomento de la contratación indefinida.

[3] Pour cette année, il faut se référer à la disposition additionnelle 47 de la loi n°2 du 27 décembre 2004 concernant le Budget général de l'État pour l'année 2005.

- Mesures spécifiques

Conformément aux Directives européennes en faveur de l'activation des mesures passives, le décret n°236 du 18 février 2000[1] instaure une nouvelle mesure en faveur des personnes de plus de 45 ans, il s'agit du Revenu Actif d'Insertion (Renta activa de inserción). L'objectif du programme est de faciliter l'insertion professionnelle des demandeurs d'emploi inscrits de manière ininterrompue au Bureau d'Emploi pendant au moins douze mois, se trouvant en situation de nécessité, âgés de plus de 45 ans et qui sont prêts à s'engager à agir pour faciliter leur insertion sur le marché du travail. Ce programme comprend des politiques actives d'emploi gérées par les services publics d'emploi afin d'augmenter les occasions de retour au marché du travail et, le cas échéant, une aide économique gérée par l'Institut National de l'Emploi et liée à la réalisation des actions en matière de politiques actives d'emploi qui n'entraînent pas de remboursements salariaux. Le bénéficiaire touche une prestation d'un montant égal à 75 % du salaire minimum interprofessionnel sur une durée maximale de 10 mois, moyennant un engagement de reprise d'activité professionnelle qui peut prendre la forme d'une formation professionnelle si, dans les trois premiers mois, il n'a pas trouvé d'emploi.

La loi n°45 du 12 décembre 2002[2] portant mesures urgentes pour la réforme du système de protection contre le chômage et pour l'amélioration de la capacité d'emploi, introduit une réforme en profondeur de l'assurance chômage. L'idée principale étant d'établir des liens plus étroits entre les politiques actives et passives. Dans ce cadre, la loi instaure des aides à l'embauche sous la forme de réduction des cotisations patronales de sécurité sociale pour les employeurs qui recrutent certaines catégories de travailleurs et notamment les seniors.

---

[1] Real Decreto 236/2000, de 18 febrero, BOE 10 marzo 2000, núm. 60, [pág. 9916], Regula un programa para el año 2000, de inserción laboral para los trabajadores desempleados de larga duración en situación de necesidad, mayores de cuarenta y cinco años.

[2] Ley 45/2002, de 12 de diciembre (B,O,E, de 13 de diciembre) de Medidas urgentes para la reforma del sistema de protección pordesempleo y mejora de la ocupabilidad.

A ce titre, deux contrats sont instaurés, il s'agit du Contrat de travail à durée indéterminée pour les bénéficiaires du Revenu Actif d'Insertion[1] et du Contrat de travail pour les personnes de plus de 52 ans bénéficiant de l'assurance chômage. Ces dispositifs visant à faciliter l'accès des travailleurs âgés à l'emploi ont principalement consisté en des réductions des charges patronales de Sécurité sociale. Plus le travailleur est âgé, plus la réduction est importante.

---

[1] Disposición Adicional primera de la Ley 45/2002, de 12 de diciembre.

CONCLUSION

L'emploi des seniors est devenu un objectif affiché des politiques espagnole et française. Il ne fait aucun doute qu'on assiste à un profond changement de logique qui se traduit par la mise en oeuvre de mesures visant à freiner les cessations d'activités « anticipées » liée à l'âge et à encourager le maintien dans l'emploi des travailleurs âgés. Cependant il est évident qu'il existe une divergence de pratique entre la France et l'Espagne dans la mise en œuvre de mesures s'attaquant au chômage des travailleurs âgés par des dispositifs favorisant leur retour à l'emploi. La France n'en est pas encore à l'étape du « passage à l'acte ».

A notre sens, il est déterminant que la nécessité d'accroître la participation des travailleurs âgés soit alliée à une réduction du chômage de cette tranche d'âge. Ce qui requiert de générer de véritables perspectives d'emploi.

Or, non seulement le phénomène d'exclusion professionnelle des seniors reste en Espagne comme en France fortement préoccupant[1]. Mais de plus, les dispositifs existants actuellement dans cette perspective soulèvent de nombreuses critiques, qui au-delà des divergences que nous avons tentées de mettre en relief, concernent et menacent l'Espagne comme la France.

D'une part, comment peut-on envisager de discuter la question du prolongement de l'activité des seniors alors que le taux de chômage en France comme en Espagne reste fort et que les jeunes peuvent légitimement se demander si la priorité n'est pas plutôt de leur procurer un emploi que de les décaler un peu plus dans la file d'attente sur le marché de l'emploi.

D'autre part, il nous semble que la question de l'emploi des seniors ne soit perçue que comme une simple variable réelle de gestion de la crise de l'emploi, ce qui expliquerait à notre sens que les mesures de retour à l'emploi proposées aux seniors ne favorisent que des emplois atypiques. En effet, favoriser l'emploi des travailleurs âgés par l'introduction de nouvelles dispositions proches de celles

---

[1] A titre d'illustration, nous vous renvoyons aux graphiques mis en annexe.

pour l'emploi des jeunes pourrait s'inscrire dans le phénomène de recherche d'une plus grande flexibilisation de l'emploi, au risque d'une extension des situations de précarisation de l'emploi.

Une telle réorientation comporte des conséquences significatives. D'une part, la division ternaire du cycle de vie, entre enfance/formation, adulte/travail et vieillesse/sortie d'activité est modifiée dans un sens défavorable. Les sociologues Bernard WOEHL et Jean-Yves CAUSER parlent de « désorganisation du temps ternaire de vie par les deux extrêmes ». En effet, le temps de vie « travail », caractérisé par une certaine stabilité, a actuellement tendance à se restreindre alors que la durée des états dits de transition, devenus fortement excluant et précarisant, augmente. Ces deux catégories « jeune » et « travailleur âgé » entourent l'âge d'activité professionnelle stable qui, pris en étau, à tendance à se réduire sur le segment des 30-45 ans.

Le risque d'éclatement du marché du travail entre le marché du travail primaire (qui offre des postes stables, de bonnes conditions de travail, des possibilités de promotion, des salaires et des qualifications relativement élevés, des garanties juridiques et l'implantation d'organisations syndicales) et le marché de travail secondaire (qui se caractérise en opposition au marché primaire) se renforce également sous cette tendance. Le schéma « d'apartheid professionnel » où cohabitent les travailleurs salariés stables (traditionnels) et les groupes qui vivent dans l'instabilité de l'emploi, alternant sous-emploi et chômage prolongé dont sont victimes les jeunes selon Walter ACTIS, Carlos PEREDA y Miguel ÁNGEL DE PRADA[1] pourrait à notre sens s'étendre aux seniors.

[1] ACTIS W., PEREDA C., A DE PRADA M., « Chômage et transformation des emplois : la situation des jeunes » in Guitton C., Maruani M., Reynaud E., L'emploi en Espagne, p.141

ANNEXE : Phénomène d'exclusion des seniors du marché du travail

<u>Graphique 1 :
Taux d'emploi par tranche d'âge, 2003, Eurostat</u>

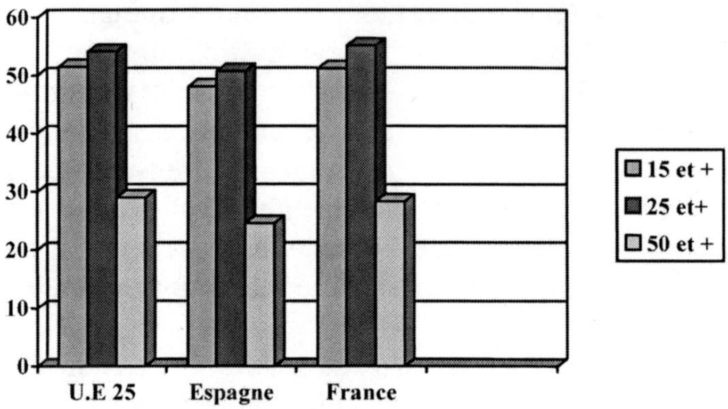

<u>Graphique 2 : Chômage de longue durée
en pourcentage du chômage total
pour une catégorie d'âge donnée (%), 2003, Eurostat</u>

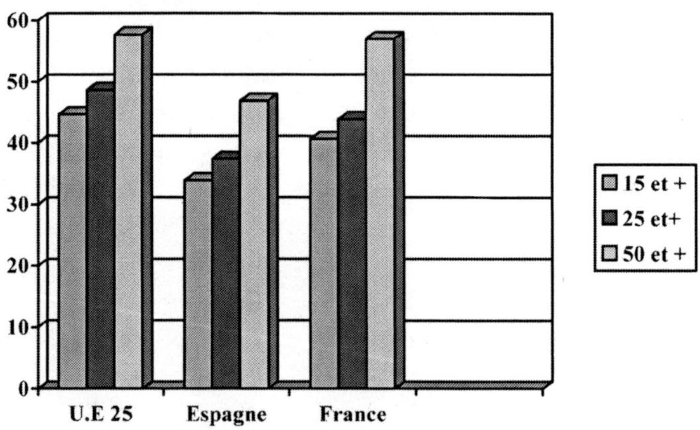

BIBLIOGRAPHIE

« Les travailleurs âgés et le marché du travail ». 1995. *Etudes de politique sociale*, OCDE, n°17, p.161-188.

ACTIS, Walter., Carlos PEREDA et Miguel Ángel DE PRADA. « Chômage et transformation des emplois : la situation des jeunes ». In GUITTON, Christophe, Margaret MARUANI et Emmanuelle REYNAUD, *L'emploi en Espagne*, p.141.

ADJERAD, Saïd. 2004. « Les seniors dans les emplois des fins de carrière ancrées dans l'emploi ». *Premières synthèses*, n°38.3, (septembre).

ÁLVAREZ CORTÉS, Juan Carlos. 1997. « El subsidio por desempleo para mayores de 52 años: algo más que asistencia social, algo más que prestación asistencial ». *Temas Laborales*, n°33, p.81-97.

ANGLARET, David. 2004. « Poursuite de la baisse des préretraites en 2002 ». *Premières informations*, n°04.1, (janvier).

ANGLARET, David, Sandra BERNARD. 2003. « Chômage et retour à l'emploi après cinquante ans : une moindre exposition au chômage, des difficultés pour retourner en emploi ». *Premières synthèses*, n°45.1, (novembre).

BAUDET-CAILLE, Véronique. 2001. *L'emploi des plus de 50* ans. Paris : Ed. Liaisons.

BAUDET-CAILLE, Véronique et Sybille DELACROIX. 2004. *Salariés de plus de 45 ans.* Paris : Ed. Liaisons sociales.

BAYLOS GRAU, Antonio. « Derecho al trabajo, política de empleo y jubilación forzosa pactada en convenio ». *Relaciones Laborales,* T2/1985, p.470.

BOTANA LÓPEZ, José María. 1996. « Del subsidio de desempleo para trabajadores de más de 52 años ». In SOUTO PRIETO, Jesús (Dir.), *El desempleo. Especial consideración de las prestaciones del nivel asistencia*. Madrid : Consejo General del Poder Judicial, p.45-80.

BRUN, François, Marc DUPONT et Michel THIERRY. 2005. « Gestion des âges et emploi ». *Droit social,* n°3, (mars), p.262-272.

CAMOS VICTORIA, Ignasi et Josep M. FUSTE MIQUELA. « El tratamiento de la edad de jubilación en la Ley 24/1997, de Consolidación y Nacionalización del Sistema de Seguridad Social ». *Relaciones Laborales,* T1/1999, p.542.

CHASSARD, Yves. 2000. « Emploi après cinquante-cinq ans et retraite : quelques leçons d'une observation à l'étranger ». *Droit Social*, n°12, (décembre), p.1124-1127.

CORNILLEAU, Gérard. 2003. « Réforme des retraites et politique de l'emploi ». *Regards sur l'actualité*, n°295, (novembre), p.49-62.

DOMERGUE, Jean-Paul. 2003. « Age et accès à l'emploi ». *Droit Social*, n°12, (décembre), p.1055-1060.

DUPEYROUX, Jean-Jacques. 2003. « L'âge en droit social ». *Droit Social*, n°12, (décembre), p.1041-1046.

ESCUDERO, Ricardo. 1991. « L'indemnisation du chômage : enjeux et limites ». In GUITTON, Christophe, Margaret MARUANI et Emmanuelle REYNAUD, *L'emploi en Espagne. Marchés du travail et relations professionnelles*. Paris : Syros/Alternatives, 1991.

GONZÁLEZ ORTEGA, Santiago. 2001. « La discriminación por razón de la edad ». *Temas Laborales*, n°59, p.93-124.

GUILLEMARD, Anne-Marie. 2003. *L'âge de l'emploi. Les sociétés à l'épreuve du vieillissement.* Paris : Armand Colin.

GUILLEMARD, Anne-Marie. 1983. « La dynamique sociale des cessations anticipées d'activité ». *Travail et emploi*, n°15, (juin-mars), p.15-31.

GUILLEMARD, Anne-Marie. 1994. « Les nouvelles formes de transition entre activité et retraite en Europe : de nouveaux enjeux pour la protection sociale ». *Solidarité Santé*, n°4, (octobre/décembre), p.55-69.

GUILLEMARD, Anne-Marie. « Paradigmes d'interprétation de la sortie anticipée d'activité des salariés vieillissants ». *Travail et emploi*, n°63, p.4-19.

KERSCHEN, Nicole. 1983. « Cessation anticipée d'activité et droit social ». *Travail et emploi*, n°15, (juin-mars), p.63-74.

LÓPEZ CUMBRE, Lourdes. 2002. « El marco comunitario y la legislación española sobre jubilación flexible ». *Revista del Ministerio de Trabajo y Asuntos Sociales*, n°37, p.15-35.

LOPEZ CUMBRE, Lourdes. 1998. *La prejubilación*. Madrid : Ed. Civitas.

LYON-CAEN, Gérard. 2003. « Différence de traitement ou discrimination selon l'âge ». *Droit Social*, n°12, (décembre), p.1047-1050.

MARCHAND, Olivier. 2004. « Gestion des âges et flexibilité du marché du travail ». *Travail et emploi*, n°100, (octobre), p.59-67.

MARÍN CORREA, José María. 2003. « La prejubilación : puntos críticos ». *Actualidad Laboral*, n°34, p.603-615.

MARTÍNEZ LUCAS, José Antonio. 2002. « El programa de renta activa de inserción para el año 2002 ». *Actualidad Laboral*, n°29, p.607-628.

MELLA MÉNDEZ, Lourdes. « Consideraciones sobre el contrato de relevo ». *Actualidad Laboral,* T3/1998, p.865.

MERCADER UGUINA, Jesús Rafael. 2002. « "Reformas" y "contrarreformas" en el sistema de protección por desempleo. La ley 45/2002, de 12 de diciembre, como tejon de fondo ». *Temas Laborales*, n°66, p.153-206.

MOREAU, Yannick. 2003. « Avant ou après les retraites, réformer le travail ». *Droit Social*, n°7/8, (juillet-août), p.684-690.

PELISSIER, Jean. 2003. « Age et perte d'emploi ». *Droit Social*, n°12, (décembre), p.1061-1066.

PEREZ DE LOS COBOS ORIHUEL, Francisco. « El contrato de fomento de la contratación indefinida ». *Actualidad Laboral*, T3/1997, p.791.

PRADOS DE REYES, Francisco Javier. 2001. « Nueva ordenación del contrato para el fomento de la contratación indefinida (de la política de empleo a la regulación estable) ». *Temas Laborales*, n°61, p.49-85.

RODRÍGUEZ-PIÑERO, Miguel. « Flexibilización y anticipación de la edad de jubilación ». *Relaciones Laborales,* T1/1992, p.39.

RUANO ALBERTOS, Sara. 2001. « Análisis del subsidio por desempleo para mayores de 52 años. Pronunciamientos de los Tribunales de Justicia Comunitarios. A propósito de la sentencia 1999/32 de 25 de febrero de 1999. Caso Ferreiro Alvite ». *Revista del Ministerio de Trabajo y Asuntos Sociales*, n°32, p.201-215.

SANCHEZ-URAN AZANA, Yolanda. « Trabajadores de "edad avanzada" : empleo y protección social ». 2001. *Revista del Ministerio de Trabajo y Asuntos sociales*, n°33, p.215-249.

TORTUERO PLAZA, José Luis. 2001. « La jubilación forzosa en las políticas de empleo ». *Revista del Ministerio de Trabajo y Asuntos Sociales*, n°33, p.251-261.

TOSCANI GIMENEZ, Daniel. 1999. *El subsidio de prejubilacion.* Valence, Tirant lo Blanch.

« 40 ans de politique d'emploi ». 1996. DARES. Paris : La documentation française.

« Rapport annuel 2004 Gestion des âges et politiques de l'emploi ». 2004. Inspection Générale des Affaires Sociales. Paris : La Documentation française.

« Ages dans l'emploi. Ages dans le travail ». 1994. *Revue Française des Affaires Sociales*, n°1, (janvier-mars).

La gestion des fins de carrière en Finlande

Marjaana MÄKELÄ

INTRODUCTION

En 2030, un quart des Finlandais aura plus de 65 ans ; la population finlandaise vieillit le plus rapidement dans toute l'Union Européenne. Cette perspective a déclenché la réforme des régimes des retraites, un processus ayant commencé en 2001 à l'échelle communautaire, après le sommet de Laeken. Dans cette contribution, je commencerai par présenter le nouveau système finlandais qui est entré en vigueur en janvier 2005. L'idée principale de la réforme est d'élever l'âge de la retraite par des facteurs de motivation économiques, aussi bien que par l'adaptation du régime des retraites à la croissance moyenne de l'espérance de vie. La sécurité et les avantages économiques constituent des éléments importants dans la décision de poursuivre sa carrière, mais on ne peut négliger l'importance des facteurs liés aux conditions de la vie de travail dans cette décision. Dans cette thématique, je présenterai dans la deuxième partie quelques résultats des recherches menées sur les opinions des salariés âgés et sur les conséquences probables de la réforme.

En Finlande, l'Etat et plusieurs organisations se sont mobilisés pour améliorer les conditions de la vie de travail ; l'analyse de ces différentes actions prises par les organisations nationales constituera la dernière partie de ce travail. On ne pourra pas atteindre les objectifs visés, tels que l'élévation de l'âge de la retraite, sans essayer de renouveler les structures et les processus de la vie de travail *de l'intérieur*. On peut caractériser l'actuel mode finlandais de gestion des fins de carrière comme un dialogue entre la réforme des retraites et les programmes nationaux de développement de la vie de travail.

LA REFORME DES RETRAITES

La grande réforme des retraites finlandaise a été un sujet de première importance dans la presse nationale pendant la dernière année. Les « grandes classes d'âge », comme on appelle les générations nées après la deuxième guerre mondiale, ont envahi les salles de conférence lorsque les sessions d'information sur la réforme ont été organisées dans tout le pays. Cette réforme, qui est appliquée aux secteurs aussi bien public que privé, changera profondément les principes de calcul des pensions ; l'intérêt du public concerné est donc compréhensible. Les pensions actuelles ne seront toutefois pas modifiées et on a gardé certaines réserves concernant les salariés qui prendront leur retraite dans un avenir proche.

Le régime finlandais des pensions se compose principalement de la pension nationale et de la pension de travail. La première inclut la pension de vieillesse, d'invalidité et de chômage. Toute personne résidant en Finlande a droit à la pension nationale ; l'âge d'accès à la pension de vieillesse est de 65 ans. La pension nationale est relativement faible, environ 500 €, et son montant dépend de la pension de travail accumulée pendant les années d'activité. Elle est déductible de la pension de travail et à partir d'un certain seuil, la pension nationale ne sera plus versée du tout, mais il existe un groupe de pensionnaires relativement restreint pour lequel cette pension constitue le revenu principal. (NIEMELÄ, SALMINEN).

Les pensions de travail constituant le noyau du régime des pensions, elles ont aussi nécessité un ajustement à la situation démographique actuelle. Avant la réforme, l'âge officiel d'accès à la retraite était de 65 ans, mais à l'heure actuelle moins de 20% des Finlandais ont poursuivi leur carrière jusqu'à cet âge. (VANNE). Après la réforme, la retraite est possible entre 63 et 68 ans ; on qualifie ce système de symétriquement flexible puisqu'il tolère un départ anticipé aussi bien que retardé par rapport aux âges limites. Et bien entendu : plus tard on se retire, mieux on sera rémunéré. La pension sera calculée sur la moyenne de tous les salaires touchés, et non plus en fonction de chaque relation de travail comme avant. Les annuités pour le calcul de la pension commencent déjà à 18 ans au lieu des 23 ans dans l'ancien système.

La retraite sera toujours calculée sur le revenu annuel et elle s'accroît par application d'un pourcentage progressif calculé en fonction de l'âge :

- 1,5% entre 18-52 ans
- 1,9% entre 53-62 ans
- 4,5% entre 63-68 ans

et après 68 ans, la retraite sera majorée de 4,8% pour chaque année d'activité supplémentaire, mais l'application de cette possibilité sera sans doute très exceptionnelle.

Un changement très positif est celui de prendre désormais en considération pour la retraite aussi les périodes d'allocations sociales comme les congés de maternité et le congé parental (ce dernier pour 12 mois par enfant au maximum), ainsi que les allocations de chômage et de maladie, ainsi qu'une éventuelle année sabbatique. La prise en considération du temps passé à s'occuper de ses enfants améliorera bien entendu considérablement les pensions des femmes ayant plusieurs enfants et aura un impact positif sur l'égalité des sexes. Par conséquent, les mouvements féministes ont salué la réforme avec satisfaction.

Un autre principe novateur est au bénéfice de ceux qui ont fait de longues études, car les études supérieures et professionnelles augmenteront la retraite pendant 3-5 ans, à condition d'obtenir un diplôme. On calculera la pension sur un revenu mensuel estimé à 523,61 € pendant les études, quel que soit le revenu réel de l'étudiant. Si l'étudiant travaille à côté de ses études, sa pension future sera encore augmentée de 1,5% calculé sur son revenu annuel réel.

Le facteur de motivation économique le plus important est pourtant induit par le *coefficient de cumul de motivation.* Par ceci on entend les 4,5 % du salaire annuel qui s'ajouteront à la retraite après 63 ans : travailler jusqu'à 68 ans augmentera ainsi la pension de 22,5 % ! Théoriquement on pourrait obtenir comme retraite 92,5 % de son salaire moyen, à condition qu'on ait commencé à travailler à 18 ans et continué sans interruption jusqu'à 68 ans ; mais en réalité cette hypothèse ne se produira probablement pas, et une pension réaliste en moyenne serait d'environ 60-70% du dernier salaire (si on prend celui-ci comme salaire de référence). On a également supprimé le plafond de 60% du salaire appliqué dans l'ancien système qui diminuait les plus grosses retraites.

Voici un exemple de calcul : avec un salaire mensuel de 4000 €, un retraité aurait 339 € bruts de plus en continuant jusqu'à 65 ans, au lieu de s'arrêter à 63 ans. Le revenu net est obtenu après déduction des impôts et de 5,8 % de cotisations retraite (KOKKO).

Après la réforme, un salarié de 62 ans au moins pourra décider librement de son âge de départ à la retraite, sans forcément demander l'opinion de son employeur, et il suffira d'informer celui-ci quelques mois à l'avance. Ceci aura bien entendu d'importantes conséquences pour les entreprises et les autres employeurs pour la prévisibilité en matière de ressources humaines. Aussi, les opinions des entrepreneurs, surtout dans le secteur des PME/PMI n'ont-elles pas été toujours positives au sujet de la réforme.

L'employeur n'a pas le droit de mettre une personne de moins de 68 ans à la retraite contre la volonté de celle-ci ; par conséquent, on a dû changer la législation sur les contrats de travail sur ce point. A l'avenir, on devra mettre beaucoup l'accent sur les entretiens de développement annuels conduits entre le salarié et l'employeur, mais ceci ne suffira pas toujours, disent les employeurs qui considèrent que la situation deviendra souvent trop précaire. (TUOMINEN, 58)

Et si par hypothèse on voulait malgré tout partir à la retraite avant 63 ans ? Il faut noter que l'âge moyen d'accès à la retraite est de 59 ans actuellement, tous secteurs compris. Dans le cas d'une retraite anticipée, le processus de calcul est inversé et on déduira 0,6 % du salaire annuel par chaque mois d'anticipation. La pension de vieillesse ne sera toutefois possible qu'à 62 ans, au lieu des 60 ans du système antérieur. Par contre, la retraite pour cause de chômage sera supprimée pour tous.

Notons encore que l'on déduit du revenu annuel une cotisation de 5,8 % payée par les salariés de plus de 53 ans et de 4,6 % pour les moins de 53 ans. Ceci aidera à financer les retraites qui seront plus élevées qu'auparavant. Les retraites elles-mêmes sont bien sûr imposables comme quasiment tous les revenus en Finlande. Un élément important dans le nouveau système est *le quotient d'espérance de vie* qui déterminera le niveau des retraites. Il sera appliqué à partir de 2010 et dépendra des calculs sur l'espérance de vie du Centre National des Statistiques. Si celle-ci augmente, le quotient diminue la retraite et vice-versa. Ceci veut dire que les pensions des classes d'âge futures diminueront par rapport aux pensions actuelles. En tout cas, les plus grands perdants sont les classes d'âges nées entre les années 1960-80.

On calculera les pensions selon l'ancien et le nouveau système pour les relations de travail commencées avant 2005 et finies avant 2012, et si la pension est plus élevée selon l'ancien système on ajoutera la marge à la pension finale.

QUELQUES RECHERCHES SUR LA REFORME

Voilà les principes les plus importants de la réforme. Et comment a-t-on réagi dans la société finlandaise ? L'objectif de l'Etat avait été de relever l'âge de la retraite de deux ans avant 2015 - rappelons qu'il a été de 59 ans en moyenne dans l'ancien système.

On a fait beaucoup de recherches, d'interviews et d'enquêtes sur la réforme et ses conséquences estimées ; celles-ci ont été très présentes dans la presse nationale lors de l'entrée en vigueur de la réforme. J'en présenterai quelques-unes, menées p.ex. par le Centre National des Pensions en 2003-2004.

Les employeurs ne s'enthousiasment pas devant la réforme : j'ai déjà fait allusion à l'imprévisibilité due à la décision libre du salarié sur son départ.

Sur 1930 employeurs interviewés en 2004, 73% ont considéré que 68 ans était aussi un âge de départ à la retraite trop élevé. Dans le secteur du gouvernement local, il y avait même 82% d'opinions négatives, étant donné que les tâches à effectuer dans ce secteur sont souvent physiquement lourdes. Environ 70% de tous les employeurs considèrent tout de même la flexibilité du système comme un élément positif : on pourra désormais prendre mieux en considération les différences personnelles et les facteurs tels que la santé, la situation familiale, la volonté et la capacité de pouvoir continuer, sans oublier les exigences diverses des différents secteurs et professions. (FORSS, 25)

On estime que la réforme ne changera pas beaucoup la distribution des revenus entre les générations, mais ce qui sera plus important, c'est le changement de la *quantité du travail* dans le pays : les salariés continueront à travailler plus longtemps lorsqu'ils pourront décider eux-mêmes de l'âge d'accès à la retraite et ils toucheront davantage. Ceci est l'estimation de l'Institut d'Assurances Sociales de Finlande (KELA), basée sur leurs propres recherches (PELKONEN, TUOMINEN). Mais le Centre de Recherche de la Vie Economique Finlandaise ETLA a publié des résultats un peu divergents : l'impact de la réforme peut rester faible, car les Finlandais interviewés estiment vouloir continuer environ 1,5 ans de plus dans la vie active qu'avant la réforme - mais en même temps ils souhaitent travailler moins pendant leur carrière : prendre des années sabbatiques, bénéficier du temps de travail réduit avec des enfants en bas âge etc. C'est une option qui diminue la quantité de travail dans le pays, même si c'est une solution avantageuse sur le plan privé dans bien des cas, quand la rémunération n'a pas autant d'importance que la possibilité de travailler moins pendant certaines périodes de sa vie, tout en gardant son emploi. (Ont été omises dans cet article les retraites à temps partiel à proprement parler qui constituent une opportunité relativement prisée dans la tranche d'âge entre 58-67 ans.)

On a estimé que la réforme augmenterait la quantité de travail en Finlande de quelque 4 % mais qu'en pratique plusieurs formes de réduction du temps de travail auraient un contre-effet d'environ 3%, ce qui aboutira à seulement 1% d'augmentation réelle (HS 4.3.2005). Dans une grande recherche menée un peu avant l'entrée en vigueur de la réforme, encore 70% des salariés estimaient qu'ils prendraient leur retraite à 63 ans au plus tard. (TUOMINEN, 52). La volonté de continuer après 63 ans augmentait chez les salariés

- en bonne santé,
- avec une bonne formation et un travail physiquement léger,
- qui peuvent influencer leur propre travail et reçoivent régulièrement un feedback de leurs supérieurs.

Le groupe le plus positif envers le travail après 63 ans était formé par les entrepreneurs (HYRKKÄNEN). Il est à noter que 55% des interviewés ont considéré que le coefficient de cumul de motivation de 4,5% après 63 ans n'aurait aucun effet sur leur décision. Si on reste dans la vie active, c'est pour d'autres raisons que l'argent, et une pension plus importante serait plutôt considérée comme un avantage supplémentaire par beaucoup de salariés. Parmi tous les interviewés, l'état de santé était le facteur le plus décisif. Le deuxième facteur de motivation pour continuer était la satisfaction générale au travail, ce qui est bien sûr une combinaison de plusieurs éléments interconnectés. (op.cit.59)

Le centre de recherche des acteurs de la vie économique (EVA) a réalisé une grande enquête sur les valeurs et les attitudes des Finlandais, publiée le 2 mars 2005. (LUUKKA) Les interviewés étaient moins jeunes que ceux dans la recherche citée ci-dessus, et seulement 16% des personnes entre 51-60 ans s'y sont prononcées en faveur d'une continuation de leur activité professionnelle après 63 ans. Pourquoi ? Pendant les 10 dernières années, presque 90% des Finlandais ont émis l'opinion que, dans la vie professionnelle, ils sont soumis à une trop grande pression. Même si on est payé davantage à la retraite, on ne pense pas que ce soit un facteur suffisamment motivant pour continuer après 63 ans. Ce qui rend les Finlandais heureux, c'est la bonne santé, les relations humaines satisfaisantes et l'amour ; sur ce point, il ne doit pas y avoir beaucoup de différences entre les nationalités.

La situation sociale et l'argent n'étant pas des facteurs qui augmenteraient le bonheur et la satisfaction des Finlandais, il paraît que l'influence positive de la réforme des pensions puisse être surestimée sur ce point, mais il faudra bien sûr attendre quelques années pour émettre un jugement (LUUKKA). En tout cas, l'estimation des facteurs de motivation purement économiques pour inciter les salariés à continuer après 63 ans s'avère être trop optimiste, surtout en pensant que les Finlandais entre 55 et 64 ans sont les plus aisés du point de vue économique et que dans l'avenir, l'importance des fonds hérités augmentera encore d'une manière significative.

Si finalement ce n'est pas le salaire ou l'importance de la pension de retraite, qu'est-ce qui pourrait motiver les Finlandais à continuer dans la vie active, si on pense aux conditions de travail et pas seulement aux variables individuelles comme la santé ? Dans les recherches citées dans ce travail, les salariés et les employeurs sont unanimes sur les facteurs de motivation :

- une bonne ambiance de travail,
- un environnement ergonomiquement fonctionnel,
- les stratégies de gestion efficaces et justes,
- la possibilité de pouvoir influencer son propre travail,
- un dialogue positif entre les collègues de tout âge.

Voilà les clés pour maintenir les salariés seniors au travail et de l'autre côté, pour augmenter la motivation des moins âgés. Un chercheur a ainsi résumé l'importance des différents facteurs pour la décision de rester actif : les facteurs de motivation économiques ont de l'importance seulement à condition que les circonstances dans le travail et sur le lieu de travail soient favorables. (SILTALA)

Les employeurs et les salariés finlandais partagent l'avis des chercheurs : la question la plus importante est comment développer la vie professionnelle pour que les gens puissent et veuillent la continuer plus longtemps.

Dans un article du premier quotidien national Helsingin Sanomat paru en décembre 2004, on a présenté la gestion selon âge, *Management by Age* en anglais. (KAUHANEN). Par ce nouveau terme, on entend les mesures et les stratégies à adopter lorsqu'il s'agit de diriger surtout les salariés âgés. (Il est clair que ces nouvelles stratégies commencent à entrer dans le débat avec les questions du vieillissement de la population active partout en Europe et dans le monde occidental en général).

Cette doctrine de gestion implique un changement dans presque toutes les activités d'une organisation : de la distribution des tâches aux stratégies, en passant par les horaires et les périodes des vacances. Les capacités des directeurs sont de première importance, mais aussi leur volonté à comprendre les différences dans la performance des salariés d'âges différents. L'objectif est de créer une ambiance où chaque salarié peut se sentir estimé et important, quel que soit son âge.

Emotional Intelligence, l'intelligence émotionnelle y joue un rôle prééminent.

Le déclin physiologique commence dès 30 ans, déjà les 45 ans sont considérés comme étant en voie de vieillissement, et les plus de 55 ans sont vieillis. Les impacts positifs du vieillissement sont p.ex. que l'image de soi devient plus claire, on a plus d'expérience (« Les vieux ont été jeunes mais les jeunes n'ont pas encore été vieux ! ») et le savoir-faire se raffine en sagesse.

L'organisation gagne en ce fameux « savoir silencieux » lancé par le Japonais NONAKA ; par ceci on entend une compréhension des processus et aussi de l'histoire de l'organisation qui s'accroît avec l'âge et l'expérience.

Chaque organisation a besoin des médiateurs de savoir du passé à l'avenir, lorsque p.ex. les processus de développement de produits peuvent prendre entre 10-15 ans.

Les différences de performance sont plus importantes entre les individus qu'entre les générations, mais ce qui compte le plus dans l'acquisition de nouvelles choses c'est la MOTIVATION : les seniors sont motivés si les nouvelles connaissances peuvent être appliquées directement au travail.

La raison la plus importante du malaise dans le travail est que les cadres ne prennent pas en considération l'histoire individuelle de chaque salarié. (S.MANSUKOSKI cité dans KAUHANEN). Les décisions doivent être prises d'une manière personnalisée pour faciliter les tâches de chaque individu : p.ex. augmenter le nombre des pauses, permettre et motiver la formation continue, repenser les temps, s'occuper des arrangements de nature pratique et ergonomique, encourager le salarié au cours de réadaptations professionnelles, etc.

Il est erroné de penser que la carrière devrait progresser en s'orientant toujours vers le haut. Il faudrait permettre une progression horizontale par le changement des tâches et la possibilité de mettre en valeur les connaissances dans l'expérience de nouvelles responsabilités au lieu d'abandonner le salarié âgé « en disposition » avant la retraite. Les seniors hésitent de parler à leurs supérieurs de leurs peurs et des sentiments d'abandon, craignant que ceux-ci envisagent de les licencier. L'intérêt et le feed-back positif du travail accompli sont les facteurs les plus importants pour le bien-être et la performance de tout salarié, senior ou non.

Un chercheur finlandais très cité actuellement, professeur Juha SILTALA de l'Université de Helsinki a parlé « du salaire intérieur », du sentiment d'avoir achevé quelque chose d'important, qui aurait disparu et que par conséquent les salariés se fatiguent de plus en plus. Dans toutes les professions, 70-80% des Finlandais aiment leur travail mais sont stressés en même temps ; le bonheur et l'accomplissement nés du travail ne suffisent pas, lorsqu'on n'a pas le temps de finir son travail comme on le voudrait. Dans certains secteurs, presqu'un quart des salariés sont déprimés à cause d'une fatigue excessive.

Pour citer Fredrik HERTZBERG : le plaisir du travail naît du contenu du travail tandis que la fatigue dans le travail naît des conditions de travail, p.ex. un salaire injuste, le hiatus entre le challenge et les ressources données. (SILTALA)

TYÖURA, LA CARRIERE

En Finlande, on a décidé de regrouper les forces et les actions menées par diverses organisations pour prolonger les carrières et pour lutter contre les effets indésirables des exigences de la vie professionnelle. La description de la gestion des fins de carrière dans notre pays ne serait pas complète sans cet ensemble de projets ayant pour objectif commun le maintien en activité des seniors et leur meilleure condition physique et psychique. Ces programmes constituent l'une et la réforme des pensions l'autre moitié dans le grand objectif de l'Etat finlandais : faire remonter l'âge de la retraite d'au moins deux ans avant 2015.

La dénomination commune des quatre grands ensembles de projets est *Työura* (la Carrière). C'est un regroupement de plusieurs programmes pour améliorer le bien-être des salariés, surtout des seniors, en Finlande avec l'engagement des pouvoirs politiques, des acteurs du marché du travail finlandais et le secteur des retraites. Les premiers de ces sous-programmes ont été commencés il y a dix ans déjà, et plusieurs continuent toujours.

Veto (« **Le Tir** »)

Ce programme est dirigé par le Ministère des Affaires Sociales et de la Santé et son objectif est de garantir à tous de pouvoir continuer leur activité professionnelle ; c'est la poursuite de programmes antérieurs comme le Programme National d'Age. On y met beaucoup l'accent sur l'ergonomie, la condition physique et la santé des salariés en favorisant p.ex. la réadaptation professionnelle.

Kesto **(« La Durée »)**

L'Organisation de la Santé au Travail (*Työterveyslaitos*) est responsable de ce programme dans lequel on accumule le savoir et les résultats des recherches menées pour les transformer en actions concrètes. C'est un programme dans le cadre duquel on réoriente la recherche et évalue les résultats obtenus, mais qui n'est pas aussi directement visible pour salariés que les autres programmes.

Noste (« **Le Levier** »)

C'est un ensemble de sous-programmes organisé par le Ministère de l'Education et les acteurs du marché du travail. *Noste* agit pour augmenter le niveau de formation de la population adulte au plan national, p.ex. par la validation des acquis professionnels et par la formation en alternance de ceux qui n'ont aucun diplôme. *Noste* propose une opportunité pour les salariés sans qualification, surtout pour les salariés âgés, d'obtenir une formation valable ; il y a déjà des milliers de bénéficiaires. C'est aussi le programme qui a peut-être le plus de visibilité dans les média, grâce aux contacts directs entre les salariés et les organisations de formation.

Tykes **(Tronqué de *Työelämän kehittämisohjelma* = Programme de développement de la vie professionnelle)**

Ce programme soutient toutes les actions menées dans le pays pour promouvoir en même temps les bons résultats et la qualité de la vie professionnelle. Il est géré par le Ministère du Travail et se concentre surtout sur les conditions psychiques de la vie de travail.

En résumé on peut dire que, dans la société finlandaise, on est en train de mener un combat sur plusieurs fronts : par les différents programmes dont le but est d'augmenter la capacité et la volonté de travail des Finlandais âgés, on essaie de créer un environnement de travail tellement favorable, que les facteurs de motivation de nature économique de la réforme du travail puissent avoir un impact réel. Dans quelques années, il sera possible d'évaluer le niveau de réussite de ces différents programmes et de voir ce qu'il conviendra d'amender ou de promouvoir.

BIBLIOGRAPHIE :

FORSS, D. 2004. Kansalliset kehitysohjelmat, työhyvinvointi ja ikääntyvien työssä pysyminen. Eläketurvakeskuksen monisteita 52. Helsinki.

HYRKKÄNEN, R. Yrittäjien ja palkansaajien eläkeaikomuksissa on eroa *dans* Työeläke 1/2005

KAUHANEN, A-L. Työntekijöiden ikääntyminen haastaa johtajan taidot *dans* Helsingin Sanomat 4.12.2004

KOKKO, O. Työnteon pitkittäminen parantaa eläkettä selvästi *dans* Taloussanomat 8.1.2005

LUUKKA, T. Suomalaiset pitävät itseään varsin onnellisina *dans* Helsingin Sanomat 3.3.2005

NIEMELÄ, H. et SALMINEN, K. 2003. La sécurité sociale finlandaise. Eläketurvakeskus. Helsinki.

OKSANEN, A. Tanskalainen kauppaketju suosii yli 45-vuotiaita työntekijöitä *dans* Helsingin Sanomat. 17.3.2004.

PELKONEN, J. 2005. Vanhimpien palkansaajien työssä jatkaminen työeläkeuudistuksen jälkeisessä valintatilanteessa. Eläketurvakeskuksen raportteja 2005 : 1. Helsinki.

SILTALA, J. Työuupumuksesta on tullut kansantauti *dans* Diacor 4/2004

TUOMINEN, E. (éd.). 2004. Eläkeuudistus ja ikääntyvien työssäjatkamisaikeet. Eläketurvakeskuksen raportteja 37. Helsinki.

VANNE, R. Flexibilité de l'âge de la retraite et les incitations financières à poursuivre sa vie active. Conférence à Levi, Finlande. 27-28.1.2005

http://www.eva.fi/files/888_TIEKARTTA_FINAL.pdf.

Situation démographique et système de retraite, l'exemple de la Bulgarie

Evguénia DRAGANOVA-MADELAINE

INTRODUCTION

Dix nouveaux pays, dont huit d'Europe centrale et orientale, ont intégré l'Union Européenne, le premier mai 2004, et ont participé à l'élection du Parlement européen en juin de cette même année. La Bulgarie et la Roumanie devraient y adhérer en 2007, suivies par les autres Etats de l'aire balkanique et la Turquie. L'élargissement de l'Union Européenne en 2004 a été souvent présenté comme la réunification institutionnelle du continent européen. L'enjeu est de taille puisqu'il s'agit de réunir à nouveau les deux parties de l'Europe séparées depuis 1945 par le rideau de fer. Ce dernier élargissement est donc considéré comme une étape vers une Union Européenne comptant plus de trente membres à échéance.

Les Etats qui se sont engagés dans ce processus ont modernisé leurs administrations, ouvert leur économie à la concurrence et instauré durablement des pratiques démocratiques. Autant la mutation des structures économiques s'effectue à un rythme soutenu et s'avère irréversible, autant les préoccupations d'ordre social s'annoncent douloureuses. Les années de transition et de réformes que ces pays ont dû traverser ont sans doute laissé des traces. En Bulgarie, pays qui prépare son intégration à l'union européenne, les bouleversements politiques, économiques et sociaux qui en ont découlé, ont créé une situation démographique exceptionnelle, dont il convient aujourd'hui de tenter d'apprécier à la fois la signification et les conséquences.

Parmi les réformes dans ce pays, la privatisation a pris une grande place et n'a pas épargné le domaine social. Bien des services sociaux ont, du jour au lendemain, été placés entre les mains du secteur privé, dont les retraites. Qu'en est-il à présent ?

DES DONNEES DEMOGRAPHIQUES INQUIETANTES

Les mutations d'ordre politique et socio-économique, survenues dans les années 1990 en Bulgarie, ont eu des conséquences directes sur les comportements des populations. La dernière décennie du XXème siècle a été une période marquée par une baisse importante de la population en raison des migrations massives et d'un accroissement naturel négatif. Ainsi, d'un point de vue démographique, la fin du siècle précédent rappelle son début. En effet, les guerres balkaniques, puis la Première et la Seconde Guerre mondiale avaient entraîné une réduction importante de la population.

Dans la période intercensitaire (1992-2001), la population a diminué de 586 000 personnes. Cette baisse de la population est une des conséquences négatives directes de la baisse du niveau de vie des Bulgares[1],[2]

Année de recensement	Total (milliers)	Hommes (milliers)	Femmes (milliers)	Population citadine/ Pop. totale(%)
1887	3154	1605	1549	18,8
1934	6078	3054	3024	21,4
1946	7029	3517	3512	24,7
1956	7614	3800	3814	33,6
1965	8228	4114	4114	46,5
1975	8728	4358	4370	58,0
1985	8949	4432	4516	64,8
1992	8487	4171	4316	67,2
1997	8283	4044	4238	67,7
1998	8230	4014	4216	68,0
1999	8225	4010	4215	69,0
2001[3]	7891	3841	4050	69,4
2003[4]	7801	3790	4010	69,8

[1]« Démographie », in *24 časa*, 10 décembre 1999, p. 2.
[2]Source : Bulletin statistique, INS, Sofia, 1998, p. 8 et « *Le livre de l'année 1999* », édition Larousse, février 2000, p. 287 ; in « *Risque pays 2000* », in *le MOCI*, p. 30.
[3]Bulletin statistique de l'année 2001, INS, Sofia, 2002, p. 19.
[4]Source : www.nsi.bg

Le tableau ci-dessus nous montre qu'en un siècle environ, de 1887 à 1985, la population bulgare avait presque triplé. Mais à partir de 1985, la baisse est constante. Cette population est devenue majoritairement urbaine (de 18,8% à 69% de la population totale).

En 1999, « la population bulgare a diminué d'environ un million en dix ans et s'élève à 8,23 millions d'habitants »[1]. Cette chute est attribuée à la baisse du taux de natalité et à l'émigration économique vers les pays occidentaux. Après 1989, environ 700 000 Bulgares, essentiellement des 20/49, ans ont quitté définitivement le pays. Très forte dans les mois qui ont suivi les événements de novembre 1989 (notamment pour les Bulgares turcophones), l'émigration garde aujourd'hui, malgré une tendance à la baisse, une certaine ampleur.

Pour la seule année 1989, à l'époque de « la grande excursion » en Turquie des turcophones, 220 000 personnes ont quitté définitivement le pays. Le nombre des émigrés en 1990 est d'environ 85 000, alors que pour les années suivantes, leur contingent varie entre 50 000 et 60000 personnes.

Ces chiffres sont impressionnants compte tenu de la population actuelle. Il convient d'évoquer que tous les ans, environ 10000 personnes reviennent dans le pays et qu'une partie d'entre elles émigrera à nouveau. L'Institut National des statistiques en Bulgarie (INS) n'a toujours pas enregistré de manière précise l'émigration. Selon des données approximatives, pour la période de 1990 à 1996, le nombre de personnes ayant quitté définitivement le pays atteindrait 100000. On se demande si une grande partie de ceux qui séjournent à l'étranger rentreront un jour au pays. Sur le fond du taux d'accroissement naturel négatif qui s'accentue, les données évoquées au sujet de l'émigration montrent réellement un tableau très alarmant.

La baisse démographique importante et continue se répercute également sur les caractéristiques reproductives et qualitatives de la population. D'après l'estimation de l'INS, pour la période de 1990 à 1992, les 18 à 60 ans représentent 84% des émigrés, et pour la période de 1993 à 1996, leur part atteint 96%[2]. La plupart de ces personnes

[1]D'après le dernier recensement (2001), la population bulgare compte 7,891 millions d'habitants.
[2]Concil of Europe, in « *Recent demographic developements in Europe* », 1997, p. 87.

sont jeunes, motivées et aptes à travailler. Elles cherchent à l'extérieur une situation meilleure, plus en rapport avec leurs aspirations. Elles représentent les pertes démographiques les plus importantes. Le changement radical des conditions socio-économiques, qui verrait l'aboutissement de la réforme structurelle, la transformation de la propriété et l'établissement d'une réelle économie de marché avec sa classe moyenne forte, rapprocherait davantage la Bulgarie des pays européens développés et créerait des conditions pour retenir l'émigration potentielle ou permettre le retour d'une grande partie des émigrés bulgares. Aux nouvelles conditions correspondraient plus de naissances. Renverser la tendance à l'émigration semble nécessaire, mais sans doute pas suffisant. L'Etat, en adoptant une politique sociale efficace, pourrait aider les familles afin qu'elles puissent envisager la naissance d'un enfant.

L'Union Européenne (novembre 2000) a radié la Bulgarie de la liste négative de Schengen. L'entrée en vigueur est intervenue en mai 2001. Quand on sait que 94,4%[1] des Bulgares réclament la suppression des visas on peut avoir quelques inquiétudes quant à l'inversion du mouvement d'émigration !

LES CONSEQUENCES DE LA CRISE SOCIO-ECONOMIQUE SUR LES PROCESSUS DEMOGRAPHIQUES APRES 1989

Les phénomènes démographiques : accroissement naturel, migration, nuptialité… en Bulgarie se déroulent dans un contexte de profonde crise socio-économique après 1989. La situation matérielle de la population, ainsi que toutes les autres conditions, y compris les valeurs morales de la société, sont en crise. Cette crise a un effet néfaste sur le comportement démographique de la population et en particulier sur son renouvellement naturel.

---

[1]Source : Revue de la presse quotidienne de l'ambassade de France en Bulgarie № 445, 21 novembre 2000, p. 2.

L'évolution naturelle de la population bulgare (de 1980 à 1999)[1]

Années	Nuptialité ‰	Natalité ‰	Mortalité ‰	Accroissement naturel ‰	Indice de fécondité (en moyenne)
1980	7,9	14,5	11,1	3,4	2,80
1981	7,5	14,0	10,7	3,3	2,75
1982	7,5	13,9	11,2	2,7	2,64
1983	7,5	13,7	11,4	2,3	2,53
1984	7,3	13,6	11,3	2,3	2,44
1985	7,4	13,3	12,0	1,3	1,95
1986	7,3	13,4	11,6	1,8	1,81
1987	7,2	13,0	12,0	1,0	1,83
1988	7,0	13,1	12,0	1,1	1,84
1989	7,0	12,5	11,9	0,6	1,86
1990	6,9	12,1	12,5	-0,4	1,81
1991	5,6	11,1	12,8	-1,7	1,57
1992	5,2	10,4	12,6	-2,2	1,54
1993	4,7	10,0	12,9	-2,9	1,46
1994	4,5	9,4	13,2	-3,8	1,37
1995	4,4	8,1	13,4	-5,0	1,23
1996	4,3	8,1	14,0	-5,4	1,24
1997	4,2	7,9	14,7	-7,0	1,09
1998	4,1	7,9	14,3	-6,5	1,11
1999	4,1	7,8	14,3	-6,4	1,10
2003	4,4	8,6	14,3	-5,7	1,21

Le tableau révèle une baisse sensible de la nuptialité et de la natalité, et une hausse de la mortalité. Deux périodes marquent la nuptialité : celle d'avant la transition jusqu'à 1989, et l'autre de 1990 à 1999. Dans la première décennie 1980-1989, la nuptialité avait baissé faiblement passant de 7,9‰ à 7,0‰, mais durant la période 1989-1999, sa chute s'est fortement accélérée passant de 6,9‰ à

[1]Sources : Bulletins statistiques 1991, 1995, 1998, 1999, édition de l'INS, Sofia ; www.nsi.bg Autre source : « Démographie dans les PECO », in *Courrier des Pays de l'Est* n°409, mai-juin 1996, p. 79.

4,1‰. Le recul de la nuptialité observé depuis le début des années 1990 traduit sans aucun doute une réaction d'attentisme de la part des couples, confrontés à un contexte socio-économique difficile et qui se reporte par la suite sur la natalité. On peut penser que de nombreux jeunes jugent leur situation personnelle, en matière d'emploi notamment, trop incertaine pour se marier et préfèrent vivre en concubinage. Mais rien ne permet d'assurer que des mariages seront conclus lorsque la situation s'améliorera : la crise actuelle du mariage, dont les causes immédiates sont conjoncturelles pourrait bien déboucher sur une remise en question du mariage en tant que préalable à la constitution d'un couple et d'une famille.

En effet, les chiffres de la nuptialité ces dernières années révèlent une baisse constante des mariages. En 1990 leur nombre est de 59 900 et le coefficient de nuptialité de 6,9‰. En 1998 35 600 mariages ont été célébrés et le coefficient était de 4,3‰. Depuis 1990, un nouveau modèle matrimonial est en voie de s'imposer dans les pays balkaniques, faisant apparaître non seulement la baisse générale du nombre d'unions, mais aussi le caractère de plus en plus tardif de leur conclusion, comme en Bulgarie et en Roumanie, où se marier devient de plus en plus rare. Par conséquent, le nombre des couples non mariés augmente.

Les changements à l'égard du mariage s'accompagnent d'un accroissement de l'âge moyen des époux (surtout si c'est une première union). Cet accroissement de l'âge moyen concerne aussi bien les hommes que les femmes, il est en moyenne de trois ans en Bulgarie et de deux ans en Roumanie. En 1998, l'âge moyen des hommes célibataires qui se mariaient était de 26,6 ans contre 24,7 ans en 1990. Les femmes se mariaient (1er mariage) à l'âge de 21,5 ans en 1990. Cet âge moyen est passé à 23,5 ans en 1998.

Quant au taux des divorces, il marque une tendance à la hausse jusqu'en 1985 lorsqu'il atteint 1,6‰. Depuis le début des années 90, son taux est en baisse (environ 1,3‰). Il correspond à la diminution du nombre de mariage après 1990.

La Bulgarie occupe une position intermédiaire comparée aux autres pays européens dans lesquels le nombre de divorces a été multiplié par deux durant la dernière décennie. En règle générale, la part relative des divorces diminue avec l'augmentation de la durée du mariage. Durant les années 80, dans ce pays, la fréquence des divorces est la plus élevée chez les personnes dont le mariage a duré cinq ans. Dans cet intervalle, environ 44% des divorces ont été prononcés, et les mariages ayant duré de cinq à neuf ans représentent environ ¼ des divorces. Mais depuis le début des années 90 une tendance à la baisse de la part relative des divorces est observée dans ce dernier groupe au profit de l'augmentation du groupe où la durée du mariage est plus importante (10 ans et plus). Ces dernières années, plus de la moitié des divorces touchaient des couples mariés depuis plus de 10 ans.

La nuptialité n'est pas seule à avoir connu une baisse importante. La natalité elle aussi, a fortement chuté durant la période de transition. Les changements politiques et socio-économiques des années 1990, ont fortement influencé l'évolution de la fécondité en Roumanie et en Bulgarie, où le niveau de fécondité a diminué brutalement pour tomber, en 1997, à 1,09 enfant. Ce changement peut s'expliquer par le choc de la transition et par l'absence de soutien à la natalité après 1990.

D'après le tableau, la natalité est passée, en Bulgarie, de 14,5‰ en 1980 à 12,5‰ en 1989. La baisse pendant la période 1990-1999 est encore plus importante : la natalité passe de 12,1‰ à 8,6‰. Il convient d'évoquer que la Lettonie et l'ancienne Allemagne de l'Est ont enregistré en 1996 une natalité encore plus basse : 7,9‰, et 6,0‰.

En 1998, 65 800 enfants sont nés, dont 99,3% de nouveau-nés vivants. Leur nombre est l'un des plus bas dans l'histoire démographique bulgare. Comparé à 1966, avec une population presque aussi nombreuse, il y avait environ deux fois plus de naissances. De 1990 à 1998, leur nombre a diminué de presque 40%. Cette évolution des naissances confirme la tendance au modèle de famille à enfant unique.

Le taux de natalité durant les années 50 était en baisse (25,2‰ en 1950). Il atteint des niveaux de plus en plus bas les décennies suivantes : 17,8‰ en 1960, 14,5‰ en 1980, 12,1‰ en 1990 et à peine 7,9‰ en 1998.

La tendance à la baisse de la natalité n'est pas typiquement bulgare, elle concerne presque tous les pays européens[1], mais son évolution est différente selon le passé démographique et le développement socio-économique de chaque pays. Ainsi en Grèce la natalité baisse de 10,1‰ en 1990 à 9,7‰ en 1997, en Turquie – de 24,8‰ à 21,6‰, et en Roumanie – de 13,6‰ à 10,1‰ pour les mêmes années etc.

La baisse de la natalité est due au nombre de femmes en âge de procréer. Cette tendance s'exprime dans l'indice de fécondité. A la fin de 1998, le nombre moyen d'enfants par femme dans le pays est seulement de 1,11, alors qu'en 1965, il était de 2,07, et en 1990 : 1,81 enfants. Cet indice s'éloigne de plus en plus du minimum nécessaire au renouvellement de la population (2,1 enfants nés vivants par femme). Cette tendance est observée dans tous les pays européens, mais une valeur du coefficient si faible n'est observée qu'en Bulgarie et en Lettonie.

En 1989, 86,4% des nouveau-nés vivants sont issus de mères âgées de moins de 30 ans. On constate ces trois dernières années une diminution des naissances chez les très jeunes femmes : les moins de 20 ans à la fin de 1993 assuraient 24,9% des naissances contre 19,5% à la fin de 1998.

La natalité se caractérise également par une tendance nette de l'augmentation des naissances hors mariage. Par exemple les naissances hors mariage passent de 10,9% en 1980 à 12,4% en 1990, et doublent presque en 1996 : 26,0% et atteint 42,9% en 2002, ce dernier chiffre étant supérieur à celui enregistré en Slovénie (39,4%). Cette progression est un signe sans doute des changements de comportements qui sont à l'œuvre dans ces sociétés.

---

[1]Source : Bulletins statistiques 1991, 1995, 1998, 1999, édition de l'INS, Sofia. Autre source : « Démographie des PECO », in *Le Courrier des pays de l'Est*, n° 409, mai- juin 1996, p. 78.

Proportion des naissances hors mariage pour 100 naissances vivantes[1]

Année	1960	1970	1980	1990	1995	1999	2000	2001	2002
Bulgarie	8,0	8,5	10,9	12,4	25,7	35,1	38,4	42,0	42,9
Slovénie	9,1	8,5	13,1	24,5	29,8	35,4	37,1	38,4	39,4

Un phénomène alarmant en Bulgarie est le rapport entre les naissances et les avortements. En 1980, les avortements étaient de 20,8% supérieurs au nombre de naissances. En 1990, ils les ont devancés encore de 36,7%. Cependant, sur les trois premières années de la transition 1989-1992 l'excès des avortements sur les naissances est en moyenne de 42,4%, durant les années 1993-1996, leur pourcentage baisse à 28,0%. Il est possible que cette baisse soit due à l'augmentation du nombre de naissances hors mariage comme au manque de recensement de tous les avortements ou encore à l'efficacité des mesures de contraception.

Hors mariage ou issues du mariage, les naissances sont devenues insuffisantes en nombre, puisqu'elles n'assurent plus le renouvellement de la population. Cette population vieillissante voit immanquablement croître son taux de mortalité.

Le taux de mortalité – autre signe démographique important – a suivi également des tendances différentes dans son évolution durant les deux périodes étudiées : 1980-1989 et 1990-1999. Ainsi, de 11,1‰ en 1980 il s'élève à 11,9‰ en 1989 pour atteindre 13,6‰ en 1995 et 14,3‰ en 2003. D'après les comparaisons à l'échelle internationale, d'autres pays comme la Hongrie, la Lettonie, la CEI et l'Ukraine, présentent aussi une mortalité très élevée. En Bulgarie on s'aperçoit de sa forte augmentation durant la période de 1990 à 1999. Le niveau le plus bas de la mortalité, enregistré dans le pays, était en 1960 de

[1]Source : Concil of Europe (2002) ; Autre source : Bulletin statistique 1998, édition de l'INS, p. 13, Sofia, 1999 ; www.nsi.bg

8,1‰ et, depuis, celui-ci augmente en permanence, principalement à cause du vieillissement de la population.

En 1998, la valeur totale du coefficient de mortalité attribue à la Bulgarie une place non enviable parmi les autres pays européens. Seul en C.E.I. et en Ukraine celui-ci est plus élevé.

La mortalité des hommes (16,0‰) continue à être plus élevée que celle des femmes (12,7‰). Cette différence dans le niveau de mortalité entre les deux sexes ne fait qu'augmenter.

La cause principale des décès en Bulgarie réside dans les maladies cardio-vasculaires et cérébrales estimées à 66,2%[1] du nombre total de décès. Ce sont les décès les plus fréquents.

La durée moyenne de vie de la population bulgare continue à baisser. Les dix dernières années elle est de 67,1 ans pour les hommes et de 74,3 ans pour les femmes. Le taux de la mortalité infantile a connu également des variations ces dernières années. De 16,9‰ en 1991, ce taux est revenu à 14,8‰ en 1995, puis est remonté à 17,5‰ en 1997 pour redescendre à 14,4‰ en 2001 et à 13,5‰ en 2002.

Les écarts entre la natalité et la mortalité déterminent l'accroissement naturel de la population. Il est au niveau zéro au début de la transition, puis il devient négatif : le nombre de décès étant supérieur aux naissances. Depuis 1990, sa chute continue : de -0,4‰ (1990) il passe progressivement à -2,2‰ (1992), puis à -3,8‰ (1994), à -5,4‰ (1996)[2], et à -5,8‰ en 2002[3]. Cette diminution n'est sans doute pas due uniquement au vieillissement de la population, il faut aussi sans doute envisager les difficultés de la population en période de transition. Derrière ces difficultés se cachent des milliers de tragédies humaines que ni la société ni les victimes elles-mêmes auraient pu éviter !

Comme la plupart des pays de l'Europe de l'Est, la Bulgarie connaît un taux d'accroissement naturel négatif. Si on examine les taux de la République tchèque : -2,1‰; l'Estonie : -4,1‰ ; la Hongrie : -3,8‰ ; la Lettonie : -6,0‰ ; la Lituanie : -0,9‰ ; la Roumanie : -2,3‰ ; la

[1]Source : Bulletin statistique, INS, Sofia, 1998, p. 191.

[2]« Démographie dans les PECO », in *Le Courrier des pays de l'Est*, n°409, mai-juin 1996, p. 79.

[3]Sources : Bulletin statistique, Sofia 1998, p. 15 ; www.nsi.bg

Russie : -5,1‰ ; l'Allemagne : -0,6‰ etc.[1] On remarque que la Bulgarie est l'un des pays les plus touchés. C'est une caractéristique des pays en transition.

La baisse démographique a des répercussions aussi sur le mouvement de la population à l'intérieur du pays. Ces dernières années, après une accalmie, la migration intérieure de la population reprend. Par exemple, en 1998, 186 000 personnes ont changé de lieu d'habitation permanent. Les chiffres témoignent qu'un équilibre a été établi pour la première fois en 1994, lorsque l'exode urbain excédait légèrement l'exode rural (certainement grâce à l'amélioration des conditions de vie à la campagne depuis le début de la réforme foncière). Le pourcentage de la population rurale se situe entre 32-33% de 1992 à 1997, puis diminue pour s'établir à 30,2% en 2003. Pour la première fois depuis un siècle, les villages bulgares accueillent une population aussi faible. (2359.6 en 2003). La faiblesse de la population rurale est certainement due à l'exode rural des jeunes depuis les années 50, entraînant le vieillissement de la population et le déficit de naissances. Les retraités représentent plus d'un tiers de la population rurale. On pourrait s'attendre pour les années à venir, grâce à la redistribution des terres et au marché foncier, à un retour à la campagne de nombreuses personnes.

Dans les communes situées à proximité de la frontière occidentale (Makreš, Kovalevci etc.), où la densité est moins élevée que la moyenne du pays (74,4 personnes au km²), la naissance d'un enfant est considérée comme un événement qui n'arrive qu'une fois par trimestre. Dans ces communes, le taux de mortalité est de dix à vingt fois plus élevé que celui du pays.

Les prévisions démographiques annoncent une reprise de la natalité vers 2012. Pour 2012-2020, il y aurait une nouvelle baisse de la natalité liée à la baisse du coefficient de fertilité, le nombre de femmes en âge de procréer étant moindre. D'après ces hypothèses, l'accroissement naturel resterait négatif et vers la fin des années 2020, la population compterait environ 6 910 000 personnes.

---

[1]Ibid., p. 15.

La transformation que subit la Bulgarie depuis 1989 s'accompagne de crises économiques et de multiples problèmes dont le chômage, l'inflation et l'appauvrissement. Phénomènes qui ont des retentissements très graves sur le renouvellement de la population.

La condition préalable à toute politique démographique efficace reste l'étude des facteurs qui ont conditionné la situation démographique en Bulgarie. Elle pose de nouvelles exigences dans la politique envers la population, définit les démarches, les principes et les priorités de la stratégie actuelle pour l'évolution démographique du pays.

Une étude sociologique[1] montre que les personnes ayant répondu à l'enquête se soucient des répercussions des données démographiques sur le développement économique du pays, sa sécurité nationale et son système de protection sociale. La plupart des personnes enquêtées sont d'avis qu'il est indispensable de favoriser le renouvellement de la population. Selon les résultats de cette étude, la même importance est accordée aux deux préoccupations suivantes : « la préservation de la nation bulgare » et « la difficulté d'élever des enfants aujourd'hui ».

Une orientation de la politique nataliste en Bulgarie consiste en aides attribuées pour élever les enfants. Les allocations familiales et la prime à la naissance d'un enfant sont jugées insuffisantes pour répondre aux besoins initiaux. Une appréciation plus positive est donnée aux acquis comme le congé de maternité non rémunéré – la mère est alors considérée comme étant en activité (avec la garantie de retrouver son emploi) – et le congé de maladie pour un enfant malade.

Les enquêtés soulignent la nécessité de réviser la politique sociale actuelle qui semble favoriser les naissances seulement dans les minorités ayant déjà une forte natalité.

---

[1]« La transition à travers le regard du sociologue » in *La transition en Bulgarie vue par les sciences sociales*, édition académique Marin Drinov.

Le pouvoir d'achat des allocations familiales par rapport à quelques produits alimentaires de base

Produits alimentaires	**Mesures**	**1992 14/08**	**1993 16/08**	**1994 15/08**	**1995 15/08**	**1996 30/08**	**1997 01/07**
Pain	*kg*	46	37	28	28	11	15
Lait frais	*Litre*	43	31	25	22	17	26
Yaourt	*500 ml*	67	51	38	35	24	31
Fromage	*kg*	6	5	4	4	2	3

Source : INS, Sofia, 1998.

Bref, la population bulgare est une population vieillissante. Le renouvellement des générations n'est pas assuré avec un niveau de fécondité qui a diminué brutalement pour tomber à 1,09 enfant en 1997, et avec un taux d'accroissement naturel négatif (-5,7‰ en 2003). Cette transformation peut s'expliquer par le choc de la transition et par l'absence de soutien à la natalité après 1990. La population bulgare vieillit, ce qui nous conduit à nous poser la question des pensions de retraite en Bulgarie.

EVOLUTION DU SYSTEME DE RETRAITE EN BULGARIE

D'après le chef du département « Santé » à l'Institut National de Sécurité Sociale (INSS) à Sofia, le système d'assurance sociale bulgare est l'un des plus anciens[1]. Jusqu'en 1951, le Fonds de retraites bulgare était l'un des plus puissants et des plus modernes Fonds existant, ayant une grande puissance financière.
Le système de retraite est basé sur une loi votée en 1954 (« ce qui est un compliment pour un système de fonctionner si longtemps avec une loi aussi ancienne, gage de la bonne entente entre l'Etat et la société »[2]). Après la proclamation de la démocratie populaire bulgare, l'Etat a nationalisé le Fonds de retraites et ses biens. Les cotisations

[1]Selon madame Evelyne Želčeva, chef du département « Santé » à l'INSS, juillet 1998.
[2]Ibid.

versées par chaque Bulgare alimentaient le budget de l'Etat qui assumait la protection sociale.

Avant 1989, la Bulgarie offrait des retraites à des travailleurs encore jeunes : 55 ans pour les femmes et 60 ans pour les hommes. Cela implique des cotisations élevées pour les actifs, car le système de répartition suppose que ceux qui ont un emploi financent ceux qui bénéficient de pensions. Mais la réalité était encore plus complexe car, souvent, des régimes de retraite particuliers ou des critères d'invalidité ont favorisé l'accès à la retraite bien avant l'âge réglementaire. Dans le contexte de chômage croissant depuis 1989, l'usage de préretraites ou d'invalidité au travail a multiplié les ayants droit. Le système est donc doublement mis en péril par le nombre croissant de bénéficiaires de ces revenus et par les moindres rentrées fiancières. En plus du chômage, ce phénomène est dû au développement des entreprises privées qui ne cotisent pas suffisamment pour alimenter la caisse de retraite.

Le système de protection sociale d'avant 1989 fonctionnait dans des conditions où l'occupation de la population active était totale. Aujourd'hui l'Etat n'assurant pas le travail pour tout le monde, ce système est remis en question.

En 1995, une proposition avait été faite pour la création d'un Fonds de retraite indépendant du budget de l'Etat. La création de ce Fonds est votée et adoptée par une loi. Le Fonds placé en dehors du budget de l'Etat est alimenté par les cotisations salariales représentant 31,6% des salaires. La réforme du système de retraite se divise en trois volets :

1. Le régime public de base construit de telle sorte que les cotisations salariales puissent financer les retraites. Ce régime a été réduit au profit des régimes complémentaires. De plus, son caractère contributif, soit le lien direct entre revenus du travail et revenus après la cessation d'activité, défavorise les salariés qui ne peuvent se prévaloir d'une carrière continue ni de revenus croissants jusqu'à leur départ en retraite, ce qui amoindrit le principe originel de solidarité du régime.
2. Le deuxième volet concerne la souscription à l'assurance complémentaire volontaire et privée basée sur le système de

capitalisation (obligations et immobilier protégés par l'Etat). Ce régime est plus souvent confié aux banques et assurances, et suppose donc un système bancaire et des marchés financiers stables qui doivent encore faire leurs preuves. Après quinze ans de transition déjà marquées par la chute du pouvoir d'achat des salaires et des retraites, le nombre de retraités en Bulgarie, en juin, 2004 s'élevait à 2 330 621, ce qui représente 25% des habitants du pays. Un retraité perçoit en moyenne 124,50 leva par mois (un lev vaut environ deux euros).

3. L'assurance professionnelle complémentaire, créée le 1er janvier 1997 par l'INSS, lance le premier Fonds professionnel – le Fonds des instituteurs retraités (FIR) –, branche qui se trouve dans le groupe d'âge numéro 1 correspondant aux femmes parties à la retraite à 52 ans, et aux hommes à 57 ans. Le FIR fait partie de la structure de l'INSS, tout en ayant un compte financier à part, avec une tendance à devenir totalement indépendant.

Conformément à la réforme du système d'assurance, chaque corps professionnel peut créer son propre Fonds de retraite aidé par l'INSS.

Le montant des retraites en Bulgarie reste modeste. La faiblesse des cotisations payées par les personnes actives, le collapse économique, le chômage, ainsi que le retard de paiements des salaires, ne permettent pas à la caisse d'assurance d'avoir des ressources suffisantes, entraînant ainsi la faiblesse des retraites.

Le taux de dépendance mesurant le rapport des retraités aux actifs employés progresse rapidement. Le vieillissement de la population est un autre indice de précarité. La Bulgarie est particulièrement en difficulté du fait d'un nombre de retraités qui se rapproche sensiblement du nombre des cotisants. D'après les statistiques, 100 personnes actives assurent la retraite de 85 retraités. Le vieillissement de la population bulgare et la baisse de la natalité poussent l'Etat à rechercher une nouvelle politique pour le financement des pensions des retraités.

Plusieurs réformes sont déjà en cours pour ajuster les dépenses aux recettes. L'élargissement de l'assiette de cotisation à des revenus privés, l'encouragement des systèmes de capitalisation et la remise en cause de certains régimes particuliers trop généreux sont à l'ordre du jour. Tout ceci, pour tenter d'éviter que la charge pesant sur les actifs ne devienne insupportable.

Plusieurs projets de loi figuraient au programme 2000 comme « l'augmentation des pensions de retraite de 17% »[1] à partir du 1er juillet 2000. Cette augmentation répond aux revendications des représentants de l'Union des retraités de Bulgarie qui réclamaient que la pension minimale soit portée à 101 leva (celle-ci se situant entre 33 et 99 leva avant cette date). Selon eux, la pension de retraite maximale doit atteindre 180 à 190 leva pour permettre aux retraités d'avoir une vie décente.

L'Assemblée nationale bulgare a définitivement voté[2] le Code de la Sécurité sociale qui prévoit l'augmentation des annuités et le recul de l'âge de la retraite. Les nouvelles dispositions annulent dès à présent le plafond de la retraite pour les ex-présidents, vice-présidents, premiers ministres, présidents de l'Assemblée nationale et juges constitutionnels. La mesure sera étendue à l'ensemble des retraités à partir de 2004.

Désormais, les retraités sont tout de même à peu près assurés d'une chose : que leurs maigres revenus continueront à leur être versés par le Fonds de pension, organe indépendant alimenté par les entreprises qui lui versent 31,6% des salaires distribués. Cet organe indépendant, d'abord responsable devant le Parlement, l'est maintenant devant le Gouvernement.

Enfin, le passage à un nouveau système de retraite n'est pas clairement adapté à un contexte marqué par de faibles salaires, des inégalités croissantes de revenus et de forts taux de chômage. Non seulement le premier volet a perdu toute sa consistance, mais l'Etat semble ne plus avoir la maîtrise des deux autres volets gérés par des compagnies d'assurances privées.

[1] « Retraites », in *Pari*, 28 octobre 1999, p. 2.
[2]Le vote du code de la Sécurité sociale a eu lieu le 25 novembre 1999.

CONCLUSION

En résumé nous pouvons affirmer que bien des différences existent entre les réformes de retraite conduites en Europe centrale et orientale, dont la Bulgarie, et celles en cours dans les pays de l'Union Européenne où les partenaires sociaux sont, par tradition, invités à jouer un rôle dans l'élaboration des politiques de pensions.

Malgré l'importante restructuration engagée par la Bulgarie, candidate à l'intégration de l'union européenne, dans le secteur des retraites, les régimes sont toujours confrontés à de réels problèmes à caractère fiscal, économique, démographique et administratif. Suite à la progression de l'emploi indépendant et de l'économie informelle, une baisse du nombre de cotisants a été enregistrée au cours des années quatre-vingt-dix. La baisse consécutive des recettes malmène le régime de retraite national qui doit compter sur des subventions publiques fiscalement très lourdes ou sur une baisse des prestations préjudiciables aux personnes âgées. Le fonctionnement de tout régime de retraite étant basé sur le principe du versement de prestations garanties par des recettes. Les régimes d'épargne individuel étaient sensés permettre à chaque travailleur de se constituer une épargne individualisée pour la retraite. Le passage d'un régime par répartition à un régime par capitalisation n'évite pas le problème du vieillissement démographique. En s'intéressant à cette question, il convient d'envisager des politiques macroéconomiques du marché du travail axées sur la multiplication des emplois dans l'économie car elles encouragent et permettent aux plus âgés de rester actifs. Ces mesures permettront de mieux soutenir les personnes âgées indépendamment du type de régime de retraite choisi.

L'entreprise et ses cadres seniors, un tandem a deux vitesses ?

Marion SANCHEZ-MUNOZ

« Il est dommage, s'écria Edouard, qu'il soit devenu impossible d'apprendre pour la vie entière. Nos parents s'en tenaient aux leçons qu'ils avaient reçues pendant leur jeune âge ; mais nous, nous devons tout réapprendre tous les cinq ans, ne serait-ce que pour rester dans l'air du temps. »

GOETHE,
Les affinités électives, 1809

PREAMBULE

Le travail moderne est pour Marcel Mauss un *fait social total*, soit un conglomérat complexe de relations sociales, économiques et politiques. Partant de ce constat et dans un contexte socio-économique où le chômage a atteint une ampleur qui en Allemagne réveille des souvenirs douloureux, il me semble nécessaire de souligner qu'il n'est pas facile de se concentrer sur une seule catégorie en manque d'emploi – en l'occurrence les cadres seniors – et de la différencier des autres. En même temps, une prise de conscience du potentiel énorme des cadres seniors qui dans les années à venir vont former plus qu'une simple « armée de réserve », en raison de la pénurie de main-d'œuvre qualifiée et du développement du secteur des services exigeant des qualifications élevées, est plus que nécessaire dans le contexte socio-politique et économique de la France et de l'Allemagne. Cette étude qui par manque de données ne saurait être vue comme une étude comparative, s'attachera à tracer un état des lieux des cadres seniors en France et en Allemagne, pour dégager les voies déjà empruntées par ce groupe socioprofessionnel souvent hautement qualifié et par là plus apte à réagir aux changements.

Dans notre ordre économique globalisé, les entreprises misent sur la flexibilité, la mobilité et la capacité d'innovation de leurs salariés et en particulier des cadres.

L'âge n'est donc plus un critère de qualité. Si la préretraite constitue un levier pour éviter le chômage, un régulateur pour le marché du travail utilisé par les acteurs économiques et politiques, on se rend compte aujourd'hui de ses inconvénients. Elle déstabilise la pyramide des âges dans les entreprises (corrélation chômage des jeunes et chômage des seniors en France, à l'inverse de la situation allemande marquée par un poids accru des seniors du fait de l'évolution démographique), et interrompt parfois la transmission des savoirs, surtout si les salariés ont occupé une position de cadre dans l'entreprise. Mais quels savoirs ? Ne nous trouvons-nous pas aujourd'hui, avec les nouvelles technologies d'information et de communication dans une situation historique sans précédent, où le savoir des aînés paraît ne plus avoir le même impact que celui qu'ont connu les générations d'avant ?

Si la France avec un taux d'emploi de 62 % se situe dans la moyenne européenne, elle se caractérise surtout par des entrées tardives et des sorties précoces du marché du travail. L'âge moyen de sortie est de 58,5 ans pour les hommes et de 56,5 ans pour les femmes. Selon l'Agirc, la caisse de retraite complémentaire des cadres, 38 % seulement des cadres sont encore au travail - ni chômeurs, ni pré-retraités - lorsqu'ils font valoir leurs droits à la retraite.

Le modèle industriel allemand qui est quant à lui particulièrement façonné par l'apprentissage et la transmission de savoir-faire entre les générations, est déstabilisé par l'accélération du progrès technique, qui rend obsolètes beaucoup de qualifications possédées par les travailleurs âgés. Dans ces conditions, l'idée de formation des salariés de plus de 50 ans, a fortiori d'une formation ciblée sur cette tranche d'âge, n'est pas admise de façon naturelle. Des programmes de formation et de développement personnel dont les modalités sont axées sur cette classe d'âge commencent à voir le jour, mais ils sont encore expérimentaux.

ETAT DES LIEUX

Le monde du travail change à une vitesse sans précédent. Les salariés doivent traiter de plus en plus d'informations et s'adapter à des changements complexes. La concurrence globalisée exige une haute qualité de produit et de service.

Les entreprises

Face à cette situation, les entreprises se voient confrontées à un triple défi :

- diminution des effectifs suite aux départs en retraite accélérés
- pertes de savoirs-clés suite à ces départs (en Allemagne, ce problème a un moindre impact de par l'existence d'un système de départ progressif à la retraite)
- embauche de nouveaux cadres

Les salariés

Les salariés de leur côté se voient contraints d'afficher une autre attitude envers leur carrière professionnelle, leur parcours relevant aujourd'hui encore souvent du modèle de l'« escalier de vie » prédominant au 19e siècle : on apprend pendant la jeunesse, on travaille à l'âge adulte et la vieillesse arrivant, on bénéficie des fruits du travail. Un tel parcours ne correspond plus à l'espérance de vie d'environ 80 ans atteinte dans les deux pays. Ce modèle de partage de la vie en trois grands âges est appelé à être dépassé, du fait notamment du raccourcissement du temps travaillé dans une vie en raison de la formation prolongée et du temps de travail hebdomadaire diminué.

Les politiques

Les options politiques aussi bien en France qu'en Allemagne ont jusqu'ici été contre-productives dans leurs résultats. Elles ont misé sur la sortie du marché du travail de tout « potentiel excédentaire » sous la couverture d'une haute acceptation sociale. La conséquence est qu'en

Allemagne et en France, comparativement à la moyenne des autres pays de l'OCDE, ce sont moins d'actifs qui participent au marché du travail, et plus qui se retrouvent au chômage. Quand une grande partie des personnes potentiellement employables sort de la sphère du travail pour être « immobilisée » comme femme/homme au foyer, dans le système de formation ou en préretraite, cela ne mène pas, comme on pourrait le penser, à une diminution du chômage mais bien à son augmentation ! En effet, l'immobilisation d'une main-d'œuvre dont on n'a plus besoin, a un impact sur les coûts salariaux et les charges des entreprises, qui précarise le travail en général.

Les cadres

Pour les cadres, force est de constater que plus un poste basé sur la technique de communication moderne suppose des qualifications larges, des savoir-faire et des connaissances polyvalentes, moins il est spécifique à une entreprise et donc plus il est partageable entre entreprises. Le travail post-industriel est moins un jeu contre la nature qu'un jeu entre personnes. De nouvelles formes d'organisation d'entreprise, une orientation croissante vers le client et l'essor du secteur tertiaire demandent une grande largeur et flexibilité des capacités physiques et cognitives ainsi que des compétences communicatives. Des compétences dites « hybrides », autrement dit, des compétences mécaniques, électroniques, techniques et économiques, professionnelles et sociales sont de plus en plus prisées. Le secteur moderne des services demande un niveau de qualification de ses employés sensiblement plus élevé et absorbe donc une grande partie de la population des cadres.

Besoin en cadres des différents secteurs d'activité en France

Secteur	Effectifs cadres
Services	1.150.000
Industrie	930.000
Banque/Assurance	200.000
Transport	90.000
Commerce	460.000
Distribution	170.000
TOTAL	3.000.000

Source : Statistique QuinCadres SA, Paris 2005

On peut ainsi observer l'expansion d'activités exigeantes telles que la recherche et le développement, la planification, le management et l'enseignement. En même temps les différences hiérarchiques s'estompent.

Evolution des qualifications à long terme en Allemagne
Salariés selon le niveau d'activité entre 1991 et 2010 en Allemagne

20,1 %	19,6 %	15,7 %	Travailleurs non qualifiés
17,9 %	16,6 %	13,6 %	Travail simple
28,4 %	29,2 %	30,1 %	Travail qualifié
14,4 %	14,6 %	16,4 %	Travail qualifié et fonctions d'encadrement
19,3	20,2 %	24,1 %	Travail hautement qualifié
1991	1995	2010	

Source : Institut Arbeit und Technik

Les services s'orientent toujours plus vers le client, ses demandes et exigences. En raison des coûts de travail très élevés dans ce secteur, dus aussi à sa faible capacité de rationalisation, l'enjeu pour les cadres seniors est double. D'une part, ceux-ci disposent en règle générale d'un salaire beaucoup plus confortable que leurs cadets, et d'autre part ils se voient confrontés à de nouvelles exigences concernant leur capacité d'adaptation à ces nouvelles donnes. Comme l'organisation du travail dans des entreprises de services modernes se caractérise par une forte orientation vers des tâches et des projets, elle dépasse souvent la composante métier avec des exigences beaucoup plus complexes. Et dans un tel contexte, le potentiel d'expérience de collaborateurs plus âgés acquis le long de leur activité professionnelle gagne en importance.

Ainsi les cadres seniors se distinguent de leurs cadets par une disponibilité accrue due au fait que leurs charges de famille sont allégées, par un attachement souvent fort à leur entreprise et par des besoins de loisirs moins élevés que les cadres plus jeunes, qui revendiquent ceux-ci avec beaucoup plus de véhémence ...

« Points forts » respectifs des collaborateurs
plus jeunes / plus âgés

Collaborateurs plus jeunes	Collaborateurs plus âgés
- Performances physiques - Mémoire - Mémoire immédiate - Capacité d'adaptation, souplesse d'esprit	- Sérénité (équilibre) - Vision globale - Expérience de vie - Capacité de jugement et de décision

Source : Hilb, M : Ältere Mitarbeiter – ein echter Gewinn in der Personalwirtschaft 12/97, p. 29-34

LES CADRES – UNE POPULATION A PART

La codification du travail – le travail ayant muté depuis le dernier quart du 19ème siècle de telle manière qu'on pourrait dans un certain sens parler d'une redécouverte du travail – n'a pas seulement abouti au rattachement des individus à l'état national, mais aussi à la constitution de groupes sociaux. Quand en 1871 était posé le fondement constitutionnel de l'empire allemand, la notion de chômage ou « Arbeitslosigkeit » n'existait pas encore. Cette notion n'est apparue qu'après une crise cyclique du capitalisme dans les années 1890. Sa signification était à cette époque encore indéterminée et objet de nombreuses controverses. A l'origine, le terme de « Arbeitslosigkeit » avait été créé afin de définir la pauvreté de manière plus différenciée. Avec le temps, la diffusion du chômage a incité à de nouvelles catégories de mesures publiques. C'est aussi l'époque où est née la notion de cadre en Allemagne, d'une « reconnaissance » par l'état, quand Bismarck mettait en place les premières grandes lois de protection sociale, où les travailleurs non manuels devaient être distingués des ouvriers.

Néanmoins il est difficile de se baser sur un « modèle idéal-typique » dans une étude comparative France – Allemagne portant sur les cadres. Dans l'appréciation de la notion de cadre et pour pouvoir « comparer l'incomparable », nous partons d'une cohérence socio-historique entre système éducatif / système productif / relations professionnelles, en essayant de faire abstraction de l'ingénieur traditionnel pour prendre en compte l'essor du secteur des services et les métiers d'expertise liés à cette évolution.

En France la notion de cadre se forme suite à une intense et nouvelle mobilisation des ingénieurs dans les luttes sociales des années 30, notamment la grève générale de 1936, close par les accords de Matignon.

Du chômage, dont ils ne sont plus exclus, à la montée des contraintes dans le travail en passant par des carrières plus incertaines, les cadres en France et en Allemagne ont connu plusieurs lignes de fracture au cours des deux dernières décennies. Au début des années 1990, l'effectif des cadres en recherche d'emploi en France est passé de 90.000 en 1990 à 180.000 en 1994 : il a donc doublé en quatre ans. L'antinomie des termes « cadre » et « chômeur » reste cependant profondément ancrée. Cette quasi-impossibilité de se nommer comme chômeur tient à l'héritage, à une histoire vieille de plus d'un demi-siècle : un des piliers du statut et de l'identité de cadre réside dans la sécurité d'emploi qui est un élément-clé dans la différenciation de la condition salariale ordinaire.

Certes, au plus fort de la crise, en 1994, le taux de chômage des cadres d'entreprise en France ne dépassera jamais 8 % contre 15 % et 16 % chez les ouvriers ou les employés.

Le taux de chômage actuel est très inférieur au taux de chômage global qui est de 9,9 % en France et qui a passé la barre des 10 % en Allemagne, avec partiellement 30 % de chômage dans les nouveaux Länder de l'Allemagne de l'Est. Ainsi selon une étude de QuinCadres SA, les cadres au-dessus de 45 ans connaissent un taux de chômage de 4,2 % tandis que ce même taux est de 5,8 % pour leurs cadets.

	Cadres du secteur privé (cotisants Agirc)		
Age	Effectif	En recherche d'emploi	Taux de chômage
Moins de 45 ans	1.685.000	98.000	5,8 %
45 ans et plus	1.315.000	55.000	4,2 %
Total	3.000.000	153.000	5,1 %

Source : Statistique QuinCadres SA, Paris 2005

Même si des chiffres comparatifs dans ce sens manquent pour l'Allemagne, force est de constater que le nombre des diplômés de l'enseignement supérieur en chômage augmente, mais qu'ils sont avec 4 % le groupe de qualification en Allemagne avec le taux de chômage le plus bas.

Pour des raisons démographiques cette situation s'accompagne à court terme d'un grave problème de pénurie : la génération d'après-guerre aussi bien en Allemagne qu'en France va partir en retraite et un nombre moindre de jeunes cadres entre sur le marché. Selon un pronostic de l'Institut für Wirtschaftsforschung, la population allemande va diminuer d'ici jusqu'en 2050 de 80 millions à environ 66 millions d'habitants, et 44 % de la population aura dépassé à ce moment-là les 60 ans. En France la situation n'est guère différente et le nombre de personnes de plus de 65 ans pourra atteindre en 2050 58% du nombre de celles de 20 à 64 ans, soit le double de la situation actuelle.

Ces données démographiques allant de pair avec une augmentation continue de l'espérance de vie ont non seulement incité les politiques des deux pays à prendre des mesures qui visent à penser l'âge autrement (loi Fillon et fixation de l'âge de la retraite par le gouvernement allemand à 65 ans), mais aussi les entreprises et les cadres eux-mêmes à trouver de nouvelles formes de motivation ou d'automotivation pour entamer une 2e carrière à 45 ans, même si les seniors dans un contexte de jeunisme ambiant, auront pour quelque temps encore à affronter le stéréotype du cadre expérimenté mais usé.

La liste des griefs adressés aux plus âgés est longue et l'expression de « racisme antivieux » n'est parfois pas exagérée. D'où l'importance pour les seniors d'avoir conscience de leurs atouts et de les mettre en avant. De plus, un désinvestissement total de la part des entreprises est à observer. Quand le cadre a passé la quarantaine on ne parle plus de formation ni de mobilité interne.

Rares sont encore les entreprises conscientes de la richesse potentielle que représentent les seniors afin d'engager une véritable politique de personnel comme la mobilisation des compétences, l'identification de nouvelles pistes d'orientation, la formation, la gestion de la carrière et des rémunérations, les conditions de travail, le transfert de savoirs aux plus jeunes... On peut entre autres citer Thalès, Air France, Axa Assurances, et la Deutsche Bank pour l'Allemagne avec des programmes comme « Rendez-vous carrière », « Point carrière », « Entretien carrière » ciblant les « futurs » quinquas afin de leur donner un nouveau souffle.

Il est donc indispensable de relancer une logique de carrière. L'allongement de la vie professionnelle implique de repenser le déroulement des parcours dans l'entreprise. Considérant qu'une carrière repose sur l'accumulation des occasions d'apprentissage ainsi que sur la diversité des expériences, il est important de dynamiser la formation continue en seconde partie de carrière. Actuellement les disparités dans l'accès des différents groupes d'âge à la formation continue sont très accentuées en France et en Allemagne avec un taux chutant à 2 à 3 % chez les 55 – 64 ans.

Cette donne est aussi un défi pour les cadres eux-mêmes. Actuellement, selon un sondage réalisé par la Sofres, 11 % des cadres français de plus de 45 ans souhaitent se retirer de la vie active avant 55 ans, 38 % à 55 ans, 27 % entre 56 et 59 et 20 % à 60 ans. En Allemagne où la retraite progressive est encore possible, nombreux sont les cadres qui se félicitent de pouvoir encore bénéficier de cette possibilité bientôt révolue.

Cette situation quelque peu sclérosée génère aussi de nouveaux comportements. De plus en plus de cadres conscients de leurs atouts entament une nouvelle carrière qui leur permet de tirer pleinement profit de leurs expériences. Ainsi en Allemagne, les mieux qualifiés trouvent des niches où l'âge est encore une marque de qualité. Plus de 10.000 cadres ont ainsi pris la voie de l'indépendance afin de proposer leurs services en tant qu'*Interim Manager*. Dans le cadre de contrats de régie, ces managers sont particulièrement appréciés pour leurs compétences sociales et leurs capacités d'animation.

En France on trouve des modèles comparables. Ainsi l'atout de la Société QuinCadres est l'expertise des cadres seniors. D'autres cadres en recherche d'emploi profitent du moindre risque fiscal et financier que présente une adhésion à une société de portage et deviennent libéraux.

BILAN

L'« escalier de vie » est encore un modèle dominant. Ceci est peut-être dû au fait que les données de masse masquent souvent les nouvelles tendances ou les mutations, le nouveau n'étant perceptible que sous le microscope. Mais il prend de l'importance et tend vers une société multi-optionnelle. Son impact dans la sphère de l'emploi est encore limité. Les cadres seniors grâce au potentiel inhérent à leur fonction se sont déjà engagés dans de nouveaux chemins porteurs dont quelques-uns ont été recensés dans cet exposé.

BIBLIOGRAPHIE :

GUILLEMARD, Anne-Marie. 2003. *L'âge de l'emploi – Les sociétés à l'épreuve du vieillissement*. Paris : Armand Colin.

KOCKA, Jürgen et Claus OFFE (Hg.). 2000. *Geschichte und Zukunft der Arbeit*. Frankfurt/Main : Campus Verlag GmbH.

BEHREND, Christoph (Hg.). 2002. *Chancen für die Erwerbstätigkeit im Alter*. Leske + Budrich. Opladen.

RAOULT, Nicole et Bernard QUINTREAU (coord.). 2005. *La diversité des âges – Regards croisés d'experts*. Editions Liaisons.

KARVAR, Anousheh et Luc ROUBAN. 2004. *Les cadres au travail – Les nouvelles règles du jeu*. Paris : Editions La Découverte.

BARLÖSIUS, Eva, Hans-Peter MÜLLER et Steffen SIGMUND (Hg.). 2001. *Gesellschaftsbilder im Umbruch – Soziologische Perspektiven in Deutschland*. Leske + Budrich. Opladen.

MIKL-HORKE. 2000. *Industrie- und Arbeitssoziologie*. Oldenbourg Wissenschaftsverlag GmbH.

MÜNCH, Richard. 1998. *Globale Dynamik, lokale Lebenswelten – Der schwierige Weg in die Weltgesellschaft*. Frankfurt am Main : Suhrkamp Verlag.

SPIRE, Olivier. 2005. *Cadres seniors, un marché de l'emploi à la veille de l'explosion ... !*

Der Arbeitsmarkt für besonders qualifizierte Fach- und Führungskräfte. 2002. Bundesanstalt für Arbeit.

Ageing and Employment policies. 2005. OCDE.

LES AUTEURS

Carine BERBERI

Maître de Conférences en anglais à l'université de Montpellier I (Sciences économiques) et docteur en civilisation britannique, elle travaille sur la politique suivie par les travaillistes et les syndicats britanniques vis-à-vis des questions monétaires européennes, mais aussi des retraites. Elle s'intéresse également aux relations entre le Royaume-Uni et l'Europe. Dernière publication parue : *Le Parti travailliste et les syndicats face aux questions monétaires européennes*, L'Harmattan, 2005.

berberi@wanadoo.fr

Guy CAIRE

Professeur émérite de droit, Université de Paris X Nanterre, licence et DES de philosophie, diplômé IEP. Dernières publications : Les agences de placement privées et le marché du travail (l'Harmattan 2000), Histoire de la pensée économique (Breal 2000), Compétences et relations professionnelles (IRETP 2001), Economie du travail (Breal 2001), Dictionnaire économie (2eme édition, Dalloz 2003), Dictionnaire du social (L'Harmattan 2005).

guy.caire@libertysurf.fr

Emmanuelle CAYADO

Doctorante en droit social, université Montesquieu Bordeaux IV (Comptrasec) et université d'Alcalá (Madrid).

Thèse en cours sur « Les politiques d'emploi comme moyen de lutte contre l'exclusion des jeunes et des travailleurs âgés. Recherche comparative Espagne/France. ».

Publications : « Les pouvoirs publics et la lutte contre l'exclusion professionnelle : l'exemple espagnol de distribution territoriale des compétences », RFAS, n° 3/2005.

emcayado@yahoo.fr

Josette CHANEL-TISSEAU des ESCOTAIS

Josette CHANEL-TISSEAU des ESCOTAIS est maître de conférences à l'Université de Cergy-Pontoise où elle enseigne l'espagnol. Auteur de nombreuses études, notamment sur les Iles Canaries de l'Antiquité à nos jours, une région qui constitue une plate-forme reliant l'Europe à l'Amérique et à l'Afrique ; elle est publiée aussi bien en France qu'en Espagne. Un de ses travaux, intitulé *Culture et mythologie des Îles Canaries*, vient de paraître chez l'éditeur l'Harmattan (collection Horizons Espagne). Josette.Tisseau@lang.u-cergy.fr

Alain COEURET

Spécialiste du droit du travail, il est professeur à la faculté de droit de l'Université de Cergy-Pontoise, chargé d'enseignement à l'Université Paris I et médiateur appelé à être désigné dans les conflits collectifs au plan national. Dernière publication parue : La responsabilité pénale des dirigeants sociaux : questions d'actualité, Forum, CMS Bureau Francis Lefebvre (8.2.2005).
Alain.Coeuret@droit.u-cergy.fr

Virginie DELSART

Maître de conférences en sciences économiques à l'Université de Lille 1, Virginie DELSART est membre du laboratoire de recherche CLERSE (CNRS UMR 8019). Elle mène ses recherches dans le domaine de l'économie du travail, de l'emploi et de la formation. Virginie.Delsart@univ-lille1.fr

Evguénia DRAGANOVA-MADELAINE

Maître de conférences à l'Université du Littoral Côte d'Opale, Mme DRAGANOVA-MADELAINE est spécialisée en géopolitique et socio-économique des pays d'Europe centrale et orientale. Elle est membre du Laboratoire de Recherche sur l'Industrie et l'Innovation (Lab.RII). Ses recherches portent essentiellement sur l'économie en transition de la Bulgarie.
elffs@hotmail.com

Alban GOGUEL D'ALLONDANS
Docteur en sociologie et habilité à diriger des recherches, Alban GOGUEL D'ALLONDANS est cadre à la Caisse Régionale d'Assurance Maladie d'Île-de-France. Chercheur dans le domaine des assurances, il publie régulièrement sur des sujets en rapport avec le vieillissement de la population, tel que l'article "Vieillissement de la population et créativité sociale", paru dans Cahiers d'économie de l'innovation, 17/2003, L'Harmattan.
alban.gogueldallondans@cramif.cnamts.fr

Brigitte LESTRADE
Professeur de civilisation allemande contemporaine à l'Université de Cergy-Pontoise. Ses recherches portent sur les aspects économiques, sociologiques et culturels de l'Allemagne de nos jours, plus particulièrement sur l'évolution du monde du travail. Elle a à son actif de nombreux interventions et articles, ainsi que cinq ouvrages sur différents aspects des mutations du travail, notamment les formes d'emploi précaires. Dernier ouvrage paru : Le travail des femmes, axes d'émancipation, Editions L'Harmattan, 2004.
Brigitte.Lestrade@lang.u-cergy.fr

Marjaana MÄKELÄ
Enseignante à l'Ecole supérieure professionnelle de Haaga à Helsinki, Finlande, Mme MÄKELÄ est rattachée à la filière Administration et commerce où elle enseigne le français. Ses principaux domaines de recherches sont la sociolinguistique et les changements linguistiques et sociologiques. Dernière publication parue : L'Etat-providence et ses pièges, le cas des Finlandaises, in : Femmes et travail en Europe, *Cahiers d'économie de l'innovation,* n° 20, L'Harmattan.
Marjaana.makela@haaga.fi

Patrick MICHELETTI
Professeur et chercheur à Euromed Marseille Ecole de Management. Spécialiste en management et organisation du travail. Il intervient dans de nombreuses structures publiques et privées françaises et internationales. Ses travaux portent principalement sur les nouvelles formes d'organisation du travail et leurs répercussions sur le management.
patrick.micheletti@euromed-marseille.com - www.esc-marseille.fr.

Michel E. PHILIP
Chercheur en économie et en gestion associé au laboratoire du GREFI (Université d'Aix-Marseille 3), les champs d'études privilégiés de Michel E. PHILIP portent sur l'impact des différents aspects institutionnels sur les relations sociales, les formes de management, les droits sociaux et les contrats de travail. GRH de profession, il est titulaire d'un doctorat d'économie et bientôt d'un doctorat en gestion. Il enseigne actuellement dans différentes écoles de commerces et universités. Son dernier article publié dans la Revue Française de Gestion (2005, 157 : 9-26) s'intitule « Performance financière et forced ranking». mphil7@free.fr - http://www.grefi.org/

Dominique REDOR
Professeur de Sciences Economiques à l'Université de Marne La Vallée, Dominique REDOR est chercheur au laboratoire Organisation et Efficacité de la Production (OEP) ainsi que chercheur associé au Centre d'Etudes de l'Emploi (CEE). Ses dernières publications sont :
REDOR D. (avec V.DELTEIL, 2003): *L'emploi des salariés de plus de 55 ans en Europe du nord*, étude du GIP MIS réalisée pour la DARES (Ministère de l'emploi et de la solidarité), www.gouv.travail.fr. REDOR D. (2003), « Comparaison des politiques d'incitation à l'emploi des salariés âgés au Danemark, en Finlande et en Suède », *Revue française des Affaires Sociales,* n°4, Oct-Déc. Pp 251-273. REDOR D. (avec V.DELTEIL et A.PAILHÉ) (2004) : « Wage Inequalities in Western and Central Europe : Towards Convergence ? The Case of France and Hungary ». *Journal of Comparative Economics,* n°4. redor@univ-mlv.fr

Sébastien RICHARD
Maître de conférences en sciences économiques à l'Université de Lille 1, Sébastien RICHARD est chercheur au laboratoire de recherche CLERSE (CNRS UMR 8019). Son domaine de recherche est l'économie du travail, de l'emploi et de la formation.
Sebastien.Richard@univ-lille1.fr

Marc RICHEVAUX
Magistrat et Maître de conférences à l'université du Littoral, Marc RICHEVAUX est spécialiste en droit privé et s'intéresse particulièrement aux implications du droit en économie du travail et de l'emploi. Il enseigne à la faculté de droit de Lille II et à celle de Bucarest, il oriente ses travaux dans le domaine du droit pénal du travail. Il fait partie du comité de rédaction de la revue Droit Ouvrier, où il tient une chronique régulière. Il est responsable des relations internationales du laboratoire RII.
Marc.Richevaux@univ-littoral.fr

Anne SALLES,
Maître de Conférences d'Allemand à l'Université Paris IV – Sorbonne. Domaine de recherches : démographie, politique familiale en France et en Allemagne. Dernières publications : "Familienpolitische Hilfen zur Arbeitsmarkt-integration von Müttern : ein deutsch-französischer Vergleich", in: WZB-Paper, automne 2005. "Frankreich auf dem Weg zur Reprivatisierung der Kinderbetreuung?", à paraître dans gender...politik...online..., novembre 2005. "La politique familiale allemande: les limites de l'action de l'Etat", à paraître dans Critique Internationale, fin 2005 - début 2006.
anne.salles1@free.fr

Marion SANCHEZ-MUNOZ
Traductrice/interprète libérale, chargée de cours et doctorante a l'UCP. Domaine de recherche : Le travail et sa valeur, pour les cadres en particulier.
marion.sanchez-munoz@wanadoo.fr

Georges UBBIALI
Maître de conférences en sociologie, IHC-UMR 5605, Université de Bourgogne ; Spécialiste de sociologie du travail et des relations professionnelles ; dernière publication: CHAMBARLHAC Vincent et Georges UBBIALI (dir.). Epistémologie du syndicalisme. Construction disciplinaire de l'objet syndical. Paris : L'Harmattan, 2005.
g.ubbiali@free.fr

Nicolas VANEECLOO
Professeur de sciences économiques à l'Université de Lille 1, Nicolas VANEECLOO est chercheur au laboratoire de recherche CLERSE (CNRS UMR 8019). Son domaine de recherche est l'économie du travail, de l'emploi et de la formation.
Nicolas.Vaneecloo@univ-lille1.fr

Pierre VERMEULIN
Président de l'Association "Chercheurs Toujours".
Retraité du CNRS ; ancien domaine : chimiste.
Dernières publications : participation à deux ouvrages collectifs, "Vietnam, une coopération exemplaire", L'Harmattan et "L'agent orange au Vietnam, crime d'hier, tragédie d'aujourd'hui", Editions Tirésias.
Pierre.vermeulin@wanadoo.fr

TABLE DES MATIERES

MARCHÉ DE DUPES. Analyse anthropologique du néolibéralisme
SAUZET Jean-Paul
Explosion de la violence, impossible éducation, fracture sociale, perte de la crédibilité des grandes institutions sociales, catastrophe écologique, inflation du Droit et de la répression, montée des extrêmes, sectes, terrorisme... Ces phénomènes ne seraient-ils pas autant de symptômes d'une nouvelle forme d'aliénation ? Cette aliénation se développe comme ferment de destruction qui prend les visages de la dépression, de l'addiction et de la violence. Tel saturne dévorant son fils, l'échange marchand non régulé destructure les cultures pour se nourrir de leur cadavre.
(Coll. Questions contemporaines, 15 €, 172 p) *ISBN 2-7475-7139-4*

UN SOCIOLOGUE DANS LA CITÉ. Chroniques sur le Vif et propos Express
BOLLE DE BAL Marcel
Ce recueil de contributions offre les réflexions d'un citoyen-sociologue sur divers thèmes d'actualité allant des sciences à la philosophie en passant par la politique, l'économie, le travail, les loisirs, les sports et les médias. Ces textes brefs nous montrent que la sociologie peut être accessible et proche des préoccupations de chacun d'entre nous.
(Coll. Questions contemporaines, 21.50 €, 249 p) *ISBN 2-7475-5979-3*

QUEL ALTERMONDE ?
LEFEBVRE Jean-Pierre
L'orée du millénaire s'immerge dans le pessimisme et la régression. En dépit de l'essor du mouvement altermondialiste, la leçon essentielle du tragique vingtième siècle n'a pas été tirée : le socialisme étatique est pis que le mal capitaliste. Face au totalitarisme marchand qui oppose tragiquement le Nord et le Sud et détruit la planète, l'autogestion de l'économie et le dépérissement de l'Etat sont les seules bases envisageables pour un altermonde solidaire et son développement durable.
(Coll. Questions contemporaines, 24.20 €, 281 p) *ISBN 2-7475-6278-6*

ECOLE EN DÉBAT : LE BAROUD D'HONNEUR?
PERUISSET-FACHE Nicole
L'école attire périodiquement à son chevet des experts de tous ordres. Aujourd'hui c'est un débat national qui est convoqué afin d'engager les français à établir un diagnostic partagé. Premier budget de l'Etat en terme de personnel, elle attire tous les regards à l'heure des plans d'ajustement structurel, alors que parallèlement, l'introduction des Nouvelles Technologies de l'Information et de la Communication excite la convoitise de l'industrie privée, américaine notamment. Les enseignants, " l'humain", feront-ils bientôt figure d'archaïsmes ridicules face à la modernité?
(Coll. Questions contemporaines, 12.20 €, 122 p) *ISBN 2-7475-6376-6*

LA DÉSTABILISATION DES ETATS MODERNES
Essai de sociologie politique comparée
TURPIN Pierre
Ce livre n'est pas tout à fait comme les autres. Il mêle sans complexes la science politique et la poésie, le détachement de l'analyste et la passion militante, l'autobiographie et l'histoire. Il est à l'image de son auteur, inclassable et dérangeant. Pierre Turpin était un "révolutionnaire" au sens où il se battait pour changer le monde et inventer ce qu'il appelait "une alternative aux injustices sociales". Ce texte est

l'ultime version du travail qu'il comptait présenter, couronnement d'une carrière universitaire consacrée à l'extrême gauche révolutionnaire et en particulier aux trotskistes.
(Coll. Questions Contemporaines, 19.50 €, 218 p) *ISBN 2-7475-5846-0*

QU'EST-CE QUE LE POUVOIR ? Le pouvoir à visage nu
DIANGITUKWA Fweley
Le pouvoir est un problème central et crucial qui concerne chaque individu et qui préoccupe chaque Etat. Mais qu'est-ce que le pouvoir ? Quel est le bon Etat ? Quelles sont les causes profondes des conflits et quels sont les moyens de les résoudre ? C'est à ces questions que s'attache le concept de pouvoir toujours nouveau et jamais maîtrisé dans la recherche sociale. De Sun Tzu aux théoriciens modernes du pouvoir, en passant par Machiavel, Mills, Dahl, Arendt, Crozier, Foucault, Hobbes, Locke, Rousseau, Pareto, etc., cet ouvrage permet de maîtriser les idées fondatrices du pouvoir.
(Coll. Questions Contemporaines, 24 €, 276 p) *ISBN 2-7475-6813-X*

DÉCENTRALISATION "L'EXCEPTION FRANÇAISE"
FRESSOZ Denis
La décentralisation est au cœur des débats. En haut, on a fait de la démocratie le cheval de bataille de la décentralisation. En bas, le débat se cristallise sur le devenir de la commune et de l'intercommunalité. Quel avenir pour nos 36000 communes et surtout de nos 24500 de moins de 1000 habitants ? L'enjeu communal est pour le citoyen comme pour l'élu un enjeu d'intérêt et de passion. L'aménagement urbain et l'aménagement rural doivent-ils obéir aux mêmes règles en terme d'analyse ? Autant d'interrogations auxquelles l'auteur tente de répondre.
(Coll. Questions Contemporaines, 12 €, 116 p) *ISBN 2-7475-7411-3*

DIALOGUE AVEC MARC AUGÉ
Autour d'une anthropologie de la mondialisation
BESSIS Raphaël
C'est avant tout à un voyage dans l'œuvre d'un des plus importants anthropologues contemporains que nous convie ce dialogue autour d'une anthropologie de la mondialisation dont le programme pourrait s'énoncer ainsi: "il ne s'agit plus d'ethnographier des sociétés "pures", constituées en totalités closes et autonomes, mais d'étudier le phénomène même de la coexistence entre des mondes différents au sein d'un même espace temps, celui qui nous est contemporain et dont nous sommes à la fois acteurs et spectateurs." (M. Augé)
(Coll. Questions contemporaines, 14 €, 152 p) *ISBN 2-7475-7481-4*

LA RAISON DÉMOCRATIQUE AUJOURD'HUI
Le "Principe de Puissance Un". Débats et combats
BRAIBANT Patrick
Sur le plan de la théorie sociale, l'ouvrage affirme le caractère nativement clivé des sociétés de la modernité, doublement et contradictoirement structurées et mises en mouvement par "l'antinomie de la raison économique et de la raison démocratique", entre logique de polarisation sociale et logique d'abolition de toute domination (ou "Principe de Puissance Un". Sur le plan politique, il développe l'idée que tout projet en faveur du "pouvoir du peuple" doit se concevoir comme lutte en vue d'un "renversement d'hégémonie" au profit de la raison démocratique.
(Coll. Questions contemporaines, 21 €, 240 p) *ISBN 2-7475-5710-3*

VÉRITÉ DE L'HISTOIRE ET DESTIN DE LA PERSONNE HUMAINE
COLY Abbé Léon
Ce petit essai se veut une brève lecture de l'histoire dans la perspective personnaliste d'Emmanuel Mounier où il est possible de saisir la problématique de l'histoire, plus sensible à la structure dynamique de l'homme qui agit dans l'histoire et qui s'interroge sur la destinée humaine quant à son issue. Si l'histoire comme milieu humain abrite l'expérience existentielle de l'homme, elle constitue, à travers le temps et l'espace, une dimension existentielle de l'homme dans son mouvement d'humanisation et de personnalisation.
(Coll. Questions contemporaines, 39,50 €, 506 p) *ISBN 2-7475-6086-4*

LA DISPARITION DU TRAVAIL MANUEL
Vers une métamorphose de la société
MARIE Gilles
L'évolution observée dans les usines nous permet d'affirmer que le travail manuel cède le pas au machinisme. L'expression généralisée de ce constat pourrait être que le travail manuel est une forme d'occupation provisoire, inventée par l'homme. Nous devons nous attendre à ce que la nature façonnée par lui, le réalise à sa place. Partant de cet axiome, nous affirmons que ce travail est voué à disparaître. Le présent ouvrage fait découvrir le chemin intellectuel qui a développé cette idée.
(Coll. Questions contemporaines, 14,50 €, 164 p) *ISBN 2-7475-6010-4*

QUI SONT LES TROTSKYSTES (d'hier à aujourd'hui)
EROUVILLE Daniel
Après le rejet massif de la "Gauche plurielle" en avril 2002, c'est le même rejet massif de l'UMP et du MEDEF en mars 2004. Qu'en pensent les différentes organisations se réclamant du Trotskysme en France, notamment la LCR, LO et le Parti des Travailleurs ? Pourquoi ces différentes organisations ? D'où viennent-elles ? Quelles sont leur Histoire, leurs histoires ? Quelles sont leurs perspectives ? Leurs divergences ? Peut-on parler de "famille trotskyste" ? L'heure n'est-elle pas venue de construire un grand Parti des Travailleurs, section française de la Quatrième Internationale, qui manque dans ce pays ?
(Coll. Questions Contemporaines, 27.00 €, 318 p) *ISBN 2-7475-6617-X*

LA CRISE DE LA PSYCHOLOGIE À L'UNIVERSITÉ EN FRANCE
1. Origine et déterminisme
JALLEY Emile
Il existe aujourd'hui un contraste entre la vitalité expansive de la psychologie en dehors de l'université et sa situation critique à l'intérieur de l'université. A propos de cette "crise de la psychologie à l'université", deux ouvrages répondent au même titre mais avec des angles différents. Dans ce premier volume, on s'interroge sur le réseau des toutes premières raisons historiques d'une telle crise dès 1945 puis 1968, jusqu'en 1990.
(Coll. Questions contemporaines, 39 €, 530 p) *ISBN 2-7475-6400-2*

LA CRISE DE LA PSYCHOLOGIE À L'UNIVERSITÉ EN FRANCE
2. Etat des lieux depuis 1990
JALLEY Emile
Il existe aujourd'hui un contraste entre la vitalité expansive de la psychologie en dehors de l'université. La formation universitaire des psychologues fonctionne aujourd'hui dans une institution de structure "dissymétrique", construite au détriment durable de la psychologie clinique, et largement inadaptée aux besoins réels de la

demande sociale. Dans ce second volume, on étudie les mécanismes actuels de la crise de la "Psychologie à l'université" depuis les années 1990.
(Coll. Questions contemporaines, 39 €, 514 p) *ISBN 2-7475-6401-0*

L'ENGRENAGE DE LA VIOLENCE
L'escalade vers la violence dans les relations interpersonnelles
BAILLEUX Jean-Marc
Comment les différents dysfonctionnements de la communication sont-ils des précurseurs de l'acte violent, et quel engrenage mène ces dysfonctionnements à la violence ? S'appuyant sur la théorie systémique de la communication, l'ouvrage présente le concept de passage à l'acte comme outil de discrimination entre communication et violence. Il souligne la coresponsabilité des partenaires dans la construction d'une relation, aussi dysfonctionnelle soit-elle. Une étude qui concerne les relations interpersonnelles privées, et les relations entre groupes humains : la géopolitique.
(Coll. Questions contemporaines, 26.50 €, 300 p) *ISBN 2-7475-6195-X*

EUTHANASIE, L'ALTERNATIVE JUDICIAIRE
ANTONOWICZ Gilles
Chaque individu est-il oui ou non maître de sa vie et de sa mort, peut-il choisir l'heure et les circonstances de son départ ? La société doit-elle reconnaître ce droit et, dans certaines circonstances limitativement et précisément définies par la loi, prêter assistance à ceux qui en feraient la demande ? Ce livre veut attirer l'attention sur la dangerosité et la perversité de la situation actuelle qui, d'une part, porte atteinte à la liberté individuelle et, d'autre part, génère quotidiennement des euthanasies clandestines.
(Coll. Questions contemporaines, 14 €, 149 p) *ISBN 2-7475-5868-1*

L'ILLUSOIRE PERFECTION DU SOIN. Essai sur un système
VELUT Stéphane
Le terme de "système de soins" est le plus judicieux des termes consacrés par le langage qualifiant le dispositif sanitaire des pays industrialisés. Il n'y a pas de procédés performants à grande échelle sans système. Soigner efficacement n'échappe pas à cette règle. Mais tout système appliqué à l'humain le déshumanise. D'abord parce que systématiser c'est voiler la singularité. Aussi parce que la technique a scindé l'être en entités sur lesquelles l'acteur de santé n'est compétent que ponctuellement. De cette parcellisation résulte une incompétence à saisir l'être.
(Coll. Questions contemporaines, 9.50 €, 53 p) *ISBN 2-7475-6009-0*

LA STRATÉGIE ET SON DOUBLE
Autonomie du sujet et emprise idéologique dans l'entreprise
Coordonné par Eléonore MOUNOUD
L'ensemble des travaux présentés dans cet ouvrage relève d'une réflexion qui cherche à relier la conduite des organisations au quotidien aux projets stratégiques des entreprises. Cet ouvrage présente les travaux effectués à partir de la Journée d'étude sur "les Représentations et le Management stratégique" organisée au C.N.A.M., qui ont permis d'aborder, d'une part la dimension idéologique des représentations du management et, d'autre part, à travers différentes recherches sur la représentation de soi au sein des organisations, la question de la constitution de la subjectivité des individus.
(Coll. Questions contemporaines, 24.00 €, 282 p) *ISBN 2-7475-6678-1*

Achevé d'imprimer par Corlet Numérique - 14110 Condé-sur-Noireau
N° d'Imprimeur : 35293 - Dépôt légal : octobre 2006 - *Imprimé en France*